B2B 电商运营实务

主　编　王　慧　琚慧婷　赵　磊
副主编　卢丽媛　刘　春　徐　青
冯迪洋　钱玉文

合肥工業大學出版社

图书在版编目(CIP)数据

B2B电商运营实务/王慧，琚慧婷，赵磊主编．--合肥：合肥工业大学出版社，2024
ISBN 978-7-5650-6687-0

Ⅰ.①B… Ⅱ.①王… ②琚… ③赵… Ⅲ.①对外贸易-电子商务-运营管理-高等学校-教材 Ⅳ.①F740.4

中国国家版本馆CIP数据核字(2024)第038474号

B2B电商运营实务

王 慧 琚慧婷 赵 磊 主编　　　　责任编辑 王 丹

出 版	合肥工业大学出版社	**版 次**	2024年12月第1版
地 址	合肥市屯溪路193号	**印 次**	2024年12月第1次印刷
邮 编	230009	**开 本**	787毫米×1092毫米 1/16
电 话	基础与职业教育出版中心：0551-62903120	**印 张**	18
	营销与储运管理中心：0551-62903198	**字 数**	363千字
网 址	press.hfut.edu.cn	**印 刷**	安徽联众印刷有限公司
E-mail	hfutpress@163.com	**发 行**	全国新华书店

ISBN 978-7-5650-6687-0　　　　定价：46.00元

前　言

阿里巴巴（1688.com）作为全球企业间（B2B）电子商务的著名品牌，既为数千万网商提供了海量商机信息和便捷安全的在线交易市场，也为他们提供了以商会友、真实互动的社区平台。近年来出现的消费升级，直接催发了B2B电商运营的爆发式增长。因此，对精通B2B电商运营的高素质人才的需求将越来越大。

《B2B电商运营实务》由江西应用科技学院和杭州商科教育科技有限公司合作编写，聚焦电商企业对核心运营岗位的人才需求，以在数字经济领域中的人才培养、科学研究、社会服务和创新创建教育为特色，帮助学生构建B2B电商运营思维、方法和技术。本书以1688、直播、短视频等电商平台和业态为载体，通过精良的课程设计，让学生掌握B2B电商运营的核心理论知识和技能，培养学生的学习能力、操作能力和执行能力，增强学生的创新创业意识。

本书的内容设计，遵循真实的电商项目实际运营流程的原则，以理论够用、实践为主的产教融合教学理念，引导学生在国内外主流的电子商务平台开展开设店铺、市场定位、产品规划、视觉营销、流量推广、获取订单、物流发货及售后服务等活动，让学生掌握与实务无缝接轨的电商实战技能。

本书基于对B2B电商运营实务全流程的深入剖析，设计了八个章节，每个章节设计多个任务，每个任务包含多个知识点。随着电子商务、互联网的快速发展，电子商务行业与企业对电商人才的知识和能力的要求，也在持续地发生变化。本书密切关注国内电商发展的新动态、新业态，力求具有良好的前瞻性，优选电商行业前沿的新知识、新理念和新技能，同时做到难易适度、详略得当。

编写组

2024年4月

目　录

项目1　B2B电子商务概述

项目2　店铺定位分析

项目3　B2B选品策略

项目4　B2B视觉营销

项目5　B2B营销策略

项目6　B2B客户管理

项目7　店铺数据分析与优化

项目8　1688平台运营

项目 1

B2B 电子商务概述

学习目标

➢ **知识目标**

1. 掌握 B2B 电子商务的概念及特点。
2. 掌握水平 B2B 和垂直 B2B 的区别。
3. 掌握基于第三方平台的 B2B 电子商务交易和 B2B 的交易过程。
4. 了解 B2B 电子商务在电子商务平台中的运用。

➢ **技能目标**

1. 能够在第三方平台进行交易。
2. 学会查看 1688 后台九大板块。
3. 能够建立店铺，进行商品上架。

项目导入

通过本章节的学习，使学生对电子商务概论的基本问题和基本观点有比较全面的认识，掌握电子商务概论的基本概念、基本思想、基本分析方法和基本理论，对电子商务运行有一个比较全面的了解，建立起电子商务概论的基本思维框架，为进一步学习其他专业课程奠定理论基础。本章节以实用性和操作性为目标，培育学生电子商务概论思维，培养学生运用电子商务概论的分析方法分析和解决问题的能力，帮助学生理解、分析现实中的电子商务现象、电子商务规则，运用电子商务理论解决电子商务问题。通过概述将学生带入电子商务时代，让学生知晓本课程的重要性，对提高传统企业、电子商务企业的竞争力非常有益，也可以培养学生的竞争意识。通过电子商务交易模式的讲述，教育学生要讲诚信，做诚信网商，不做非法交易。诚信即诚实守信，是人类社会千百年传承下来的道德传统，也是社会主义道德建设的重点内容，它强调诚实劳动、信守承诺、诚恳待人。

任务一　B2B 电子商务含义

B2B 是电子商务的一种模式，是英文 Business-to-Business 的缩写，指商业对商业，或者说是企业间的电子商务，即企业与企业之间通过互联网进行产品、服务及信息的交换。

一、认识 B2B 电子商务

网络经济是发展以创新为主导的知识经济的必由之路。在这种情况下，电子商务一方面代表先进的生产力，另一方面也为中国企业的快速现代化提供了一个宝贵的契机。

按照参加交易主体的不同，电子商务可以分为企业与消费者之间的电子商务（B2C）、企业与企业之间的电子商务（B2B）、企业与政府之间的电子商务（B2G）、消费者与消费者之间的电子商务（C2C）、消费者与政府之间的电子商务（C2G）。其中B2B 是传统电子商务中发展最快的一种形式，已经有了多年的历史，特别是通过增值网络上运行的电子数据交换，使企业对企业的电子商务得到了迅速扩大和推广。简单地说，B2B 就是把企业名录、商品目录放在网上，买方和卖方来交易，展现在人们面前的就是这样一个电子商务网站建构的电子市场。

除此之外，B2B 还包括物流配送、应用服务提供商、外包解决方案、拍卖解决方案软件、内容管理软件、应用集成软件、网络商业软件、传统 ERP 公司等电子基础设施。B2B 的商务关系是构筑在高信任度的基础之上的，B2B 的大宗交易能够更大限度地发挥电子商务的潜在效益，并通过供应的集中、采购的自动化、配送系统的高效率而得以实现。

电子商务发展至今，以 B2B 为代表的传统电子商务做的都是物质商品贸易，由B2B 衍生出来的 B2C、C2C 等各种形式的电子商务做的都是产品交易。随着互联网技术的高速突破、整个市场经济体制的不断完善及社会对品牌文化这种无形资产的进一步认可与依赖，局限于物质商品贸易的电子商务已经无法满足社会主义市场经济的发展，“品牌 B2B”就是在这种背景下诞生的。

品牌 B2B 即 Brand to Brand，也就是品牌整合传播。它诞生于互联网环境，并植根于互联网这片高科技土壤。它利用互联网手段来开展品牌对品牌的文化传播，以实现品牌的整合传播为其模式的核心诉求，是主要针对客户商和服务商的网络互动合作平台。所谓服务商是指为品牌整合传播服务的公关传媒公司、机构或组织。所谓客户商是指有品牌整合传播需求的企业、城市政府或其他组织。

品牌 B2B 是传统电子商务的补充和提升。这两个阶段或两个方面相互渗透、相互作用，犹如密不可分的左右手，缺一不可。与传统电子商务的交易主体不同的是，为品牌整合传播服务的人一般都是法人而不是自然人，即使是自然人，在其本质意义上，他也是具有法人特性的自然人。因此，可以说品牌B2B的交易主体中有一方一定是business。于是我们把品牌B2B划分为B2B、B2C、B2G三种基本形式。

二、B2B电子商务平台

（一）商务模式

1. 面向制造业或商业的垂直B2B

垂直B2B（Vertical B2B）可以分为两个方向，即上游和下游。生产商或商业零售商可以与上游的供应商之间的形成供货关系，比如Dell电脑公司与上游的芯片和主板制造商就是通过这种方式进行合作。生产商与下游的经销商可以形成销货关系，比如Cisco公司与其分销商之间进行的交易。

2. 面向中间交易市场的B2B

这种交易模式是水平B2B，它是将各个行业中相近的交易过程集中到一个场所，为企业的采购方和供应方提供了一个交易的机会，像Alibaba、河北建材网、72247商务网、26城贸易网、环球资源网、Directindustry等。B2B只是企业实现电子商务的一个开始，它的应用将会得到不断发展和完善，并适应所有行业的企业的需要。

企业要实现完善的B2B需要许多系统共同的支持，比如制造企业需要有财务系统、企业资源计划ERP系统、供应链管理SCM系统、客户关系管理CRM系统等，并且这些系统要能有机地整合在一起，实现信息共享、业务流程的完全自动化。

B2B电子商务模式按市场战略的不同又可以分为三种类型，即卖方控制型、买方控制型以及中介控制型。

（二）交易模式

1. 卖方控制型市场战略

该市场战略是指由单一卖方建立，以期寻求众多的购买者，旨在建立或维持其在交易中的市场势力的市场战略。

2. 买方控制型市场战略

该市场战略是由一个或多个购买者建立，旨在把市场势力和价值转移到买方的市场战略。买方控制型市场战略除了由一个购买者直接建立的电子市场之外，还包括买方代理型和买方合作型两种买方控制型市场战略。

3. 中介控制型市场战略

该市场战略是指由买卖双方之外的第三者建立，以便匹配买卖双方的需求与价格的市场战略。知名B2B平台见表1-1所列。

表 1-1 知名 B2B 平台

中国商务通	阿里巴巴	生意宝
慧聪网	企发网	B2B 建材网
数百亿网	ECVV	铭万网
中国食品交易网	外贸直通车	中国制造网
中国网库	百纳网	太平洋门户网
一达通	全球五金网	凡纳网
Directindustry	中国供应商	环球资源
72247 商务网	百万网	商卖网
企汇网	物友网	中国贸易资源网
中国洁具网	河北商贸网	CPbay 中国产品港湾
际通宝	中国商业网	中国制造交易网
爱致富网	网商联盟	土佬哥商贸网
蓝海网	汽配中国网	书生商贸
昌盛商桥贸易网		

任务二　B2B 电子商务分类及特点

一、B2B 电子商务的分类

B2B 电子商务主要包括以下几种类型：

（1）网上市场：网上市场是指企业在网上发布产品信息，通过网络销售产品的渠道。网上市场分为第三方网上市场和企业自营网上市场两种。

（2）电子交易：电子交易是指企业之间通过电子商务平台进行贸易活动的一种形式。电子交易包括电子拍卖、电子求购、电子招标等。

（3）电子商务网络：电子商务网络是指企业通过网络建立的贸易关系，主要用于信息交换和订单管理。电子商务网络分为公共电子商务网络和私有电子商务网络两种。

（4）电子数据交换：电子数据交换是指企业通过网络交换电子数据，包括订单、发票、货运单等电子文档。

二、B2B 电子商务的特点

（一）对信息匹配度需求迫切

平台定位首先就是信息发布和商业机会的互通，在信息泛滥的社会，为了更有效率地发布信息和搜索有用信息，人们对信息量和质的要求变得更为迫切。这一方面促使B2B网站向更加精细化过渡，细化行业和板块，使页面更加简单直接化；另一方面要求平台从门户型向搜索型转变。

（二）关注安全风险和物流服务

在制约B2B网站发展的几大因素中，安全和物流最为重要。平台在很好地解决支付手段、安全诚信和物流服务等几大瓶颈问题之后，它的作用才能得到更好的体现。

（三）对收费模式的关注

互联网的兴起，带来的最有价值的作用之一就是成本的降低。有人说过“互联网的根本在于免费”。中小企业利用第三方B2B电子商务平台，除了期望便捷地获取信息之外，也希望降低其推广成本。故平台搭建企业应该积极创新，在确保自身利益的情况下，适当降低客户的支付费用，实现双赢。

三、B2B企业商业模式对比

国内知名B2B企业的商业模式对比见表1-2所列。

表1-2 国内知名B2B企业的商业模式对比

企业名称	商业模式的独特性
阿里巴巴	目前国内最大的B2B电子商务网站、水平式门户网站、服务范围大而全、主要提供中国供应商会员服务与诚信通会员服务、“网上交易、网下配送”、强势品牌力量。
环球贸易网	依托其核心互联网B2B企业贸易平台，专业的服务及先进的网络技术，为中小企业搭建诚信的供需平台，提供全方位的企业电子商务服务。作为国内领先的互联网企业，环球贸易网不仅依托以互联网技术为核心的B2B企业贸易平台为用户提供周到的解决方案，还充分利用雄厚的传统营销渠道和各类展会开展多渠道、线上为主线下辅助的全方位服务，这种优势互补、纵横立体的架构，已成为中国B2B行业的典范。
慧聪网	以买卖通为中心，主要提供“慧聪商情广告、中国资讯大全、研究院行业分析报告”三大板块、线上和线下全方位、“水泥＋鼠标”式服务，尤其在专业资讯方面有多年的积淀。
中国制造网	专注于全球贸易领域、在国际贸易与出口推广方面功力深厚、中国制造网的顶级域名、会员增值服务（Top Rank、Spotlight Exhibits、Banner Pro等）、与瑞士SGS集团合作提供认证供应商服务等。
数百亿网	第一家打造视频网页开发的B2B2C电子商务的网站品牌、整合各种网络营销手段和推广技术、在企业品牌推广方面有独特优势。

（续表）

企业名称	商业模式的独特性
中国网库	发起成立“中国行业网联盟”、第一家整合行业产业链资源的矩阵型 B2B 电子商务网站、定位于零售服务前端的 B2B 电子商务平台、紧密结合传统企业和电子商务平台。
铭　万	中国最大的中小企业信息化服务商、网站＋推广＋应用的电子商务一站式服务、八方通宝。
敦煌网	定位于国际贸易领域、自建 EDMSYS 平台、EDM 营销手段、不同于其他 B2B 企业的收费模式。

如表 1－2 所列，上述企业在基本模式之上有一些差异，也正是这些差异的存在，才使上述企业能在众多的电子商务企业中脱颖而出。但电子商务发展到现在，即所谓的第三代，业内人士对其发展前景、商业模式等方面的认识逐渐趋同，其结果就是各企业之间的差异性会越来越小，就是在基本模式即水平式和垂直式之上逐渐融合。正如某人士指出，单独的行业网站或单独的综合网站都不是长久之计，融合行业与综合的电子商务门户才是发展的潮流，综合性网站向行业深度拓展，行业网站整合后变身综合，模式不同，但殊途同归。

如何摆脱同质化的竞争，在电子商务蛋糕不断做大的大势之下获得巨大的收益，将是摆在上述所有的 B2B 企业面前的一道难题。

任务三　B2B 电子商务发展历程

一、B2B 电子商务发展阶段

在互联网经济蓬勃发展的沃土上，慢热的 B2B 电子商务走过了 20 多年。从 1.0 阶段的信息服务平台到 2.0 阶段的交易服务平台，再到 3.0 阶段资源整合平台，B2B 电子商务迎来快速发展期，而科技的进步、大数据的运用、供应链的资源整合及互联网金融服务的多样化创新等，为其注入了强劲动力。

从 1999 年阿里巴巴成立至今，中国的 B2B 电子商务发展已有 20 多年。作为行业的中间交易平台，B2B 电子商务承担着撮合上下游交易的重任，其可以有效减少交易环节、缩减产业链条、提升流通效率。

在 B2C 电子商务无比光鲜和火爆的映衬下，B2B 电子商务的发展显得很慢热。但是近几年，随着产业环境的成熟、资本市场的关注及典型行业的带动，B2B 电子商务市场呈现快速发展态势。艾媒咨询数据显示，2013～2017 年，我国的 B2B 电子商务保持着20%左右的增速，2018年中国B2B市场交易规模达21.62万亿元。其中，信息科技的发展、大数据的运营、供应链的资源整合及互联网金融服务产品的多样化创新等为其发展注入了持续动力。

（一）1.0阶段：信息服务时代（1999～2002年）

B2B电子商务在我国开始发展绝非偶然。中国互联网发展的元年是1994年。那时国内的互联网市场就像一个呱呱坠地的婴儿，一切都处在萌芽阶段。然而彼时在大洋另一端，美国的互联网公司市值总和已经突破万亿美元。从技术、标准、投资理念再到商业模式探索，作为互联网的“原产地”，美国都保持领先。最先接触到互联网并开始创业的是一批受硅谷影响的年轻人，包括张朝阳、马化腾、李彦宏等，互联网的早期探路者们积极寻求以互联网手段变革传统商业方式。

此阶段，以汇率改革为中心的贸易改革影响着我国对外贸易的发展。1994年1月11日，国务院印发《关于进一步深化对外贸易体制改革的决定》，提出我国对外贸易体制改革的目标；1994年5月12日，第八届全国人民代表大会常务委员会第七次会议审议通过《中华人民共和国对外贸易法》，其对外贸企业进出口总额、出口收汇、出口退税制度等一系列问题做出统一政策性规定，推动了外贸的发展。

当时，互联网普及率很低，上网费用又过高，1999年7月中国网民数量仅仅为400万人，B2B电子商务平台一直没有大展宏图的机会。1999年3月，我国B2C电子商务先驱8848试开通，开辟了电子商务的先河。1999年9月，阿里巴巴在杭州湖畔花园的一间偏僻公寓里诞生，开始提供B2B电子商务服务，这标志着我国B2B电子商务1.0时代的正式开始。

2000年1月，阿里巴巴集团从软银等数家投资机构融资2000万美元，让当时的“小树苗”得以茁壮成长。早年成立的慧聪国际、环球资源等平台，此时业务仍然停留在纸媒端，直到2000年4月，慧聪国际（成立于1992年）推出慧聪商务网，即现在的慧聪网，逐渐开始在互联网上开拓出一片市场；环球资源则于2000年在美国纳斯达克上市，B2B电子商务发展前景获得了当时资本市场的认可。这一阶段，B2B电子商务平台开始如雨后春笋般纷纷成立，但阿里巴巴、环球资源和慧聪网等占据了领先地位，其以信息发布为主要运营模式，通过会员制盈利，迅速积累了早期客户和扩大了知名度。

此阶段，B2B电子商务平台主要是提供信息黄页功能，消弭了信息不对称问题，主要商业模式为收取会员费和广告费。B2B电子商务平台作为企业间交换信息的在线平台，主要以提供交易服务为主，帮助买卖双方进行信息发布并收取会员费。然而“黄页”模式无法深入供应链等主要环节，也无法切入交易，平台黏性差且有诚信差、营收低效等问题存在。

在搜索引擎登上历史舞台之后，B2B 电子商务平台的信息组织方式逐步迎来质变，曾经分散、不规则的信息得到有效组织。搜索引擎为 B2B 电子商务平台的买卖双方创造了良好的信息交流条件，交易建立在投其所好、相互吸引的模式之下。搜索引擎也进一步分化了 B2B 电子商务平台的流量，此时垂直行业门户和企业纷纷建立网站，让信息更好地流通，企业官网也更有价值，B2B 电子商务 2.0 时代蓄势待发。

（二）2.0 阶段：交易服务时代（2003～2016 年）

随着信息技术的发展、计算机的普及，以及我国网民的迅速增长，企业对电子商务需求急剧增加。特别是在搜索引擎、在线支付等功能出现及完善之后，买卖双方不再停留在 1.0 时代只是进行信息交换的浅层关系，而是逐步切入交易服务，B2B 电子商务进入 2.0 时代。

在 B2B 电子商务 2.0 时代，电子商务平台在信息发布服务与提供交易服务上实现免费，交易双方实现线上交易，B2B 电子商务平台的主要盈利模式也由提供信息服务收取会员费转变为促进交易后收取交易佣金。

B2B 电子商务引入在线交易环节，B2B 市场迅速发展。2003 年 10 月 18 日，淘宝网首次推出支付宝服务；2004 年 12 月 8 日，浙江支付宝网络科技有限公司成立；2004 年 12 月 30 日，支付宝网站正式上线并独立运营。2003 年 12 月，慧聪网在香港创业板上市，成为首家赴香港上市的内地 B2B 电子商务平台。2004 年 1 月 8 日，中国“电子商务先驱”8848 重回电子商务领域，转型专注于“中国电子商务引擎”，服务于中小企业和个人用户。2004 年 9 月，慧聪网与腾讯合作，联手推出了即时通信工具“买卖通”，平台企业买卖双方实现了在线信息洽谈，短短 3 个月就吸引了 50 万用户注册。

B2B 电子商务平台涌入大量资本，促进了行业的发展。2005 年 1 月，国务院办公厅发布《关于加快电子商务发展的若干意见》，B2B 电子商务平台获得政策和资本支持，并在 2008 年达到一个顶峰。2005 年 8 月，阿里巴巴并购雅虎中国的全部资产，同时得到雅虎 10 亿美元的投资。2006 年 5 月，环球资源购入慧聪国际 10%已发行股本，结成“中国最大 B2B 战略联盟”。2006 年 10 月，慧聪网与分众无线联手推出国内首个无线 B2B 平台。2006 年 12 月 15 日，电子商务企业网盛科技登陆深圳中小企业板，标志着 A 股“中国互联网第一股”诞生。2007 年 4 月，网盛科技推出“基于行业网站联盟的 B2B 门户与搜索平台”生意宝，开了由垂直 B2B 转型综合 B2B 的先河。2007 年 6 月，网盛科技并购中国服装网，成为我国行业网站首例并购案。2007 年 10 月，“Made In China 慧聪网”上线，慧聪网开始涉足外贸领域。

然而，2008 年金融危机到来，外贸订单数量减少，B2B 电子商务发展放缓，其存在的问题也被迅速放大，同质化服务使得市场陷入激烈竞争。2015 年，中央经济工作会议提出“去产能、去库存、去杠杆、降成本、补短板”五大经济工作任务，B2B 电子商务成为中小企业的首选，应用覆盖面进一步扩大。正如经济学家许小年所说，宏观经济不景气，微观经济更有希望。B2B电子商务市场此时出现了很多可喜的变化。大数据、云计算等科技的不断推陈出新，使得B2B电子商务逐渐从信息服务、广告服务、企业推广营销手段的时代退去，出现了基于平台、数据和金融的主流商业模式，并进一步优化产业链，深挖配套服务。

B2B电子商务2.0时代在供应链整合、在线交易、SaaS服务等方面有所突破。首先，B2B电子商务平台的业务逻辑都是优化供应链，重塑生产、运输、销售的大流通格局，提升产业链效率、推进产业升级。B2B电子商务2.0为买卖双方提供了一个良好的信息聚焦平台，市场交易价格更加透明。其次，金融机构的加入为交易提供了重要的金融支撑。由于B2B交易动辄千万元，而且欠款、货价浮动、回款延期、资金周转限制等问题重重，急需银行机构加入。慧聪网就与中国工商银行、民生银行等开展跨界金融合作，推出中小企业法人信用卡服务，并完善在线支付的基础支撑。最后，随着SaaS概念兴起，企业将传统PC端的CRM移植到Web端，又转向移动端，SaaS的商业模式主题也从“解放员工效率”转变为“提高管理效率”。

以找钢网为例。2012年，钢贸市场不景气，很多钢贸商破产倒闭，找钢网在此时进入市场。作为垂直电子商务平台，其综合服务的电子商务模式通过去除中间环节、布局全产业链，运用SaaS应用进行数据分析与匹配，一端连接供应方，一端连接提供方，将大数据整合和搜索细化，不仅做到供需匹配，更促成了高效率交易，实现钢材终端用户的一站式购物。2014年6月，找钢网上线“胖猫物流”布局物流网，用户只需要在平台输入出发地、目的地、货物规格、吨位，就可以搜到相应的货车报价，钢材物流运输的“滴滴打车”模式使得买方购买更加高效。2015年6月，找钢网又推出类似“京东白条”的“胖猫白条”，为平台交易活跃用户提供融资服务，解决短期资金周转问题。2016年4月5日，找钢网CEO王东对外宣布，第一季度全面盈利，而其能够盈利的关键，就在于B2B电子商务中的供应链金融。2016年以来，B2B电子商务生态渐成气候，行业受到资本市场的强烈关注。除了率先起跑的钢铁领域（找钢网、上海钢联），其他如化工领域（找塑料网、快塑网、化塑汇）、农业领域（一亩田）、航运货代领域（运去哪、航运城、二货网）、煤炭领域（找煤网、易煤网）等垂直B2B电子商务都获得了资本的关注。

但是，2.0时代B2B电子商务发展仍面临着各种局限。例如，基于技术局限，企业官网电子商务能力与管理软件能力无法深入连接，企业与用户对SaaS服务仍然聚焦于安全问题；在线支付服务方面仍需完善，需要国家和银行的更多支持；供应链布局方面仍是雏形，其受到区域、物流、仓储等多种因素的限制，行业供应链发展仍然未见亮点。

（三）3.0 阶段：打造交易闭环（2017 年至今）

B2B 电子商务近几年日渐火热。2017 年以来，B2B 领域的大额融资消息不时爆出，仅 2017 年上半年（截至 7 月 21 日），我国累计有 92 家 B2B 电子商务公司获得超过 85 亿元的融资。阿里巴巴重新发力 B 端，公司管理层多次提及 B2B 是阿里核心战略的重中之重。

2016 年 9 月，李开复在一场分享会上，正式提出了 B2B 3.0 的概念。3.0 时代的 B2B 电子商务，通过打通供应链、加强对上游供应链的控制、对下游需求方的触达，打造“信息—交易—金融—物流—信息”交易闭环，实现线上/线下交易一体化。依托在整个供应链上积累的海量交易量和数据，为行业整体提供以交易为中心的仓储货运等服务及以数据为中心的金融信贷等服务，依靠服务盈利。

曾鸣教授认为，B2B 3.0 时代的特点可以用 S2B 概括。S2B 是 Supply chain platform To business 的简称，即服务于中小企业的供应链平台。供应链是指商品从原材料采购开始到最终成为消费者手上的商品所需要经过的一系列涉及制造商、供应商、零售商、分销商和最终消费者的环节衔接。供应链管理是把供应链上的各环节企业看作一个整体。有效的供应链管理可以实现降低企业风险、缩短现金周转时间、增加盈利等目标。B2B 供应链建立在电子商务基础上，企业或者商家通过互联网交易平台进行包括物流、信息流和资金流等过程的采购、销售及协调供应商、客户等业务。

B2B 电子商务 3.0 时代初期，进行整个供应链整合的企业以垂直 B2B 平台为主，代表有“找”式企业，因为垂直类 B2B 平台具备较强的“纵深”服务能力，能深入供应链上下游，满足企业多样化需求，符合工业 4.0 阶段大批量、低成本提供个性化、定制化产品的需求。比如，由经纬和 IDG 等企业投资的找塑料网，以大数据的合理应用为客户提供服务，获得市场认可，初步成功证明了优化产业链是正确选择。再如找钢网，一方面，其善用大数据，精准定位客户需求，为客户提供一系列增值服务；另一方面，与商家攀钢集团等进行战略合作，完善地区零售渠道、第四方物流运输网络建设，以及共同拓展海外市场等。以阿里巴巴为首的综合平台也在积极布局供应链整合，包括资金流、信息流和物流方面的整合。在资金流方面，阿里巴巴布局金融服务，建立支付宝用于支付结算环节。在信息整合方面，汇集大量网站的信息，使得用户只需要通过阿里交易平台就能够快速地获取所需的最新、最及时的商业信息。此外，阿里还推出了“贸易通”聊天工具，用于企业和企业之间的商贸交流，顺畅的沟通保障交易顺利进行，可以降低成本、提高效率；阿里还推出了会员制的“诚信通”，用以解决网络贸易的信用问题，成为会员的企业可以更好地发布和展示其相关信息。在物流方面，阿里巴巴采用了第三方物流的模式，这种模式可以有效地降低阿里巴巴的部分成本，并提高物流效率，使其能够集中更多资金和精力去发展其他重要业务。

此阶段，B2B电子商务运营模式逐渐成熟，行业竞争风起云涌，预计B2B电子商务将进入高速发展期。当前正是B2B电子商务发展的机遇期。

首先，国际化方面，在“一带一路”倡议推动下，中国作为制造大国，B2B电子商务服务将迈向国际，随着国际化进程的发展，B2B电子商务市场规模将得到进一步扩展。

其次，信息咨询方面，在互联网与大数据的驱动下，整体B2B电子商务发展有了质的飞跃，第三方咨询服务企业的兴起，让供需双方对市场的未来发展趋势有了更明晰的判断，双方将站在更高的视角对市场作出观察，生产与需求间的转化率有望得到提高。

最后，人才技术方面，在科教兴国战略的支持下，B2B电子商务上下游人才增多，人才的涌现使得B2B电子商务在整体的交易活动中变得更有效率。人力资源的提升促使云计算、大数据等高新技术得到更好的应用，为整体B2B电子商务的资源整合起到重要的辅助作用。

在信息对称问题解决之后，资源整合将是B2B电子商务行业发展的关注点，如何完善线上线下信息交接、提高需求与生产的转化率、实现整体管理效率都是当下B2B电子商务发展所面临的挑战。目前互联网＋各行业发展形式不断创新，下游B端企业需求增加，为了更好完成需求方的大额订单，上游B端企业可能需要投入较大的资金扩充生产规模；而在面临产业更新换代及新兴企业激烈竞争的宏观背景下，供应方在加大生产力度的同时，需求方可能无法抵挡变化莫测的市场变革，面临破产倒闭的风险，从而给供应方带来极大的损失。因此，对于市场竞品和行业发展趋势综合判断的信息是供需双方急需突破的壁垒。

二、B2B电子商务发展趋势

B2C电子商务快速发展，而B2B电子商务却显得过于落寞，部分行业人士认为B2B电子商务缺乏创新，已经遭遇发展瓶颈。因为自从阿里巴巴、网盛生意宝面世之后，B2B整个行业发展缓慢，业绩几乎原地踏步。不过从这几年的发展来看，B2B行业也出现过很多优秀的网站，在行业内精耕细作，找到了属于自己的模式和发展方向。

（一）以在线交易服务为主的行业B2B模式

在线交易能为买卖双方的企业节约部分销售成本，也能让企业在价格合适时及时成交，通过在线商谈、在线签单、在线支付等方式进行交易。它的主要特点为此类产品一般价格变化较大，且是大宗产品，比如，钢材、化工、塑料等；产品比较标准化，企业决定购买一个产品的很大因素是信息和价格；交易简单，无须考察对方企业，一般采取仓单交易模式。此类网站运营时必须建立好诚信机制，比如，买卖双方的诚信审核、支付的安全性、物流的快捷等，可采用第三方合作伙伴来解决物流、资金流及诚信度审核的问题，目前正在往这一块发展，比如，致力打造钢铁行业大型B2B在线交易第三方平台的中国钢铁现货超市，为解决双方诚信审核、支付安全性等问题而引入商务部第三方支付平台国付宝，以及引入深圳发展银行提供交易双方贷款，提供交易信誉保证金，为钢铁行业在线交易市场提供良好的环境。

（二）垂直行业 B2B 电子商务发展瓶颈

B2B 面临的问题无外乎支付、信用、物流等，但这只是发展第一阶段，笔者认为垂直类 B2B 网站发展核心瓶颈首先是行业规模问题。困扰行业垂直类 B2B 网站的首要问题就是行业规模问题。行业网站，顾名思义就是只专注于某个行业，其规模必然会受到限制。其次是产业链问题。产业链的本质是一个具有某种内在联系的企业群结构。产业链中大量存在着上下游关系和相互价值的交换，上游环节向下游环节输送产品或服务，下游环节向上游环节反馈信息。因此，在行业垂直类 B2B 中就存在一个比较严重的问题，那就是产业链断裂。比如，在一个轴承网站上，上面几乎都是生产轴承的企业，但轴承采购商却不一定知道这个网站，而且这种现象在越细分的行业越突出。

（三）后期发展前景分析

在行业规模及产业链问题得到解决后，下一个阶段就是模式突破。有些行业 B2B 网站开始做委托交易，网站不介入交易环节，刚开始只做些交易的保证金制度，比如确保钱款安全，待买家收到货后再把钱打过去。后期网站甚至可以考虑自建物流仓储中心，等网站有一定人气的时候，突破是很容易的事情。

B2B 细分行业网站由于更加细分了市场，可以做得更加专业，其平台特点、赢利模式与 B2B 大行业网站有一些不同，但会更灵活。中国钢铁现货网选择与国付宝共同来打造细分行业 B2B 网站，充当企业之间的桥梁，为企业提供集平台搭建、运营指导、品牌推广等为一体的服务。如此一来，传统企业就有更多的精力用于产品的研发和生产，能够更好地立足于市场。

后期 B2B 细分行业网站将拥有绝对的优势，只有绝对的专业，才能让买家和卖家都觉得，这个平台是完全为我量身定做的，才有可能在今后的浪潮中胜出。可以说，差异化是后期 B2B 行业竞争最好的策略，未来 B2B 细分行业网站将变得越来越专业。

长远来看，B2B 4.0，即线上线下协同＋SaaS 服务＋供应链金融的出现将是大势所趋。在 4.0 时代，线上线下将会一体化，打通金融供应链，实现产业协同，提升 SaaS 服务，降低成本输出，从而提升经济效益。

从线上线下协同方面来看，B2B 电子商务发展逐渐成熟，线上布局已经基本饱和，在互联网＋驱动下，B2B 电子商务企业要保持用户群增长和消费者黏度，争夺线下成为一种必然的战略方针。在保持线上流量充足的同时，线下布局应跟上线上效率，向用户提供线下体验感，比如，物流配送、产品检测、货物提取、货物仓储等。B2B 电子商务平台通过“效率＋去库存”的战略布局，输出其优势的信息系统、物流配送设备技术和管理模式，兼顾网点和供应链的信息对接，从而提升资源利用效率和运营管理效率，降低成本，将经济效率最大化。

从SaaS服务方面来看，目前中国SaaS产业的发展空间巨大，在SaaS服务不断升级的背景下，通过将前台的CRM和后台的ERP等要素打通，把B2B电子商务流程嵌入企业端的工作流程，再加上整个供应链的整合，将为B2B升级至4.0打破限制壁垒。

从供应链金融来看，供应链金融有着不同的切入路径，包括对物流资源整合、交易平台服务优化、资金金融产品服务等，通过对供应链整体金融的布局，从去库存到节约成本，提升经济效益。第三方机构的出现，为企业提供了专业性行业趋势分析，企业通过对形势的解读和分析，吸取第三方咨询机构的意见，有利于其规避风险，更能精准地进行交易，有助于B2B电子商务行业的整体、快速发展。

当今，B2B电子商务市场规模不断成长，商业模式不断升级，整个行业发展历程也是波澜不断。预计B2B电子商务4.0时代也将很快到来，未来B2B电子商务将会如何发展，将会带给中国电子商务行业什么样的惊喜，是否能够生长出新的BAT，这些问题都十分让人期待。

知识链接

1688后台功能介绍

（一）功能模块

1688后台功能模块见表1-3所列。

表1-3 1688后台功能模块

功能	路径	解决问题
旺铺	我的阿里-旺铺	旺铺装修，公司介绍，图片管理
商机拍档	我的阿里-商家拍档	市场热销产品属性，行业生意机会，掘金计划入口，商品力
交易	我的阿里-交易	交易订单处理，交易方式，评价处理，售后处理，保障服务
商品	我的阿里-商品	销售产品发布及优化，产品营销工具入口
营销	我的阿里-营销	营销工具使用，活动报名
客户	我的阿里-客户	会员管理，老客维护，挑货软文
分销	我的阿里-分销	横向市场入驻，淘货源工具使用及客户管理

（二）1688后台必看九大板块

九大板块包括首页、商机拍档、商品、旺铺、交易、营销、客户、生意参谋、数字营销，具体界面如图1-1至图1-10所示。

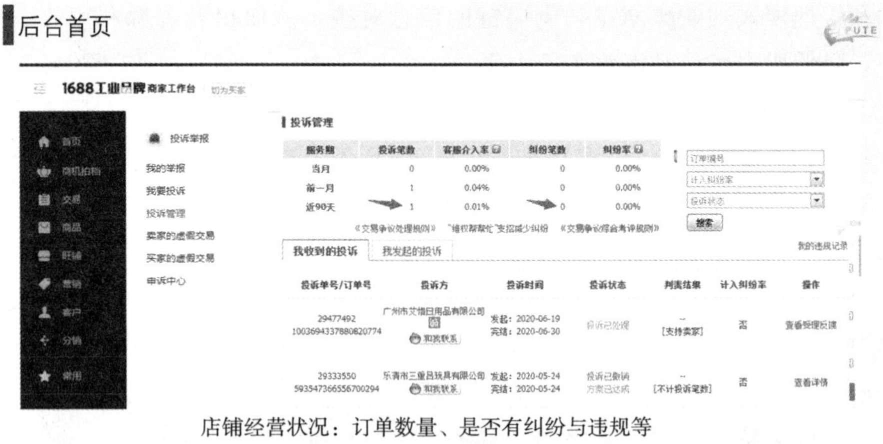

图 1－1　店铺经营状况

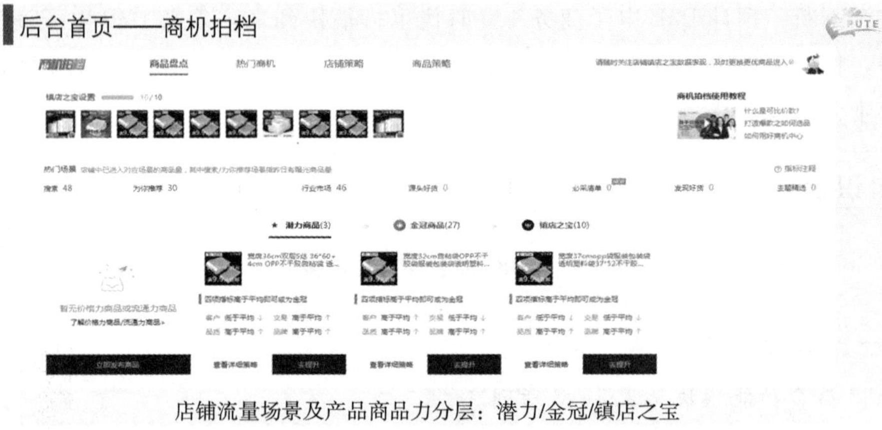

图 1－2　后台首页

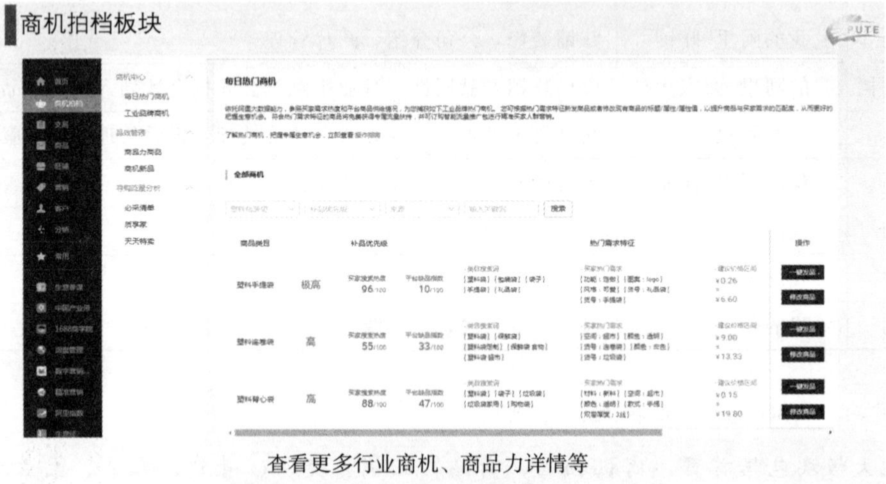

图 1－3　商机拍档板块

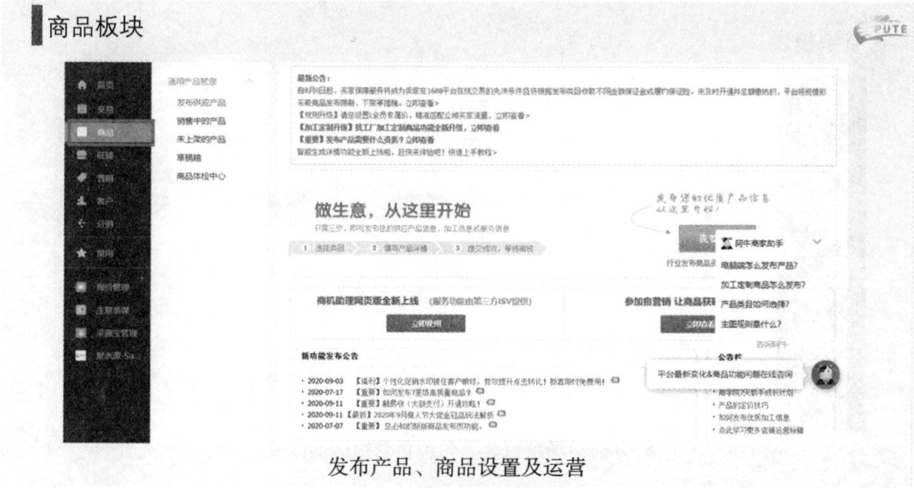

图 1－4　商品板块

图 1－5　旺铺板块

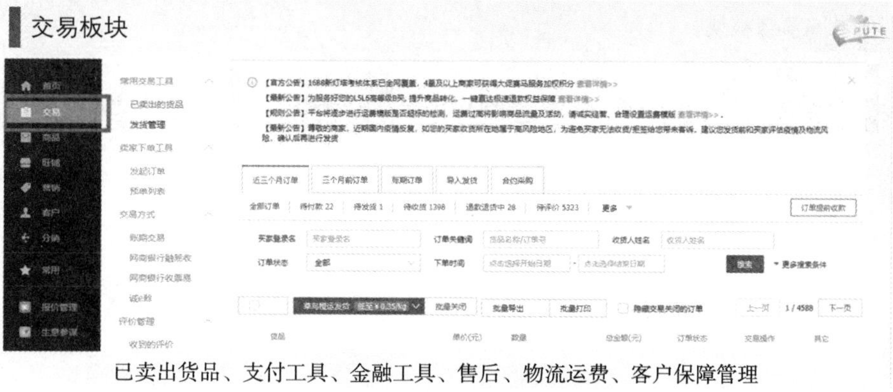

图 1－6　交易板块

图 1-7　营销板块

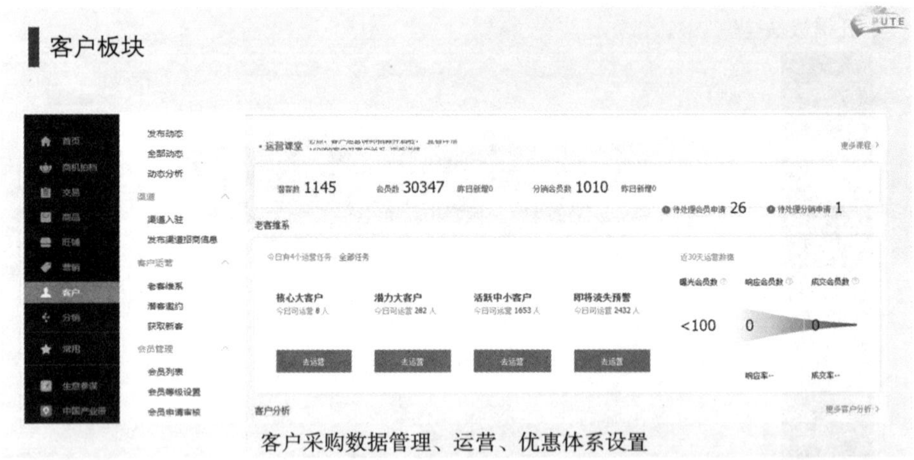

图 1-8　客户板块

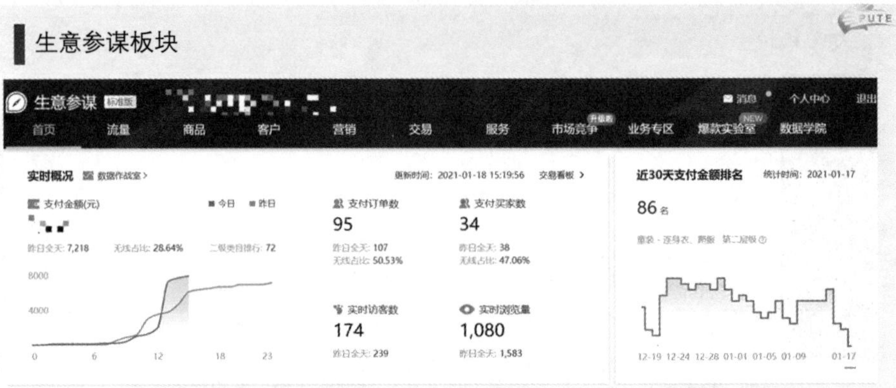

生意参谋首页：店铺整体流量转化成交等核心数据

（a）生意参谋板块一

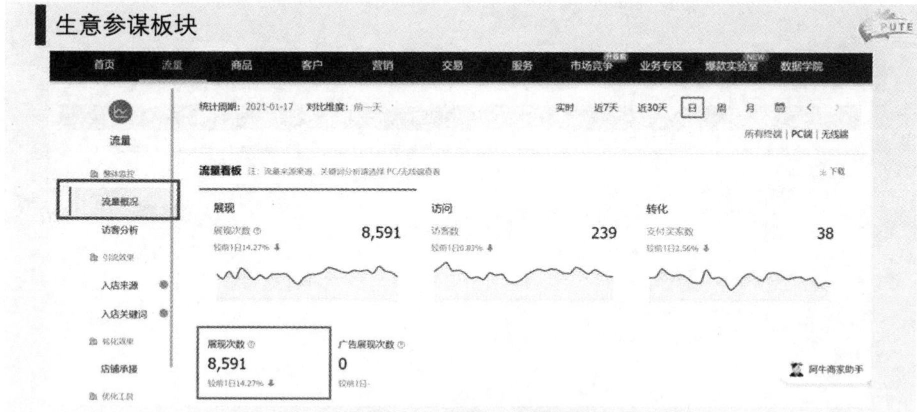

生意参谋流量：访客分布和流量渠道分析

（b）生意参谋板块二

生意参谋商品：商品流量转化成交分析

（c）生意参谋板块三

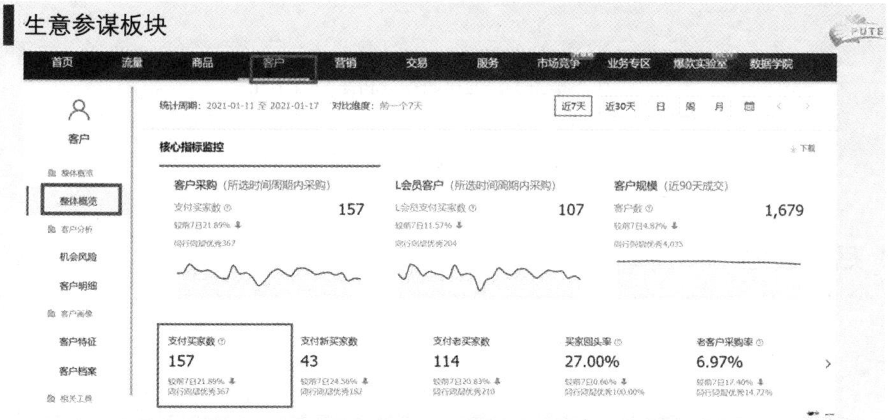

生意参谋客户：不同层级客户明细、流失客户明细、客户人群画像

（d）生意参谋板块四

（e）生意参谋板块五

图 1－9　生意参谋板块

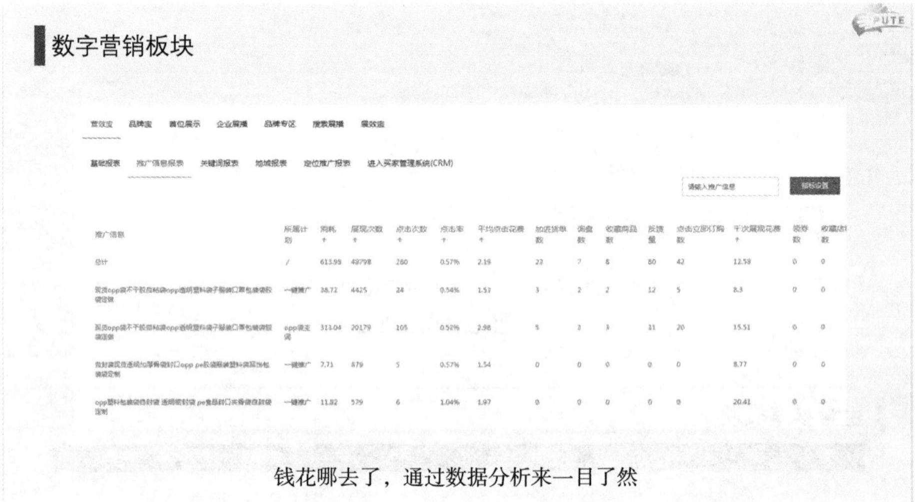

图 1－10　数字营销板块

课后习题

一、多选题

1.（　　）属于 1688 支持类工具。

A. 店铺引新工具　　　　　　　　B. 千牛

C. 铺清仓工具　　D. 生意参谋

2. 1688 的流量入口包括(　　)。

A. 免费流量　　B. 活动流量　　C. 横向流量　　D. 付费流量

二、单选题

1. 在生意参谋的9个子类里，(　　)子类可以看到支付卖家数。

A. 首页　　B. 流量　　C. 交易　　D. 商品

2. 1688 属于(　　)电子商务平台。

A. C2C　　B. O2O　　C. B2C　　D. B2B

三、判断题

1. B2C 更多的是理性客户，B2B 更多的是感性消费。(　　)

2. 千牛卖家版登录界面有两个选项：淘宝、1688，两个页面互通，即使不小心选错平台，也不会影响客户的接待。(　　)

3. 工业、消费品牌属于1688横向流量入口。(　　)

4. 千牛属于支持类工具，可以帮我们找客户，发布、管理商业信息，及时把握商机，随时洽谈做生意。(　　)

项目 2

店铺定位分析

学习目标

➢ 知识目标

1. 掌握 1688 平台店铺的定位方向。
2. 了解 1688 店铺的企业经营模式。
3. 掌握 1688 店铺的产品定位和客户定位。
4. 了解 1688 店铺所在行业的市场供需状况。

➢ 技能目标

1. 掌握与分析 1688 店铺的产品需求。
2. 掌握 1688 店铺的关键词指标。
3. 掌握 1688 店铺的访客分析。

项目导入

A 公司是一家专门从事金属探测仪器、X 射线异物检测设备生产，以及代理进口类检测设备的销售与服务，并提供检测方案的高科技公司，在行业金属杂质剔除和公共安全防卫检测方面具有丰富的经验。

之前，由于定位不够清晰，目标客户群体不精准，公司一年成交额也不高。为此，公司高管想尽各种办法来调整产品，优化运营，但都无济于事。

后来，经多方沟通，找到 B 公司进行合作。B 公司是一家网络公司，专业从事 1688 的代理运营服务。

B 公司对 A 公司所属的行业进行了大量的行业数据调查分析，结合客户的情况对店铺的定位进行梳理，最终以金属检测系列和称重系列作为主核心产品，将客户重新打造包装为一家提供金属检测一站式服务的国内龙头企业，专注异物检测和重量分选，针对食品厂、制药厂、玩具厂、食品香料添加剂厂、化工厂等受众群体的痛点，铺开一系列的运营手段。

经B公司优化运营后，A公司每天的询盘高达10个左右，第一年的成交额就达到300万，第二年翻到500万，去年成交额已经高达800万，现在每个月都有优质固定返单客户。

商家们常常会疑惑，为何自家店铺在1688平台上缺乏流量、展现与销量？原因在于，1688平台上竞争激烈，若店铺缺乏独特性与吸引力，便难以脱颖而出。一个充满个性的店铺或产品，能够瞬间抓住顾客的眼球。从测款、选款到美工设计，每一步都旨在精准对接目标客户群体，这一过程即为店铺定位。那么，如何进行店铺定位？定位的目标何在？为何店铺定位如此重要呢？

为什么我们需要进行定位？因为只有有了清晰、准确的定位，我们的店铺运营才能迅速找到正确的方向，避免走弯路，同时有效利用各种条件来提升店铺的各项数据，从而达成我们的目标。店铺定位的目的如图2-1所示。

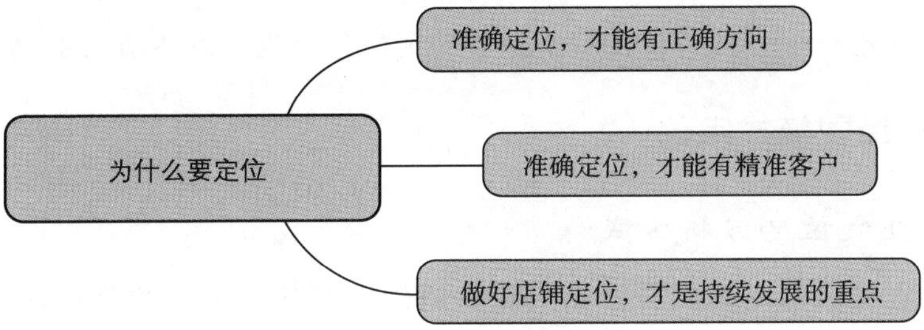

图2-1 店铺定位

任务一 店铺定位

一、店铺定位概述

店铺定位是指通过对店铺自身进行分析，得出自身的优缺点。从店铺的背景、行业等多角度进行分析，进而通过对店铺整体形象及产品的设计使之更贴近目的消费者的心理感受，是对目的消费者的心智和情感的管理。一方面，目标市场是店铺定位的根据和归宿，另一方面，店铺形象需要经过品牌设计和产品设计来完成，即恰当的店铺设计有助于在目的消费者心中构建良好的店铺形象。

通过对店铺进行精确定位，我们能够深入理解行业需求和店铺的地理位置，进而在品牌个性与产品上实施差异化策略。这包括从产品特性、包装设计、服务质量、以及视觉风格等多方面进行深入研究，并充分考虑竞争对手的状况。我们的目标是在目标消费者心中占据一个独特且有利的位置，使他们的心理与我们的品牌和产品产生共鸣，从而接受并认可我们。赢得消费者的青睐，便是赢得了市场竞争的胜利。因此，店铺的定位对于其未来的发展方向和经营策略具有深远的影响。

在开店前期要进行自我提问，弄清楚我是谁，是工厂还是经销商？如是工厂，需要了解清楚工厂的经营模式等；如是经销商，那么经销商的经营模式则与经销商有很大不同。因此，B2B 的店铺定位主要包括企业经营模式、客户、产品等方面。

本节主要分析如何进行企业的自身定位。要明确企业如何进行准确的自身定位，首先需要了解公司的类型是什么。公司类型有很多种，如源头工厂、品牌商、代理商、组货商，那么你的企业究竟是其中的哪一种呢？接下来要分析企业目前有哪些自身优势。分析优势时，可以从公司实力、优势产品、供应链、服务体系等方面着手，不同的企业优势在店铺运营方面的侧重点则有很大不同。最后，要考虑作为店铺运营者，你能做什么，是现货批发，还是分销代理？是加工定制，还是跨境供货？

将以上问题进行一一分析后，对于企业的定位分析也就逐步清晰了。

二、企业经营模式定位

（一）企业定位的分析方式

在做企业定位之前，我们需要先明确我们是一家什么类型的公司，即我是谁、我们的公司有什么样的优势、我们能干什么，这三点成为我们进行企业定位的三大维度。

1. 企业（公司）类型

（1）源头工厂：源头工厂即最初的生产厂商，指最初创造产品的企业，也就是源头的生产商直接开店，将生产好的产品直接自己售出，或在平台中招代理。源头工厂可以在源头上控制产品的质量，具备严格的质量监管体系，所以产品出厂后故障率都比较低。1688 为源头工厂提供了展示工厂实力的平台，1688 对工厂的能力进行了专业、精准的分装，可以提供研发、定制、加工、原材料，批发、一件代发等各种服务。很多源头工厂都被挖掘成了“宝藏工厂”，如国内第一家三腔洗衣凝珠品牌制造商——广东优凯科技，拥有 25 年的中西式糕点生产经验、来伊份与盒马的供货商——上海新麦食品工业有限公司等。

（2）品牌商：品牌商与制造商的区别，主要体现在其实现了差异化方面的标准化。品牌商与零售商之间往往存在着一种紧密的依附与合作的关系。大多数品牌商的销售渠道都依赖于零售商，而零售商为了确保供应链的稳定性和商品质量，也会积极与品牌商建立长期稳定的合作关系。在 1688 平台上，品牌商的角色类似于淘宝平台上的品牌旗舰店，它们只销售自己品牌下的产品，如美的旗舰店、水星家纺、联合利华旗舰店等，专注于为消费者提供品牌专属的购物体验。

（3）代理商：代理商即“产品代理商”，一般是指赚取企业代理佣金的商业单位。代理商并不拥有商品的所有权，只是促成交易从中赚取佣金，是指在销售过程中，经生产厂家授权，在某一地区有资格销售该厂家产品的商家。作为1688平台中的代理商，一般都有明确稳定的供应链，面向想要做代理、分销的客户。代理加盟频道是阿里巴巴为品牌商与渠道商建立的一个以建立经销渠道关系为核心的平台，创业者可以通过此平台寻找品牌商，并通过申请审核流程成为该品牌的代理商。在成为代理商前，一定要思考好自己所要代理的产品是什么，有哪些进货渠道、销售渠道等，做好充分的准备。网售产品可谓琳琅满目，如果不提前想好自己要代理什么，很容易陷入迷茫，而且也很难经营好自己的店铺。

（4）组货商：组货指两种以上的商品品类或品目组合成商品系列和某种风格，以平衡、协调和统一的原则，组合不同的款式、图案、材料、设计因素、色彩基调、工艺手法、结构特点的产品，塑造一种有着独特而鲜明的形象的一盘货。它既能保证搭配的兼容性和品牌的视觉调性，又能满足不同消费者的购买需求，达成双方共赢。组货的商家拥有多类供应链，将多种产品在店铺中销售，有点类似于杂货铺。如ZARA等快销品牌有着自己独到的经营方式，其服装企业的定位导致他们需要补进大量款型。巨大的市场需求，要求其品牌买手必须通过高效的组合货品来达到销售最大化的最终目的。

上面列举的是在1688平台常见的企业类型。这些不同的企业类型，在一定程度上，决定了我们在该平台上的适宜经营模式。例如，代理商开设的店铺往往无法提供定制产品服务，因为这类企业本身并不具备加工或定制产品的能力。

2. 企业优势

（1）公司实力：公司实力是指企业能够满足市场要求的能力，体现公司能力的因素包括生产规模、厂房大小、获得的实力证书等。公司实力包括硬实力和软实力。公司硬实力体现在雄厚的财力、先进的设备、宽裕规整的厂房、一流的人力资源、先进的工艺技术、卓越的产品质量、庞大的销售网络、规模巨大的产能，并且已经形成了规模效益和市场占有率等方面。公司软实力更多体现在文化影响力、企业核心理念、企业原创设计和创新能力、企业公关意识和能力、企业决策及执行力、企业学习能力等方面。

（2）产品优势：产品优势是销售员在为客户介绍产品时最为关键的信息，也是产品介绍步骤中最重要的一步，通过介绍产品优势让客户认同产品的差异化，才能激发其购买欲望，培养其品牌忠诚度。产品优势具体体现在我们的主营产品中，指相较于同行所具有的品牌效应、价格优势、质量优势、特殊优势等。

（3）供应链：供应链是指生产及流通过程中，涉及将产品或服务提供给最终用户活动的上游与下游企业所形成的网链结构，即将产品从商家送到消费者手中的整个链条。我们可以把供应链描绘成一棵枝叶茂盛的大树：生产企业构成树根；独家代理商则是主干；分销商是树枝和树梢；满树的绿叶红花是最终用户；在根与主干、枝与干的一个个结点，蕴藏着一次次的流通，遍体相通的脉络便是信息管理系统。在 1688 平台中，是否有强有力和稳定的供应链关系到商家的货源及上新速度。

（4）服务体系：作为电商运营企业，在 1688 平台上开店的商家，必须打造专业化、标准化的服务体系，如售后服务，物流服务，是否支持 7 天无理由退货等。1688 通过建立开放平台、营销体系、广告体系、商家成长体系、交易支付体系、物流体系、数据体系及金融体系，这些支撑营销的八大服务体系，打造数字商业基础设施，帮助中小企业实现线下交易线上化、线下营销线上化。

第一，开放平台通过与线下多个机构合作，联合政府、行业协会、专业市场、展会等全产业链合作伙伴，为平台商家提供全方位的保障和服务，提升商家的交易效率，降低交易成本。

第二，面对不断变化的营销环境，1688 以“全渠道、全触点”为核心理念，构建了一套全面的营销体系。此体系既涵盖了商家层面的 CRM 管理、私域运营等策略，旨在提升商家的运营效率与服务质量，还依托淘工厂、微供、伙拼等多渠道实现产品的广泛推广。借助大企业采购平台、淘货源、跨境专供等多元化的商业场景，该系统有效助力中小企业精准对接市场需求，发掘新客户群体，从而开拓出更广阔且具有潜力的市场。

第三，广告体系凭借 B 类天合计划、B 类广告联盟及全域营销策略，助力中小企业高效产出营销素材，并量身打造全方位推广方案。通过智能化手段实现精准投放，从而吸引更多目标客户群体。

第四，商家成长体系则依托各地电商服务中心与中小企业商学院资深讲师精心设计的培训课程，为中小企业传授互联网经营策略与模式，助力其成长。中小企业商学院依托 1688 中小企业商学院线上教育平台（peixun. 1688. com），通过点播、直播、图文等多种形式，已累计培训超过 200 万家中小企业。同时，学院还通过自建与合作站点（如与政府、高校、协会、专业市场及产业集群的合作），将官方课程送达全国中小企业，近 10 万家企业因此受益。此外，学院还与政府、高校、协会等多方携手，提供人才培训、认证及就业对接等全方位服务，为中小企业的人才发展保驾护航。

第五，交易支付体系包括支付宝、账期交易、担保交易和分阶段付款。支付宝致力于为中国电子商务提供“简单、安全、快速”的在线支付解决方案，能够让买卖双方完成安全、快速的网上支付业务，并为买卖双方提供交易资金记录的查询和管理。账期交易适用于长期与采购商合作的那些供应商在系统内给采购商授信的情况。账期交易的业务流程很接近于线下交易，广泛适用于各类物资的长期供货关系：买卖双方通过账期交易服务进行交易，卖家可针对不同买家设定信用额度及支付账期，被卖家授信且符合本服务使用条件的买家，对于信用额度可用余额范围内的交易，无须在下单后先行付款（卖家应在买家下单后按承诺时间发货），但必须在卖家所设定的支付账期内通过支付宝账户向卖家直接支付账期内确认收货的全部订单款项。担保交易结算的特点是付款在先、收货和发票在后，用户在支持使用支付宝的网站（如阿里巴巴）上选择并发起支付宝交易，之后整个支付和货物的交割过程将由支付宝负责监控，保证交易双方的资金和货物安全。分阶段付款是阿里巴巴推出的针对签约大买家的特殊结算方式，对于设备类采购、需要后续服务的物资采购，或者需要质保的产品采购，可以使用分阶段付款的方式。在此交易方式中，第一笔款项是与订单绑定并由支付宝担保的交易项，之后的第二笔、第三笔支付，是与订单绑定的直接到账交易。

第六，物流体系的核心构成包括菜鸟网络与阿里巴巴物流服务平台。菜鸟网络，作为互联网科技的佼佼者，专注于物流网络平台的构建与优化。它运用大数据、智能科技及高效协同策略，携手各方伙伴，共同编织起一张覆盖全球的物流网络，旨在提升物流效率，加速商家库存流转，并有效削减社会物流成本。

第七，数据体系则深度挖掘并应用数字化运营积累的大数据资源，为商家量身打造"生意参谋"。例如，通过分析下游购买数据，为商家精准推荐热销商品；借助供应商交易数据的洞察，助力商家筛选并获取高品质、适用性强的货源。

第八，金融体系则紧密依托阿里巴巴旗下的蚂蚁金服及第三方金融机构，为企业交易双方提供一系列丰富多样的金融产品与服务，包括但不限于网上银行、诚e赊、诚企贷、诚意保等。特别是诚e赊，作为阿里巴巴专为1688业务定制的金融服务，它依托独有的B类业务数据，精准满足B类客户的资金需求，有效缓解资金流紧张问题。

物流、交易支付、数据及金融等体系的全方位支持，为中小企业在货运、支付模式、贷款赊账等交易环节提供了更加多样化的解决方案，从而推动这些企业顺利迈入互联网数据驱动的电子商务新时代。

3. 结合企业类型及优势，判断能做什么

（1）现货批发：现货交易就是俗称的一手交钱一手交货的交易方式，一般适用于农副产品买卖、小额批发和零售交易。在1688平台中，现货批发是指有足够库存的产品或者货源，可以支持客户即使下单有货即发。

（2）分销代理：分销的目的在于建立销售渠道，在网络营销活动中，分销商只需要将商家品牌通过微信、微博等方式分享给他人，即可完成销售。

（3）加工定制：加工定制的是指生产厂家根据客户的要求专门加工生产特殊规格的产品。加工定制企业一般是工厂型企业，它们根据不同客户提出的个性化的要求，进行加工、改造或定制产品。

（4）跨境供货：B2B平台主要面向有意向开展跨境电商的客户，提供专业的跨境供货服务。这是一套专门针对商品跨境销售的供应链体系，旨在为这些客户提供适合在跨境平台上销售的产品，从而帮助他们顺利进入国际市场。

（二）企业经营的模式分析

要分析企业的定位，我们还需要弄清楚公司的经营模式到底是怎样的。目前，1688 平台上的 B2B 公司的经营模式主要包括生产型和贸易型两种。前者只生产和销售自己的产品，后者只从事贸易而没有生产部门和生产环节。贸易型企业一定要依靠生产型企业，而生产型企业可以通过贸易型企业拓展自己的产品销路。

在 1688 平台上，生产型企业是主流，它们多为传统生产企业，在产品制造方面拥有显著优势。然而，在向线上平台转型的征途上，这些企业面临诸多挑战，诸如电商运营专业人才匮乏、对电商平台的陌生感、成本控制的不精准等。更进一步，生产型企业的技术人员往往思维固化，管理手段难以与时俱进。总体而言，传统企业在电商运营策略上亟须升级，其策略优化空间广阔。

针对这类传统企业，其既有的经营模式需全面审视，从市场定位、生产管理、运营思路、品牌建设到人才储备，均需进行深入的优化与调整。企业管理层需勇于转变思维定式，方能引领企业稳健前行。在转型过程中，企业应化被动为主动，紧跟时代步伐，加速产品迭代，持续创新。这些要素对于企业在未来数年内成功进军淘宝及跨境电商领域，具有举足轻重的意义。生产型外贸企业的升级如图 2－2 所示。

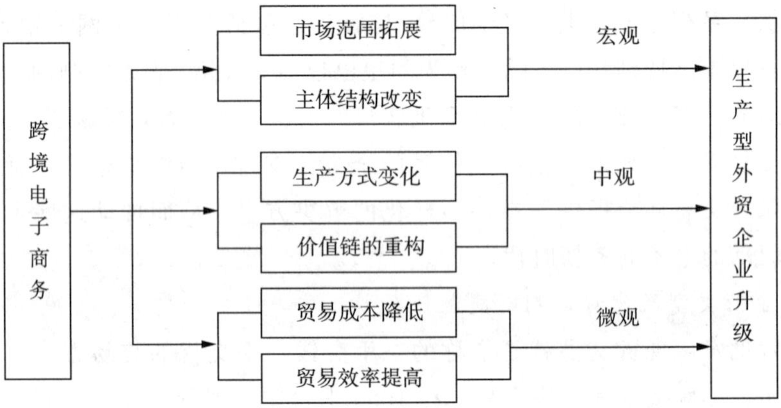

图 2－2　生产型外贸企业的升级

在 1688 平台上，另一种是贸易型企业。贸易型企业由于自己没有生产的能力，所以大多数贸易型企业会选择在某些产地集中的产业带地区开展业务，这样会降低运营成本，也能提升自己企业的优势。如义乌小商品、常州刀具、虎门服装等产业集中地带，吸引着越来越多的贸易型企业入驻。由于成本差距，贸易型企业需要比生产型企业具有更好的组货及电商运营能力，才能有更多机会。

除了上述两种经营模式，鉴于我国传统外贸当前正面临发展困境，众多生产型外贸企业正积极顺应趋势，向跨境电子商务领域转型升级。这一战略性的转变，旨在显著提升企业的国际竞争力，构建长期竞争优势，并渐进式地重构企业贸易增长模式。同时，这一过程也促进了企业升级能力的培育，助力企业在全球价值链中稳固并扩大其竞争优势。

不论企业选择何种经营模式，对于企业来说，拥有强大的“商品力”始终是其未来发展的核心驱动力和关键实力所在。

知识链接

生产型外贸企业和贸易型外贸企业区别如下：

1. 产品不同

生产型外贸企业只能进出口自己生产的产品和与产品相关的设备原料。贸易型外贸企业可以进出口一切商品（原则上不包括有些特定商品）。

2. 经营范围不同

生产型外贸企业经营范围比较集中。贸易型外贸企业经营范围较大，一般为进出口除特定商品外的所有商品。

3. 退税不同

生产型外贸企业在退税方面通常享受的是出口退税政策，即对出口的商品退还其在生产过程中所缴纳的增值税。贸易型外贸企业实行免、退税方法，对本环节中的增值部分免税、进项税额退税。只要是在国内采购并且开具增值税发票的产品，贸易型外贸企业都可以退税，但前提是商品退税率不能为零。

除按生产型和贸易型分类外，目前1688的企业经营模式还可按照企业具体的经营内容进行分类，主要分为批发模式、零售模式、招商模式、代加工模式。

1. 批发模式

批发模式主要有四种：一是线上零售商的批发，比如淘宝天猫等；二是外贸公司的采购，是直接在1688上批发，再进行外贸销售；三是实体店采购，先通过线下实体店铺的采购，再进行实体店铺销售；四是实体大公司的采购。

如果想在1688上进行批发，作为商家，一定要有仓库且库存一定要大。例如在1688上做童装批发，那么一定要有大的仓库储存童装，在1688上有很多经营较好的童装品类，如果深入调研就可以得知，其仓库都超过了3000平方米，且有些店铺还在扩大仓库。所以，从这个概念中可以看出，1688上的批发有很大部分都是厂家直销，且在价格上有很大的优势。所以，如果商家要在1688上定位做批发，则一定要准备库存，这是作为批发商家所必须具备的，且批发一定要求快速发货，周转很快。相反，如果没有库存现货，就类似于一件代发，则可能会造成买家拍下后没有现货，这样会造成退款退货率较高。

如果想在 1688 上做外贸采购，则需注意以下三点：一是商家一定要是工厂，因为外贸公司一定会找工厂合作；二是质量一定要过关，外贸公司要求检测质量，合格后才会进行合作，所以样品费可以不用太贵，但质量要求要高；三是尽量要有证书，不管是产品的证书，还有出口的证书，店铺一定要有证书支撑。

如果在 1688 上的定位是线下实体店，则要满足客户的需求，如有的客户要求是质量好，有的客户会要求每个季度可以免费退换多少件，有的客户希望销量达到一定阶段之后会有折扣或者是赠送多少件，有的客户要求赠送图片而且是没有水印的，有的客户要求有赠送高大上的袋子，有的客户要求送货上门，因为在网上开店主要是以客户为中心，所以要提炼客户的需求，且满足客户的需求。

2. 零售模式

1688 平台上的零售模式主要有四种：一是厂家属性产品的零售，二是样品属性产品的零售，三是活动属性产品的零售，四是小单属性产品的零售。

很多客户会选择 1886 批发，是因为 1688 上的商家还有一个属性是厂家，比如一个生产茶叶的公司，想买一台生产茶叶的机器，则会选择在 1688 上购买，并不会选择在零售平台购买，因为 1688 上的商家有厂家的属性。因此，如果在 1688 平台上做厂家属性的产品零售时，商家的服务要好，产品质量要好，特别是机器这类产品，对售后要求较高。如 1688 上有卖雕刻机的商家，其在店铺中突出了支持全国可维修的服务之后，第一年销量就提高了三倍多。

如果是在 1688 上进行样品属性产品的零售，需要考虑的问题则是要不要收取样品费，比如轴承行业、塑料袋行业。是否要收取样品费，应该根据商家自身的模式具体考虑。如何收取样品费的说明应该列举显示在店铺上面，提前说明清楚关于样品的内容，则不会流失客户，反而会让增加很多的客户。

无论是在 1688 上进行批发还是零售，都可以设置活动属性的产品，比如有火拼爆品、天天特卖等。通过参加活动，可以增加产品的曝光，同时每次做活动都要将活动内容展示在店铺首页，对于留住老客户和挖掘潜在客户，都有很大的作用。

另外，在 1688 上如果是以批发为主，则也要有部分商品是可以零售的。如做童装批发的，大部分客户会按照店铺说明进行多数量批发，但偶尔也会有个别客户，选择 1～2 件零售。对于这些零售客户，商家一样也要把握住，因为零售客户可能会发展成批发客户。

3. 招商模式

招商模式主要包括四种：淘宝的一件代发、其他平台的一件代发、线上的授权经营、线下的授权经营。

关于一件代发，淘宝上很多个人开店且找不到货源的，都会选择在 1688 上进行一件代发。目前 1688 上的淘货源已经跟淘宝打通，如果是淘宝店主就可以直接在 1688

上申请一件代发，然后客户在其淘宝店下单，订单会自动回流到 1688 平台。1688 发货后，淘宝后台也会自动匹配发货。

其他平台也可以一件代发，比如微商、社群电商等。在 1688 上有一个采源宝，对于代理商来讲，只需登录采源宝，然后进行一键转发。如果其对应的平台有订单了，直接在上面填写即可，采源宝会匹配下单。

除一件代发外，在 1688 平台上，授权经营是最常见的。比如，在天猫上，会看到很多天猫店的品牌名都是一样的，只是公司名不同，而其售卖的产品也基本一致，这就是品牌的授权经营。品牌授权经营对于商家来说，因为其存在品牌价值，会自带流量。因此，在选择线上授权经营品牌时，一定要求产品是过关的，最好是品牌具有一定的影响力，同时要求品牌利润高，且发货速度要快，最好能在附近的地方有仓库，比如在江浙沪，因为这样快递成本低，而且能快速地包邮全国。

此外，线下实体加盟也是常见的一种方式。例如，在线下逛街的时候，会看到很多的实体店，且都是同一个牌子，其实很多都是加盟的。有一些加盟源头就是 1688。因此，1688 商家可以选择线下实体店招商，如服装、食品、酒水类等。需要注意的是，针对线下实体店，产品质量要求一定要好，而且外观要大方美观。

4. 代加工模式

由于 1688 自带厂家属性，因此平台上有很多可以代加工的工厂，代加工模式主要包括三种，即贴牌代加工、定制代加工、模具代加工。

贴牌代加工是最简单的代加工的方式。比如商家是生产服装的，客户要求生产代加工贴牌，就是将客户的水洗标邮递安装到每件衣服上，加工款式可以是代加工商家自己研发的，也可以是市场上的同款。还有一些是国际标准件，比如螺丝轴承，是用机器在产品上或者在包装上打上 Logo；再比如说，广告扇、广告笔、广告衫，就是在产品上打上广告。

定制代加工与其他加工方式相比，是最为麻烦的，但也是最常见。因为这种方式利润可能是最大的，而且客户也是最稳定的。定制代加工包括来图加工、来样加工和免费设计代加工等。

模具代加工简单地说就是，商家的机器是用来提供加工的，但是在加工的同时，机器肯定需要进行调整，这种机器的调整就属于模具的加工。国内有非常多的工厂都需要模具加工，比如海尔、美的等。选择一个模具加工的企业，最看重的是商家曾经合作过的案例、资历，还有其生产速度。

总之，在 1688 平台上，商家享有多种运营模式的选择权。有的商家可能专注于一种运营方式，如专注于模具代加工业务；而有的商家则能够灵活开展多种运营模式，比如既在淘宝平台上进行一件代发，也兼顾其他平台的同类业务。至于具体选择哪种企业模式，这完全取决于企业的产品特性、经营策略及规模大小。

知识延伸

义乌："数字贸易"翻开新篇章，"云盾构"国际贸易大市场

曾经的义乌人多地少，资源匮乏，是一个贫困的农业小县，"鸡毛换糖"是义乌货郎们的谋生手段。20 世纪 60 年代，义乌小商品市场在廿三里逐渐萌芽。

1978 年，当改革开放的"春风"席卷神州大地，新中国经济开始腾飞，"中国制造"在此后的 40 年里成为中国对外贸易的新名片，其中最接地气、最具人间烟火味的"义乌小商品"也成为最有标识性的代表之一。从"买全国、卖全国"走向了"买全球、卖全球"，"世界小商品之都"——义乌的建设迈出了坚实步伐。义乌国际商贸城如图 2-3 所示。

然而，这一切都是被"逼出来"的。因为义乌身处内陆，三面环山，人多地少，土壤贫瘠，资源匮乏，唯一适合种植的是甘蔗。所以，义乌人不得不奔走他乡，挑着货郎担进行"鸡毛换糖"，这种小生意营生在改革开放前夕达到鼎盛阶段。直到 1982 年，义乌来了一位名叫谢高华的县委书记，他敢做"第一个吃螃蟹的人"，确立了"兴商建县"发展战略，制定了"四个允许"政策，把路边摊小商贩统一搬到政府规范的集市，创立了义乌小商品城。

从最初的棚户集市，到单体综合商场，再到五期商贸城，过去 40 年历经下海潮、中国加入 WTO、两次金融危机、（移动）互联网产业爆发式发展，每个阶段义乌小商品城都踩着关键节点做出相应变革，逐渐发展为拥有 7.5 万商户，关联 210 万产业链中小微企业的商业生态。2021 年 GMV（电商平台商品交易总额）达到 1867 亿元，贸易辐射全球 230 多个国家和地区。从内贸走向外贸，从线下走向线上，小商品城引领着义乌从国内鸡毛换糖走向海外大江大河。

经过一代代市场的成长和更迭，义乌常住人口不断增多，义乌市场主体经营户也不断增长，随之配套的人才补助政策也在不断完善。义乌市场成交额从 1986 年的 1 亿元到 1991 年的 10 亿元到 1994 年的 100 亿元，完成一次又一次的突破。现如今小商品市场的年交易额已突破 4500 亿元。

2020 年，义乌市实现地区生产总值（GDP）1485.6 亿元，比上年增长 4.0%。其中第一产业增加值 23.76 亿元，增长 5.3%；第二产业增加值 422.03 亿元，增长 2.5%；第三产业增加值 1039.81 亿元，增长 4.6%。全市按户籍人口计算人均 GDP 达到 175865 元（按年平均汇率折算为 25497 美元），增长 1.8%。三次产业结构由上年的 1.6∶29.4∶69.0 调整为 1.6∶28.4∶70.0，第三产业比重比 2019 年提高 1.0 个百分点。2021 年，义乌全市实现地区生产总值（GDP）1730.16 亿元，同比增长 11.6%，荣登 2021 年中国 GDP 十强县榜单，排名第十。

来自国家统计局数据显示，2021年，全国市场采购贸易方式出口9303.9亿元，其中，义乌通过市场采购贸易方式出口2901.6亿元，全国占比31.2%，同比增长30.1%。2021年，义乌快递服务企业业务量累计完成928957.4万件，同比增长29.5%，仅次于广州市，排名全国第二。

2022年上半年，义乌市外贸进出口总值突破2000亿大关，增速表现超出预期。其中，进出口和出口增速分别高于浙江省15.5和8个百分点，占全省份额为9.8%和12.2%，较2021年同期分别提升1.1和0.8个百分点。

义乌小商品市场的国际化反映了经济从封闭半封闭到全方位开放的历史性转变，义乌小商品市场的创立史证明了充满活力的社会主义市场经济体制的优越性，义乌小商品市场的成长史印证了改革开放是决定中国前途命运的关键点。中国人民在前进的道路上留下了踏实而又坚定的脚步。

图2-3　义乌国际商贸城

三、客户定位

（一）客户定位概述

客户是企业产品与服务的核心受众，其特定需求是企业运营和生产的基石。针对企业而言，客户的身份究竟如何界定？而对于网店经营者，客户的特性又是怎样的呢？经过深入剖析发现，客户的定义包含外延与内涵两个方面：在企业层面，外延客户涵盖了市场中广泛存在、对企业产品或服务有不同需求的个体及机构消费者；而内涵客户则包括企业的供应商、分销商，以及内部的职能部门、分公司、办事处、分支机构等。对于网店运营商来说，客户则是每日穿梭于各类店铺之间，最终在众多网店中挑选并完成购物、享受服务的广大消费者群体。

下面来看一个案例：

从 1688 网站首页搜索关键词“贴纸”，出现多家店铺。选择其中两家店铺进行对比，首先选择店铺 A，点进去后可以看到店铺 A 基本都是和贴纸相关的产品，比如可爱的韩国贴纸、箱贴、行李箱贴纸、卡通贴纸，等等。

假如搜索同样的关键词，进入店铺 B 会发现：同样是一个词进去，但搜索结果却有很大不同。进入到店铺 B 后发现，店铺 B 里面做的东西有很多，除了贴纸外，还包括印刷标签、不干胶、笔记本、其他文具等。

比较店铺 A 与店铺 B，不知道各位看后会有什么样的感觉？会不会感觉店铺 B 就像杂货铺，店铺 A 像专卖店。当然不是说不能这么做，因为不同的客户需求不同，有些客户只需要购买贴纸，但有些客户在购买贴纸的同时，也会被笔记本等其他文具所吸引，可能产生其他的潜在消费。随着人们消费观念的改变，在当前的消费环境下，人们的选择比较意识及审美观已经提升，而越来越多的客户想要购买个性化的产品，那么网店就要根据客户的个性化进行调整、优化店铺，只有满足客户的需求才是最好、最明智的做法。

随着消费者行为和意识的转变，传统的消费方式和服务水平已经不能满足消费者的需求，也不再受其青睐。

（二）客户的生命周期管理

客户的生命周期通常包含四个主要阶段：目标客户识别、潜在客户挖掘、机会客户锁定及签约客户转化。在网店的日常运营中，商家借助大数据分析技术，从客户的兴趣爱好、年龄性别、浏览行为等多个维度深入剖析目标客户群体，并精准推送相关流量。通过提升产品曝光度，吸引客户关注并增加其收藏与加入购物车的行为，从而筛选出潜在的客户群体。随后，进一步分析产品的收藏与点击数据，结合产品的独特卖点与客户的实际需求，精准识别出机会客户。在此基础上，制定并实施针对性的促销策略，促使机会客户下单购买，最终转化为签约客户。

实施客户生命周期管理，不仅有助于我们追踪客户从初步接触到最终下单的全过程，还能深入理解客户如何对产品产生兴趣并完成购买决策。这一过程的具体流程如图 2-4 所示。值得注意的是，客户对于商家的价值远不止于直接购买产品所带来的收入。通过精细化的客户生命周期管理，我们能够深入分析客户在网店购物流程中的每一个行为，从而全面评估并挖掘客户为网店带来的潜在价值。

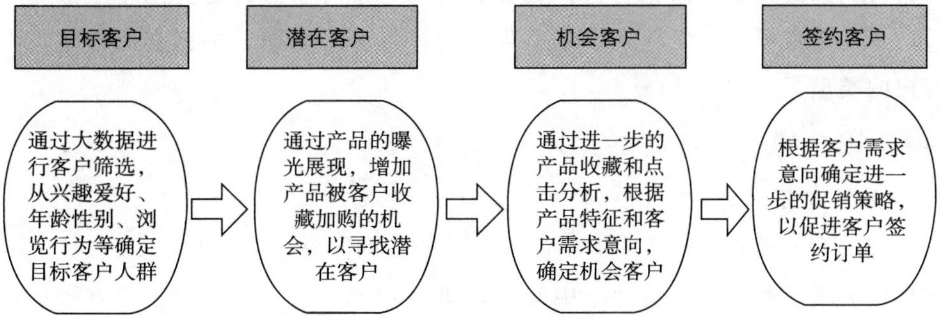

图 2-4 客户的生命周期管理

（三）客户定位的重要性

1. 强化产品针对性

如今人们消费越来越注重个性化。因此，企业要确定具体的服务对象，对服务对象定位的前提是对市场进行细分。

通过合理、严密的市场细分，企业可以对各细分市场中的消费需求和市场竞争状况进行对比，这样既可以根据对比结果了解和掌握各细分市场中服务对象的需求满意度，也可以看出自身所具有的优势和劣势，有利于企业采取正确的营销策略。

2. 增强企业产品在市场上的竞争力

任何企业都有自己的长处和短处、优势和劣势，在市场上盲目出击，极有可能导致营销失败。确定企业相对于竞争者的市场位置，企业要准确分析自己的产品与竞争对手产品在成本及品质上的优势，以优势对劣势打击竞争对手产品，占领市场，进而可以增强企业产品在市场上的竞争力。

3. 开拓新市场

越来越多的企业家感到一种产品在市场上几十年不变仍然能保持垄断地位的日子已经一去不复返了。现在产品的市场寿命越来越短，产品两年一升级四年一换代的现象屡见不鲜。真正的市场定位是在市场细分的基础上做出的。企业通过市场细分，可以掌握消费者的不同需求情况，从而发现未被满足或未被充分满足的需求市场。企业根据市场细分和企业自身优势正确确定自己的市场，从而开发新产品，开拓新市场。

4. 确定事业领域

由于人的需求是多样的，因此，任何企业包括规模最大的企业也不可能满足购买者的全部需要，而只能满足其一部分。也就是说，企业必须充分认识自身的优势和劣势为自己确定一个正确恰当的市场定位，即确定企业的事业领域。

1688 作为一个综合网络批发平台，汇聚了多元化的客户群体，包括贸易公司、生产加工型企业、实体店、微商，以及购买产品自用的个人和企业等。然而，并非所有客户都符合商家的需求。商家在选择目标客户时，应综合考虑自身的发展战略、生产能力、现有的销售模式、运营及服务团队的配置等多个方面，进行全面评估，以明确所需客户的类型。

（四）客户的定位分析

1. 如何进行客户定位

在传统的商务模式中，客户渴望得到产品的咨询服务，但通常需要经过一个曲折、被动的自行联络过程，或者借助于中间代理进行沟通，客户能够与企业直接进行沟通交流的机会并不多。

网店运营的模式与传统商务模式不同之处在于，客户可以直接通过网店与商家进行沟通，通过在线沟通工具，商家可以即时了解客户的各种需求。因此，网店中客服岗位的工作就变得十分重要，网店客服需要通过与客户的直接沟通，记录好客户的各种需求，以提供个性化的产品和服务。

在进行客户定位时，可以有以下过程：分析客户群体、开展客户细分、建立一对一服务关系、提供个性化产品和服务。首先，通过大数据，对客户群体进行详细分析，了解客户来源和客户性质；再通过分析结果开展客户细分，如按年龄可分为老年客户、中年客户、青年客户，按性别可以分为男性客户和女性客户等；最后，在细分客户的基础上，要求网店中的客服与客户建立一对一的服务关系，并根据客户的特殊需要，提供个性化的产品和服务。

2. 如何开展客户细分

在网店运营中，除按性别、年龄进行客户细分外，还可以根据客户的购买行为将客户分为有需求欲望的客户、有购买力的客户、曾经购买过的回头客等。根据曾经的浏览记录和购买记录，将客户分为不同类型，可以更加有针对性地开展营销活动。

如果一个客户对所提供的产品或者服务毫无兴趣，那么客服在与其沟通时会无法满足客户的需求，沟通的过程也是徒劳的。因此，前期的数据分析是极为重要的。同时，还可以根据数据分析，了解客户曾经的消费能力，也要求客服在与客户沟通时，主动询问客户的消费情况，对于缺乏资金的潜在客户，在进行咨询时必须保持谨慎的态度。最后，判断客户是否决定购买时，要弄清楚是客户要买给自己还是买给其他人，如果客户是买给自己的，那么购买决定权则在客户自身；如果客户是买给家人或者朋友的，则不会这么快产生购买决策。

3. 客户类型的选择

1688 平台上的客户类型主要分为四大类：批发类客户、定制类客户、分销类客户、跨境类客户，如图 2-5 所示。

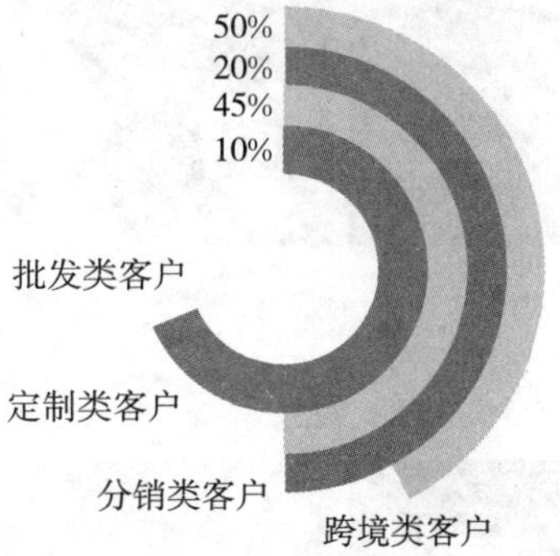

图 2-5　1688 平台上的客户类型

（1）结合线下客户类型选择客户

目前，1688 平台上的商家有很多是传统生产型企业或线下批发型企业转型做 1688 业务的。如果在过去的传统业务中，企业以产品的定制批发为主业，那么在 1688 平台上可以选择定制批发类客户；如果在过去的传统业务中，企业的主要客户是外贸客户，那么在 1688 平台上可以选择跨境电商客户；其他如微商供货、淘宝供货等情况都可以依此类推。

（2）平台横向数据分析

在对店铺进行客户定位选择时，如果不确定店铺业务是否可以向横向市场发展，我们就可以对横向市场进行分析，在一些特定的网络平台对比同类产品的销售情况。1688 店铺的横向市场如图 2-6 所示。

图 2-6　1688 店铺的横向市场

例如，我们想知道自己的产品是否适合微供市场，就可以进入微供平台，对同类产品的代理商进行分析，看看这个行业是否有大量的微商进货。1688 微供市场搜索页面如图 2-7 所示。

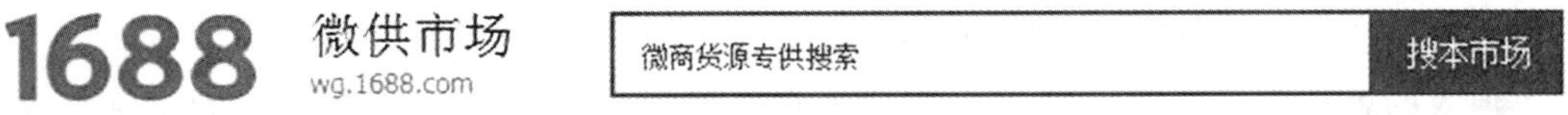

图 2-7　1688 微供市场搜索页面

再到淘货源市场看看，我们会发现女包在这个市场中有很大的客户群体，如图 2-8 所示。这时候，我们就可以考虑把淘宝卖家作为我们的主要客户。

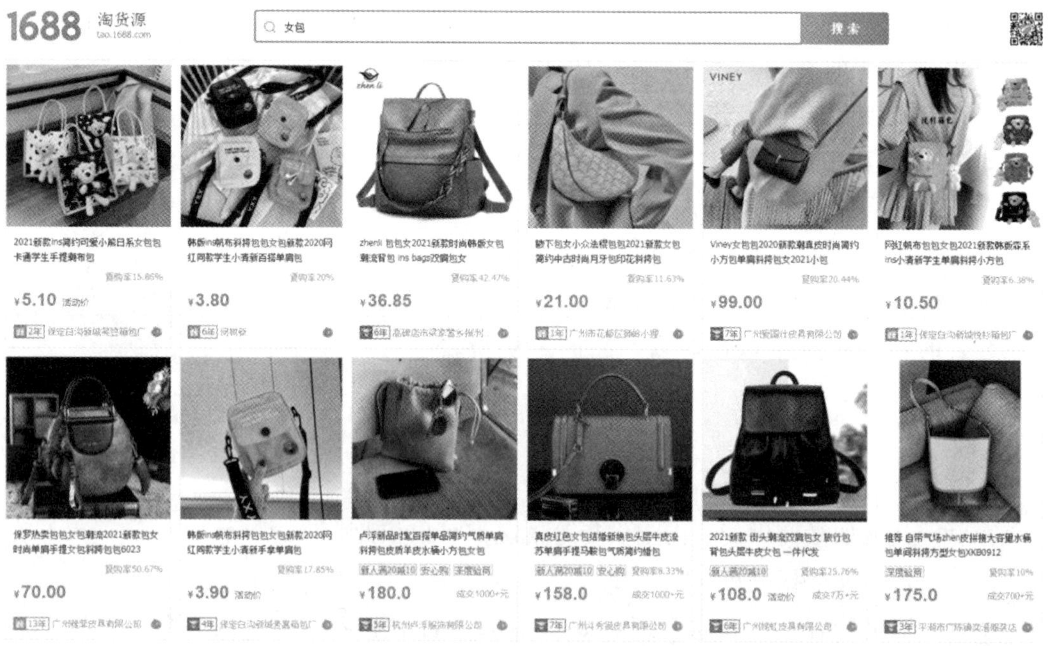

图 2-8　1688 平台的女包市场

通过以上方法，我们在 1688 平台上基本上就可以确定自己所需要的客户类型。

4. 客户画像

现代营销要懂得取舍，明白哪些是必须争取的关键圈层，哪些是应该放弃的无用用户，所以我们需要为用户画像。用户画像其实并不是什么很高端难懂的词汇，大部分人在做生意的时候都会用到，就是思考自己的目标客户是什么样子。每类客户都有自己的特征，我们称之为“客户画像”。我们在平台上找到了自己需要的客户之后，还需要了解这类客户。

客户画像的精准与否，直接关乎企业产品对市场的适应程度，但在描绘画像的时候，经常会有一种误区，就是客户画像成了品牌方的“自嗨”。

客户画像必须是客观的，而不是单纯的“我”认为。如果你是一名厨师，你认为你做的菜好吃，没用，因为你的菜是给消费者吃的，消费者吃了说好才算数，所以你不仅需要站在自己的角度给客户画像，你还要站在对方的角度思考问题。

但人的思维是毕竟感性的，在描绘客户画像时，多少会掺杂着自己的主观意愿，这时候数据分析就能起到使画像保持客观、真实的作用。

客户画像一般包括以下五个维度：

(1) 人口属性：用于描述客户个人基本特征信息，帮助企业知道客户是谁。人口属性一般包括姓名、性别、年龄、婚否、联系方式、住址等。

(2) 消费特征：用于描述客户主要消费习惯和消费偏好，用于寻找高频和高价值的客户。通过对此维度的分析，可以帮助企业根据客户的消费特征向其推荐相关的产品和服务。

(3) 兴趣爱好：用于描述客户的兴趣偏好，同时帮助企业了解客户的消费倾向，从而定向进行精准的营销活动。

(4) 社交信息：用于描述客户的社交图谱、家庭成员、朋友圈等，这些信息往往代表客户的消费预期和客户关系网。通过社交信息，企业可以尽可能完整地了解客户，以便为客户提供个性化的服务。

(5) 交互信息：用于描述客户在社交媒体上的评论，这些信息往往代表着客户的真实需求，具有实时性高、转化率高的特点。

企业用户的画像是通过数据来体现的，即通过对大数据的统计和分析得来的。

下面我们就针对1688平台上的两种主要客户，“描绘”客户画像。画像的内容包括地域分布、上网习惯、黏性、下单特点、交易特点等，“描绘”的依据是生意参谋中的“客户特征”和“流量概况”两个板块。

企业定制类客户的画像见表2-1所列。

表2-1 企业定制类客户的画像

地域分布	上网习惯	黏性	下单特点	交易特点
沿海省份	工作时间基本在线，以电脑端上网为主	强	单笔订单额大	支付形式多样（支付宝、转账、分段付等）

淘货源类客户的画像见表2-2所列。

表2-2 淘货源类客户的画像

地域分布	上网习惯	黏性	下单特点	交易特点
沿海省份	在线时间长，以电脑端上网为主	强	单笔订单额小，但每天有很多代发订单	通过支付宝或诚e赊支付

我们“描绘”客户画像的目的是更好地了解客户，了解了客户的特征才能进行更加精准的推广，以及更加精准的服务和营销。

除了以上两类客户之外，平台上还有很多其他类型的客户，图2-9所示的为某包装店铺后台的客户类型，有实体店店主、生产加工企业、微商、个人自用等。

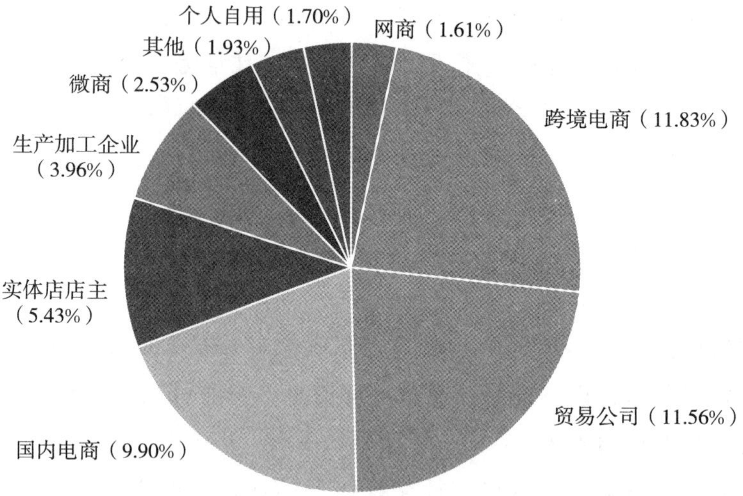

图 2-9　某包装店铺的客户类型

四、产品定位

（一）产品的生命周期

产品生命周期（Product Life Cycle），亦称“商品生命周期”，是指产品从准备进入市场开始到被淘汰退出市场为止的全部运动过程，其变化是由需求与技术的生产周期所决定的。其是产品或商品在市场运动中的经济寿命，即在市场流通过程中，由于消费者的需求变化以及影响市场的其他因素所造成的产品或商品由盛转衰的周期，主要是由消费者的消费方式、消费水平、消费结构和消费心理的变化所决定。任何产品都有生命周期，一般经历 4 个阶段，即引入期、成长期、成熟期和衰退期，如图 2-10 所示。

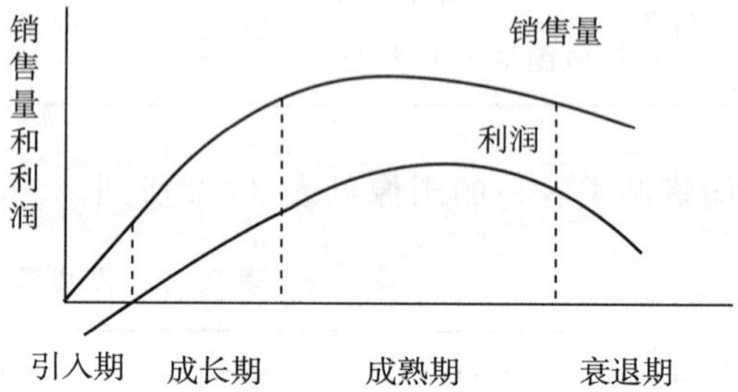

图 2-10　产品的生命周期

（1）引入期：新产品投入市场，便进入引入期。这一时期是产品引入市场时销售缓慢增长的时期。此时，顾客对产品还不了解，只有少数追求新奇的顾客可能购买，销售量很低。为了扩展销路，需要大量的促销费用，对产品进行宣传。在这一阶段，因为将产品引入 1688 电商市场或许需要点时间或者要支付一定的费用，并且这一时期很少人知道你的这款产品，所以利润几乎不存在。

（2）成长期：虽然还是新产品，但已被市场迅速接受，这时顾客对产品已经熟悉，大量的新顾客开始购买，产品的销售量开始迅速增长。随着销售量的增加，市场逐步扩大。产品大批量生产，生产成本相对降低，企业的销售额迅速上升，利润也快速增长。由于产品的竞争压力不算特别大，所以在这个阶段产品可以创造最大利润，最后达到生命周期中的利润最高点。

（3）成熟期：产品已被大多数的购买者接受，并且他们对产品非常熟悉。市场需求趋向饱和，潜在的顾客已经很少，销售额增长缓慢直至下降，标志着产品进入了成熟期。这时有许多竞争者加入进来，为了对抗竞争对手，营销费用日益增加。同时为了保持产品新颖并紧跟潮流，必须推出新型或改进型产品。此时利润保持稳定，并可能出现下滑。

（4）衰退期：随着技术的进步、需求的改变和生命周期的推进，产品开始衰老。新产品或新的代用品出现，将使顾客的消费习惯发生改变，转向其他产品，从而使原来产品的销售额和利润迅速下降。于是，产品进入了衰退期。这时销售量下降的趋势逐渐明显，利润不断下降，最终产品将被市场淘汰。

（二）产品的设计原则

产品设计有着不可缺少的基本原则，那么产品设计的原则有哪些呢？这就需要对产品设计的步骤和流程进行分析，从而得到我们需要的产品设计原则，下面简要介绍一下产品设计的原则。

1. 核心原则

首先在设计之初需要客户提供对产品设计的一系列要求，接着我们就需要对产品的设计需求进行分析，一般来说必须遵守的设计原则在这里就一点，那就是以人为本。一切设计就是为了满足用户的需求，无论是精神方面还是物质方面的要求，这一点是不变的，其是产品设计的核心原则，也被称为需求原则。

2. 合理性原则

设计之初还需要考虑的一方面就是产品设计的科学合理性及可行性，这也是产品设计不可或缺的一点，可以说在产品设计之前对其进行必要的合理性、可行性分析，能够让产品推广少走很多弯路。这一点也是目前所有产品在设计之前需要考虑的因素，尤其是一些新兴产品。另外，现在还需要考虑时效原则和效益原则，即需要考虑产品的销售旺季与淡季，以及成本与经济效益等因素。

3. 系统性原则

在设计的过程中，由于大部分的产品都需要具有一定的核心功能和其他附属功能，那么就需要设计师对其功能有一定的了解，分清楚主次功能，然后再进行合理科学的设计，这也是产品设计的原则之一。而作为设计过程中涉及的主要原则，这一点很重要，决定了设计师在产品设计中所花费的时间、材料等。

4. 一般性原则

在设计过程中，还需要考虑产品的定量原则，即产品需要有一定的设计精度，所以需要对产品进行定量设计，衡量其尺寸、精度，这也是产品设计的原则之一。之后就是对产品的结构、外观、功能进行一定的设计，确保其能够稳定运行、外观符合大众审美等，这是产品设计的一般性原则。

5. 创新原则

创新原则是指对产品进行一些新颖设计，这种设计可以在产品的外观上、色彩上，也可以在内部的功能上。创新没有局限性，但其前提是要在产品核心功能的基础上进行创新，不能与功能设计混淆。

6. 优化原则

产品的优化原则就是对产品进行一定的测试、调试，从而对产品出现的问题进行调整和优化，使产品在功能上更加完善，在结构上更加紧密，在外观上更加精美，并且不影响产品本身功能的稳定运行。目前来说，产品优化是在产品设计中对产品进行调试、校对，做最后的测试工作，是对产品设计的优化处理，作用相当重要。

知识链接

设计师迪特尔·拉姆斯

迪特尔·拉姆斯（Dieter Rams）是一名来自德国的工业设计大师，如图 2-11 所示。迪特尔·拉姆斯作为简约主义设计风格的代表人物、新功能主义的创始人和代言人，是建立 20 世纪工业设计标准的大师级人物。迪特尔·拉姆斯的职业生涯中很少设计非博朗（Braun）公司的产品。拉姆斯在博朗公司重组后推出的第一个产品即大获成功。他推崇诗意的东西、道德的设计、耐久的设计、去除“视觉污染”和“肤浅的垃圾文化”的设计。迪特尔·拉姆斯认为工业产品的美学要求应当是简洁、精致、诚实、平衡和含蓄。

图 2-11 迪特尔·拉姆斯

迪特尔·拉姆斯是博朗公司的主要设计师，他认为：“单纯的风格只不过是解决系统问题的结果，而不是为了风格而风格。”他提出好的设计应有以下十个特点：

（1）好设计是创新的。

（2）好设计增强了产品的效用。

（3）好设计有美学观念。

（4）好设计能体现产品的逻辑结构，形式符合功能。

（5）好设计是谨慎的。

（6）好设计是诚实的。

(7) 好设计是耐久的。

(8) 好设计是与具体内容融合在一起的。

(9) 好设计是环保的。

(10) 好设计是简约的。

(三) 产品的定位布局

我们知道了产品生命周期的四个阶段，了解了好产品需具备的十个标准及自己独具的设计原则，这样对自己和别人的不同之处也就清晰明了了。我们也懂得了应该如何区分好客户与差客户，分析了客户的购买动机及因素。我们所做的这些不仅能让你了解产品与客户，也让你制造了与竞争对手的差异。当然你的心里或许还存在这样的问题：对于1688平台，我们该如何去进行自我产品的定位呢？又该如何下手呢？

1688平台综合数据对产品进行了以下几个层级的分层，具体见表2-3所列。

表2-3 1688产品类型对比

产品类型	产品占比	产品特点	产品策略
镇店之宝	10款以内	大众化款式或风格、流量大、利润合理、转化好、生产周期短	用作引流或作为爆款
金冠商品	12款以上	金冠基价，转化较好、引流	活动、利润款
新品潜力品	3款以上	平台新品（行业商机）	不同阶段选择不同策略

1. 镇店之宝

镇店之宝为一家店铺的最荣耀的物品，是1688平台商家对金冠商品进行设置而得到的商品。其一般在10款以内，拥有大众化款式或风格、流量大、利润合理、转化好、生产周期短等特点，建议商家将镇店之宝用作引流或作为爆款。

2. 金冠商品

金冠商品是指通过算法，结合类目特性和买家综合反馈及交易，进行综合评定后系统推荐的具有一定商品力的商品。店铺里面的金冠商品越多，店铺的商品力也就越强。其一般有12款以上，这类产品转化较好、引流，商家可将其作为活动、利润款。

3. 新品潜力品

此商品是5星（及以上）商品，且近30天有一笔发货时间≤72小时的订单，近7天需有动销，且要有老买家的下单和复购，该商品是店铺的主营类目下的商品，并且具备一定的趋势力。潜力商品是可以成为金冠商品的。其一般有3款以上，属于平台新品（行业商机），建议商家针对这类产品在不同阶段选择不同的策略。

布局一定要讲究技巧和方法，我们可以先将产品分成几个档次，再进行布局，产品具体分为明星产品、利润产品、防御产品、入门产品、馈赠产品。建议比例为明星产品

(35%)、利润产品（30%）、防御产品（20%）、入门产品（10%）、馈赠产品（5%）。

（1）明星产品。明星产品是指处于高增长率、高市场占有率象限内的产品群，这类产品可能成为企业的现金流产品，需要加大投资以支持其迅速发展。明星产品是最具产品价值的产品（客户需求量大，自己也有优势，并且此类产品的客户在某个环节上相对薄弱）。

（2）利润产品。利润产品是指这个产品能给商家带来大量利润，是一个定位中端的产品，既要销量好，也要口碑好，另外也能带来不错的收益和纯利润。利润产品和别人的产品存在一定的差距，因为这款产品主要聚焦在产品的独特性上，且有着丰厚的利润空间。

（3）防御产品。防御产品是指产品通常用于对抗或解决某种问题发生时的风险。这类产品一看就知道是用于与同行之间的竞争，包括产品的款式和价格等。

（4）入门产品。入门产品是能够让客户立刻购买的产品，这类产品主要聚焦在客户的注意力上面，是用来快速吸引客户目光的，所以价格和门槛都不高。

（5）馈赠产品。馈赠产品是指在销售商品的时候的赠品。

接下来，以工业品行业为例，来谈一谈如何进行产品布局。

比如，你是做机械加工的，客户向你订了所需要的螺丝，报了订单数量。你如期完成了，那么你可以在发货时多放一些包装袋或者产品。为什么这样呢？你想，客户拿到产品后是不是有损耗？有损耗那就可能需要一些多余的产品来替换，而你此刻把一些馈赠产品给客户了，是不是预先满足了客户的潜在需求？客户是不是很高兴？

再看看服装行业的各种产品：M 公司主营品类是女装，按照以上原理，对其店铺产品进行分类。

图 2－12 中的棉衣就是明星产品，因为它在后缝处有特殊设计，更适合人体需要。

图 2－13 中的皮衣就是利润产品，因为不是所有的皮衣都是真皮，也不是所有的皮衣都是狐狸毛的领子。这款产品会给我们带来了很大的利润。

图 2－12　明星产品

图 2－13　利润产品

另外，建议尽量将利润产品给自己的老客户，或者给客户中比较高端的客户，因为并不是什么客户都会选择这款产品。

图2-14中的产品大家一看就知道款式很简单，把它放到市场主要用于防御，即与同行竞争；图2-15中的产品在市场中同质化较多，没有太多入门门槛，属于只要看到就知道怎么去做的版型，因此平台上有很多同款，购买者也相对较多。

图2-14 防御产品

图2-15 入门产品

图2-16中的产品是一件很简单的T恤衫，谁都能做，价格也不贵，而且在销售其他产品时把它作为赠品送给客户，客户也会欣然接受。

图2-16 馈赠产品

（四）产品分类

在1688平台中，产品定位是店铺展现流量的基础。作为商家，如果不了解产品定位，则在店铺运营的过程中将会无从下手。因此，产品定位对于网店商家来说，是非常重要的，因为在店铺中，不可能每一个产品都是爆款产品，有80%左右的产品可能没有流量或销量，成为爆款产品的陪衬，因此，作为商家，必须清楚自己的店铺当中哪些产品是爆款主推产品，哪些是陪衬产品。

在1688平台进行店铺运营时，可以将产品分为以下几类：引流产品、利润产品、活动品、形象品和常规品。

1. 引流产品

所谓引流产品，即店铺的核心产品，是商家根据市场行情和店铺生产情况判断选择出的店铺主推款，也是未来的爆款。成为引流产品需要具备以下条件：

（1）全店销量最好，展现量最高，买家评价最好；

（2）关键词排名稳定，有多个词排名在首页；

（3）市场需求流量大，价格有竞争力，主要负责吸引新流量。

2. 利润产品

所谓利润产品，即是店铺中具有较大差异化，且与其他店铺相比竞争力较强、利润较高的品类，一般以新品或者迭代品为主。成为利润品需要具备以下条件：

（1）这类产品可以与全店产品均做关联营销，以保证店铺营利；

（2）具有差异化、竞争力强，近 30 天内有回购、复购，时间越近越好；

（3）无差评，开通买家保障等服务。

3. 活动品

活动品是指在 1688 平台上专门参加平台活动的品类，以大促活动款为主的品类。成为活动品需要具备以下条件：

（1）可以支持一定的折扣、包邮政策、进货券；

（2）更新换代较快，走量为主；

（3）有一定销量、买家数基础。

4. 形象品

形象品是指可以代表店铺整体形象的产品。成为形象品需要具备以下条件：

（1）大气，能增加客户信任；

（2）符合趋势热点。

5. 常规品

常规品是指可以作为店铺主要产品关键词的产品。成为常规品一般需要具备以下条件：

（1）全店产品数量最多，逐步上新；

（2）覆盖店铺关键词；

（3）最近 30 天内有销量（全店动销，提升展现）。

任务二　市场供需分析

一、市场供需分析的目的

无论你的角色是工厂还是经销商，在正式开店前，你还需要思考以下几个问题：

（1）开店前的第一步是什么？

（2）为什么做市场分析？

（3）可以从哪些维度进行市场分析？

以服装行业为例，开店前的第一步是找准企业定位，要弄清楚是童装还是成人装，是女装还是男装。同时要做好市场分析，那么为什么要对这个店铺做市场分析呢？因为从市场分析中可以看出，该店铺所处行业的消费人群是怎样的，目前的行业竞争对手有哪些，市场竞争情况如何。

市场分析中的一个重要方面就是供需关系分析。供需关系中包含两个常量，即需求量与供给量。需求量是指在一定时期内和一定条件下，消费者愿意购买并能够买的某种产品或劳务的数量。供给量是指在一定时期内，假设其他条件不变，在某一特定的价格水平上，生产者愿意并且能够出售的该种商品的数量。

在商品经济社会，所有可用的东西都可以看做是商品。有了商品就必然存在生产者和消费者，生产者决定了“供”的大小，消费者决定“求”的大小，同时消费者决定的“求”是影响生产者决定的“供”的主要因素，因此供需关系存在着以下三种情况：

（1）供不应求：指一定时间内，市场上生产部门生产出的商品，也就是提供给人们消费的商品总额，小于（落后）人们在这段时间内满足物质资料生活所需要产品的总额。在这种情况下，需求大于供给，这时候市场就成了卖方市场，卖方处于有利的地位。

（2）供过于求：指一定时间内，市场上生产部门生产出的商品，也就是提供给人们消费的商品总额，大于（超出）人们在这段时间内满足物质资料生活所需要产品的总额。这使得供给大于需求，这时候市场成了买方市场，买方处于主动地位。

（3）供求均衡：指在一定时间内，商品的供给与人们的需求达到了理想的对等状态，即供给刚好满足需求。这种平衡只是种趋势，只能是相对的平衡，这需要在严格的假定条件下才能实现。在这种情况下，买方和卖方处于对等关系，双方的关系是相对和谐、稳定的。

作为 1688 平台的商家，了解市场中的供需关系对于商家而言至关重要，因为它能为商家提供诸多帮助。接下来，我们将通过一个具体的分析案例来探讨这一点。如图 2－17所示，该店铺的核心产品是暖手宝。在开设店铺之前，商家应深入剖析产品的行业背景及竞争对手情况，并进一步探究其在市场中的供需态势。

在着手行业分析之前，首要任务是深入理解暖手宝这一产品。暖手宝，作为结合物理与化学原理精心研发的自动取暖保健用品，凭借其自动发热、趣味横生且实用性强等独特优势，赢得了广大消费者的青睐。它不仅能够提供温暖的触感，还兼具理疗保健等多重功能，满足了消费者对于便捷、舒适生活的追求。

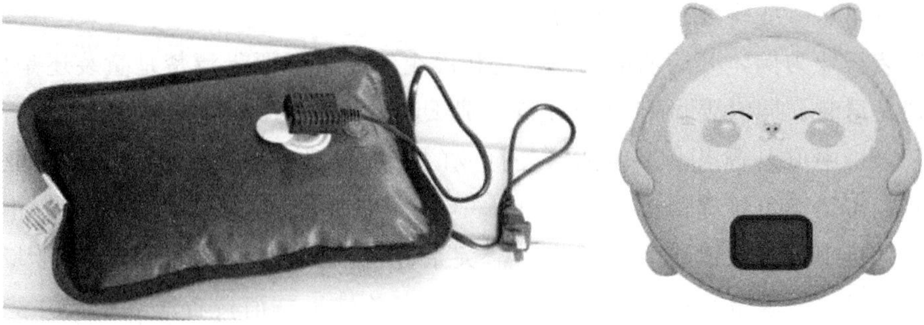

图 2－17　暖手宝热销样品示例

如今，随着客户的个性化需求越来越多，暖手宝的款式也变得多种多样。暖手宝示例店铺市场分析见表 2－4 所列。

表 2－4　暖手宝示例店铺市场分析

<table>
<tr><td colspan="3">顾客喜欢的材质</td><td rowspan="3">A. 概括市场状况
顾客特别喜欢新款的暖手宝，材质上更偏爱毛绒的，定制的需求最多，一件代发有一定的市场</td></tr>
<tr><td>词</td><td>周搜索</td><td>商品数</td></tr>
<tr><td>毛绒暖手宝</td><td>134</td><td>48156</td></tr>
<tr><td colspan="3">顾客喜欢的供货方式</td><td rowspan="5">B. 我们可以满足客户的点
可以满足新款的需求，在热销款式中有两款类似的产品在外观上有些不同，可以提供国标款式。如需定制，可以加入相关的 LOGO</td></tr>
<tr><td>词</td><td>周搜索</td><td>商品数</td></tr>
<tr><td>暖手宝定制</td><td>340</td><td>39026</td></tr>
<tr><td>暖手宝批发</td><td>146</td><td>26032</td></tr>
<tr><td>暖手宝一件代发</td><td>28</td><td>17632</td></tr>
<tr><td colspan="3">顾客喜欢的款式</td><td rowspan="5">C. 爆款的挑选范围
批发：高搜索的顾客喜欢材质为毛绒的产品
定制：主推定制 LOGO 的产品</td></tr>
<tr><td>词</td><td>周搜索</td><td>商品数</td></tr>
<tr><td>暖手宝新款</td><td>1234</td><td>24398</td></tr>
<tr><td>牛油果暖手宝</td><td>355</td><td>632</td></tr>
<tr><td>猫爪暖手宝</td><td>281</td><td>753</td></tr>
</table>

在进行产品的行业分析时，可以结合表 2－4 中的相关数据进行分析。表 2－4 从 A、B、C 这三个维度进行了周搜索和商品数的数据搜集对比分析，具体内容分别是材质、供货方式和款式。通过数据分析，可以了解到暖手宝市场的概况如下：其用户大多是年轻女性，在材质上顾客更偏爱毛绒的，而在款式上，从调查的结果可以看出，顾客比较中意的款式有牛油果暖手宝、猫爪暖手宝、羞羞兔暖手宝等。

而像暖手宝这样的产品，无论是生产或者销售，均有季节性，且客户一般都是零售购买。此产品同质化现象较为严重，虽有部分客户在找国标的暖手宝，但需求数量都不是很大。在 1688 平台上，订购暖手宝的大多是淘宝或者拼多多的商家，因此对于暖手宝这样的产品，一件代发也有一定的市场需求。

同时，通过表2－4的数据，在供货方式上，从暖手宝定制、暖手宝批发、暖手宝一件代发等多方面进行对比分析可以看出，客户对暖手宝的定制的需求最多。可以结合商家自身产品类型，找到能够满足客户需求点的地方，明确爆款挑选的范围。

另外，在分析暖手宝供求趋势时，可以发现，在冬季气温下降时，可能出现暖手宝销量暴增、产品供不应求等情况。那么则要求商家需要根据市场需求，及时进行生产，但同时要做好市场预测，以避免过度生产，而造成库存积压。

二、市场供需分析的具体内容

（一）通过关键词分析市场供需

1. 关键词的定义

关键词指顾客在查找产品时输入的词语或者句子。在1688平台上进行产品搜索时，不同的顾客会搜索不同的词语。通过反推可知，不同的词语就代表不同的顾客。商家通过关键词就可以知道市场中有哪些顾客。而在实际搜索的过程中，因顾客需求不同，其实际搜索的关键词可能有很多，那么如何了解市场需求呢？这就需要通过不同的方式找到顾客搜索的实际关键词，从而对顾客需求进行精准定位。

分析关键词的目的主要有以下几方面：

（1）明确市场需求大小：不同的顾客因需求不同，会搜索不同的词，通过对关键词进行分析，可以了解市场需求的大小。如搜索婴儿的自然在找与婴儿相关的关键词，搜儿童的自然在找与儿童相关的关键词，如图2－18所示。

图2－18 关键词示例

（2）明确竞争状况：通过商品数或者商品指数，可以了解市场的竞争状况。如图2－18所示，根据关键词搜索出来的数字代表的是商品数，同时也代表了竞争程度。商品数量越多，竞争也就越大。

（3）哪些产品有机会：通过对关键词的搜索结构进行分析，可以判断出产品的市场机会。某一个产品如果搜索热度高且供应少，就是机会产品。

2. 找到关键词

（1）阿里巴巴下拉框

此方式是了解顾客搜索关键词的第一种方式。以“棉袄”为例，当我们在阿里巴巴主页输入关键词“棉袄”时，就会看到下拉框里有很多和关键词对应的词，如“棉袄女”“棉袄女时尚”“棉袄男”“棉袄儿童内穿”“棉袄李宁”等，如图 2－19 所示。这些词都是阿里巴巴根据用户搜索习惯、搜索次数等基数积累而来的。

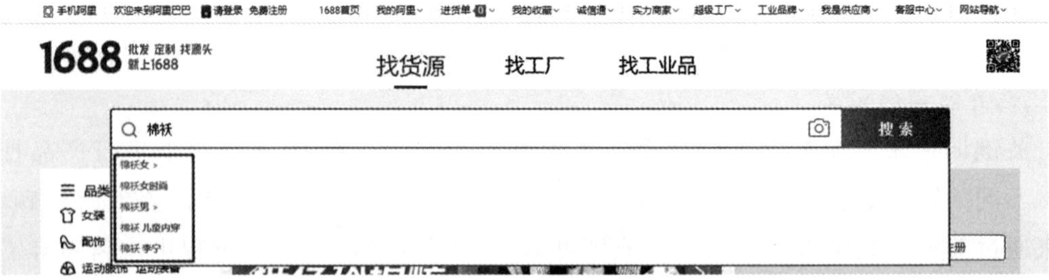

图 2－19　阿里巴巴下拉框搜索结果

这些词是客户搜索习惯里涉及率较高的词，也可以说是客户搜索热度较高的词，包含一些商家想要的精准搜索的长尾词，能够让客户最迅速、最准确地找到想要的商品。如果能把这些词作为关键词，加入产品的标题中去，那么标题和产品被搜索出来的概率将会大大增加，从而提升产品权重。而实际上，通过下拉框搜索匹配出来的这些词，也会随着网民搜索的热度而不断变化，因此作为运营优化人员，需要实时关注变化的词汇。

（2）搜索页面属性

搜索页面的属性是根据客户的搜索习惯来设置的，如图 2－20 所示。在实际搜索的过程中，除直接通过关键词搜索外，还有很多客户会根据他们的需要直接选取。比如“棉袄”，很多客户会在查找了这个关键词的基础上，再精确其产品属性，如面料、尺码、版型等。因此，设置产品属性也是非常重要的。搜索页面属性也有助于寻找行业的长尾词，可以试着在这些选项里进行勾选，即会出现其他有热度的长尾词。

3. 整理关键词

在找到关键词后，接下来就需要对关键词进行整理筛选。根据上文的步骤所获取的关键词，可能很多是热度与搜索量不高的，或者可能带来的转化不理想的，因此，整理关键词非常重要。

所谓的整理关键词就是对关键词进行分类和归类。在整理关键词时，可以按客户类型、产品、人群、地区制作关键词表，可参照表 2－5 的模板进行制作。

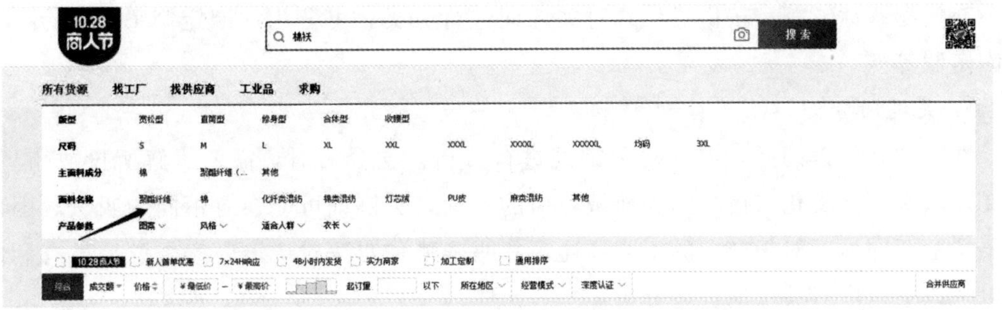

图 2-20 搜索结果示例

表 2-5 搜索指数分析模板

产品名称：游泳圈，也可以叫救生圈，与我的产品最符合的是游泳圈		
按人群		
关键词	搜索指数	商品指数
儿童游泳圈	156	34825
婴儿游泳圈	150	5830
儿童泳圈	86	34805
游泳圈 儿童	51	34779
按款式		
关键词	搜索指数	商品指数
脖圈	128	7643
婴儿脖圈	111	1890
火烈鸟游泳圈	105	3872
充气甜甜圈	51	1858
充气翅膀泳衣	36	1519
米奇游泳圈	36	1757
按供货形式		
泳圈 定制 LOGO	36	1519
儿童游泳圈定制	19	5123

按客户类型，可以将关键词分为定制、现货、批发；按产品，可以将关键词依据用途、材质、品牌等进行区分；按人群，可以将关键词依据年龄层、性别等进行区分，如男、女、儿童、老年人、婴儿；按地区，可以将关键词依据地域的位置进行区分，如广东、山东、江苏、浙江、河北、海南等。

以“游泳圈”为例，根据表 2-5 所列，按人群对关键词进行分类，可分为儿童游泳圈、婴儿游泳圈等；按款式对关键词进行分类，可分为脖圈、婴儿脖圈、充气甜甜圈、充气翅膀泳衣等；按供货形式对关键词进行分类，可分为泳圈定制 Logo、儿童游泳圈定制等。

4. 关键词分析

在整理好关键词后，需要对关键词进行分析。在分析时，需要了解所投放市场的所在地区有哪些文化习俗，因为地域习俗的不同，关键词可能会有不同的叫法。因此，需要了解不同地区对于产品的不同描述，并明确哪种叫法对于该商家来说是最有利的。可以从以下角度对关键词进行分析：

（1）产品状况：了解客户是中意哪款产品，还是比较分散，没有明确的目标。

（2）供需状况：通过数据，了解产品供需现状；结合关键词，分析什么类别的词竞争最大，哪些词有机会。

（3）搜索习惯：通过不同板块的数据，了解客户主要的搜索习惯，如是喜欢用电脑还是手机、主要的搜索时间集中在何时、客户习惯用什么样的方式搜索（平台端还是网页端）、客户喜欢按什么样的方式进行搜索（产品名称、产品材质、产品使用方式等）。

（4）机会点：除现有产品，商家还可以发展哪类产品，哪类产品的市场比较大还可进入。

结合表 2-5 中的数据，从人群、款式和供货方式三个维度进行分析，得出供需分析结果如图 2-21 所示。

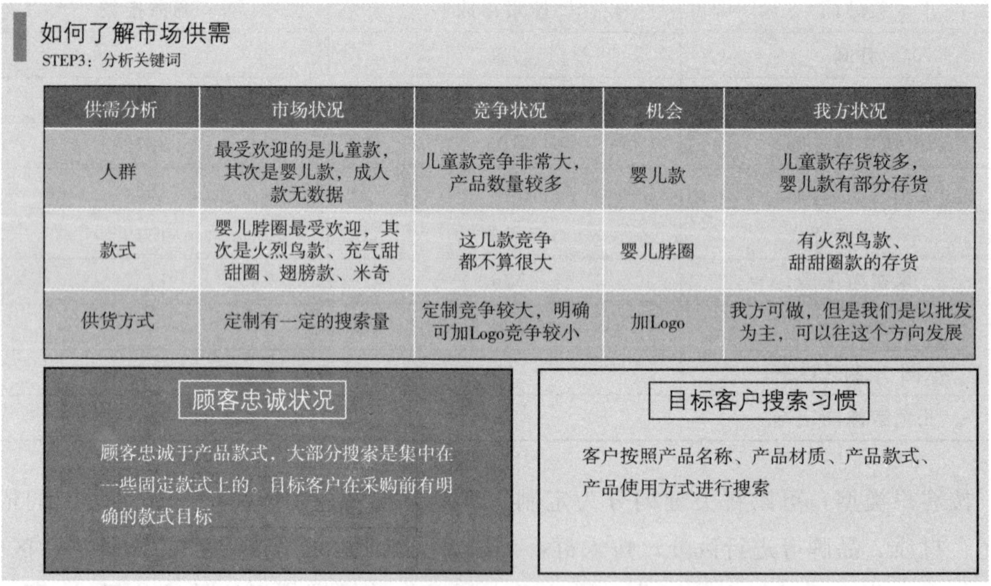
如何了解市场供需
STEP3：分析关键词

供需分析	市场状况	竞争状况	机会	我方状况
人群	最受欢迎的是儿童款，其次是婴儿款，成人款无数据	儿童款竞争非常大，产品数量较多	婴儿款	儿童款存货较多，婴儿款有部分存货
款式	婴儿脖圈最受欢迎，其次是火烈鸟款、充气甜甜圈、翅膀款、米奇	这几款竞争都不算很大	婴儿脖圈	有火烈鸟款、甜甜圈款的存货
供货方式	定制有一定的搜索量	定制竞争较大，明确可加Logo竞争较小	加Logo	我方可做，但是我们是以批发为主，可以往这个方向发展

顾客忠诚状况

顾客忠诚于产品款式，大部分搜索是集中在一些固定款式上的。目标客户在采购前有明确的款式目标

目标客户搜索习惯

客户按照产品名称、产品材质、产品款式、产品使用方式进行搜索

图 2-21　市场供需分析示例

从人群维度分析可知，最受欢迎的是儿童款，其次是婴儿款，成人款无数据。然而儿童款竞争非常大，产品数量较多，婴儿款较受欢迎，但竞争不激烈，因此婴儿款

有市场机会。目前企业的状况是儿童款存货较多，婴儿款有部分存货，因此可以加大婴儿市场的产量。

从款式维度分析可知，婴儿脖圈最受欢迎，其次是火烈鸟款、充气甜甜圈、翅膀款、米奇，这几款的竞争都不大。从中可以看出婴儿脖圈的机会相对较大。目前企业的状况是有火烈鸟款、甜甜圈款的存货，婴儿脖圈存货不多，因此可以考虑扩大婴儿脖圈的生产。

从供货方式维度分析可知，定制有一定的搜索量，但定制产品市场竞争力较大，如果客户明确可加Logo，这部分产品竞争相对较小。企业目前的状况是可做，但是以批发为主，可以考虑转移重心，今后可往这个方向发展。

整体结合前面几个分析维度，顾客更忠诚于款式，大部分搜索集中在固定的款式上，客户在采购前有明确的款式目标。

（二）通过访客分析市场供需

根据前面的内容，我们可以明确，开店前对店铺进行精确定位对于理解所在行业的市场供需状况至关重要。以开设服装店铺为例，商家在筹备阶段就需明确经营方向，比如选择男装或女装，针对的是旺季还是淡季，主打羽绒服还是休闲裤，以及目标客户群是偏好女装还是童装。同时，还需洞悉这些目标客户的地理分布及淘宝浏览习惯，如他们常在哪个区域活动，哪个时间段活跃于淘宝等。基于这些信息，商家能够深入分析产品所在市场的供需态势。

除了通过店铺产品及其关键词来洞悉市场供需外，店铺的访客数据也是分析市场供需状况的重要途径。具体而言，商家可以从访客来源、地域分布、访问时间等多个维度进行深入剖析，以全面把握市场动态。

1. 访客来源分析

如图2-22所示，1688店铺的流量来源主要分为免费流量和付费流量。

免费流量包括自然流量、活动流量、横向市场的流量。1688平台最大的流量来源是自然搜索排名，约占平台流量的50%，自然流量包括搜索流量、千人千面、自主访问、行业流量。活动流量包括伙拼、直播、支付宝、全网大促、行业活动，目前1688平台活动流量最大的是伙拼流量。横向市场包括找工厂、厂货通、跨境专供、实力优品、淘卖专供、微商专供、找新品、工业品牌、大企业采购等。

付费流量包括效果营销流量及品牌营销带来的流量，付费流量对应场景是数字营销，流量特征是时间段、点击、展现、成交收费，卖家身份是全体卖家。

店铺通过后台生意参谋中店铺流量来源分析工具流量纵横所展示的店铺流量结构图，可以清楚地看到店铺各个流量来源的渠道，它们为店铺所带来的访客数以及相关的转化数据。如果店铺运营者熟知这些流量来源的渠道和数据，那么在实操过程中就

运用工具：生意参谋

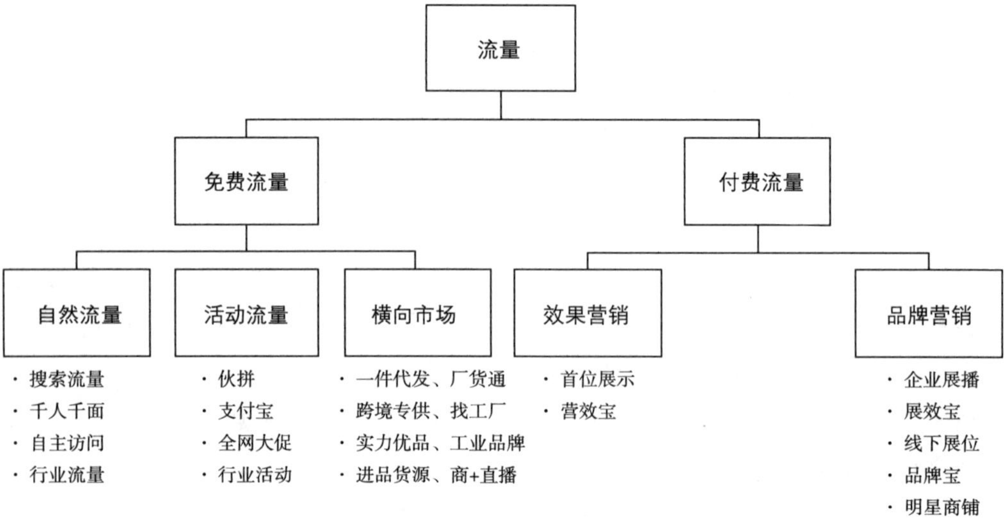

图 2－22　1688 店铺的流量来源

会更具有敏感性，在分析流量涨跌原因和结构变化时，就会更容易找到突破口和方向。

2. 访客所在地域分析

除分析访客流量外，商家还需要分析访客所在的地域范围。在 1688 平台中，商家可以通过生意参谋分析出访客的地域来源，如图 2－23 所示，可以看到访客的实时地理位置并进行数据统计，能够了解各个地域给网站带来的流量数据，这些数据可以帮助企业合理地分配各地域的推广预算和针对性地制定业务推广策略。同时，商家还可以根据图 2－24 对访客地域进行设置。

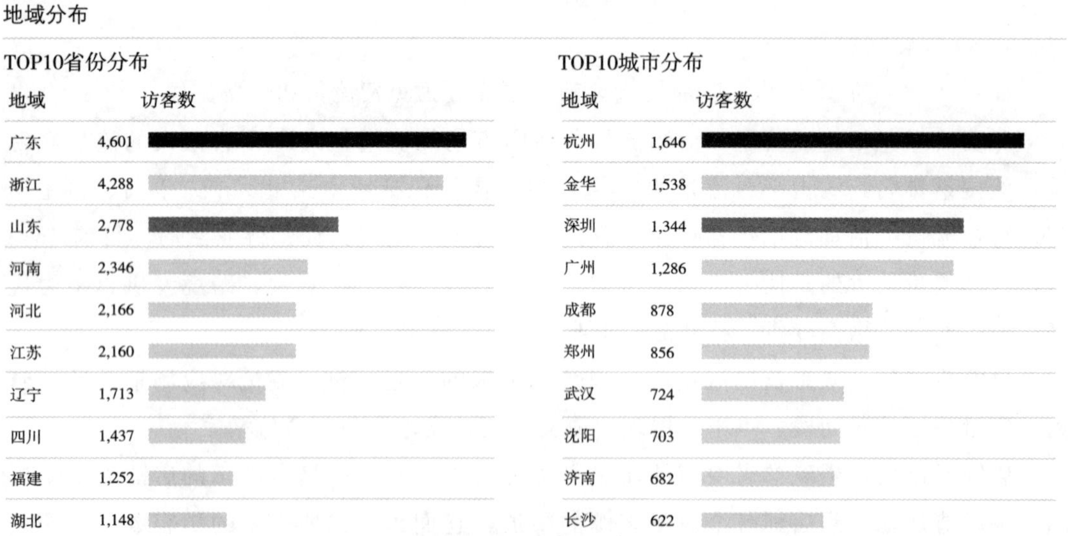

图 2－23　访客地域分析

图 2－24　访客地域设置

3．*访客访问时段分析*

访客访问时段也是一个很重要的数据，从图 2－25 可以分析出，访客主要是在哪些时段对网站进行访问。根据这一数据，可以选择在相应的时段进行网站广告投放，如搜索广告投放，搜索广告投放设置如图 2－26 所示。

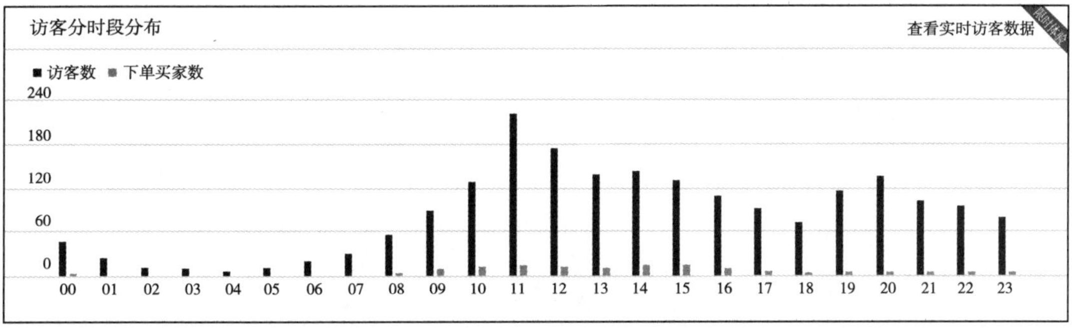

图 2－25　访客来访时段

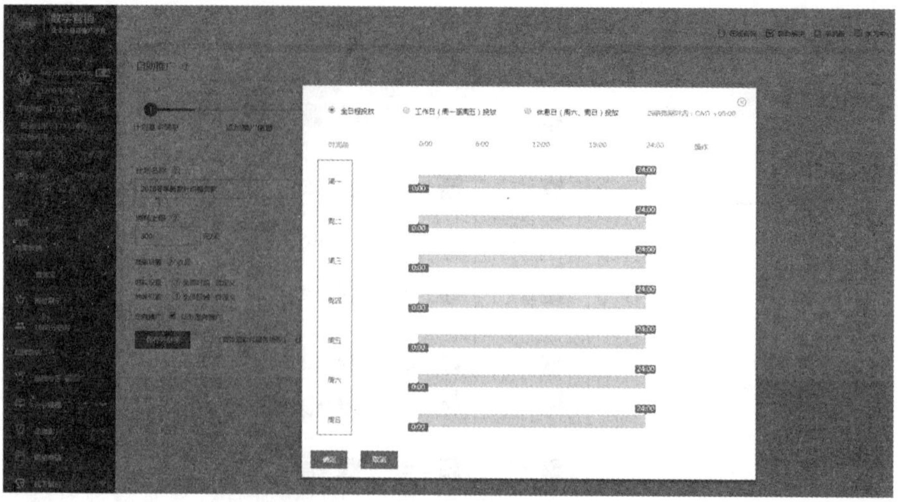

图 2－26　访客时段设置

任务三　实战演练

结合前面所学的内容，本节课为实战演练，通过对关键词的搜索及整理，了解店铺主要产品及所在行业的供需状况、市场机会等信息。

一、STEP 1：搜索关键词

在 1688 平台或者阿里指数中，点击搜索关键词“烟酰胺”，如图 2－27 所示。

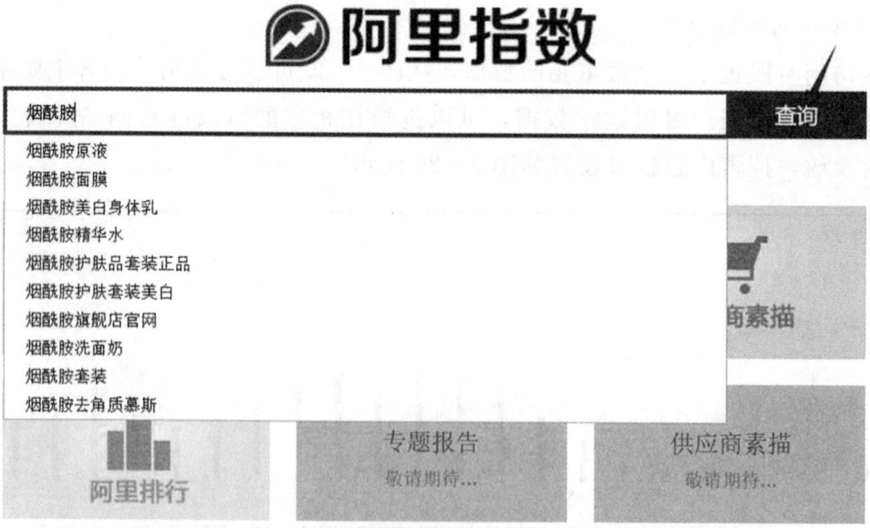

图 2－27　阿里指数的关键词搜索

根据搜索结果的下拉框，查找到热度较高的关键词，通过阿里指数对关键词热度进行分析，如图 2－28 所示。

关键词	搜索指数	全站商品数
1 多肽精华液 萌良神芝	1194	57
2 精华液	844	118756
3 六胜肽	825	4921
4 玻尿酸	686	65818
5 烟酰胺	642	28441
6 梵贞	619	1356
7 六胜肽抗皱精华	605	1893
8 六胜肽原液	579	2410
9 原液	534	88594
10 富勒烯	531	3130
11 精华	531	219545
12 安瓶	528	9461
13 六胜肽抗皱原液	454	1549
14 寡肽原液	430	2294
15 韩瑟	430	14456
16 蓝铜胜肽精华	413	381
17 蓝铜肽精华	403	492
18 九叶草	385	124
19 花月情	378	844
20 烟酰胺原液	370	3291
21 肌琳莎	355	997
22 24k	344	379600
23 水光针	340	6454
24 次抛原液安瓶	305	182
25 胎盘素	305	1045
26 小灯泡精华	297	659
27 玻尿酸精华	281	18458
28 21天精华液	272	440
29 富勒烯原液	268	1097
30 虾青素 精华液	264	604

图 2－28　关键词的搜索结果

二、STEP 2：整理关键词

将热度高的关键词下载到 Excel 表中，对关键词进行整理，见表 2－6 所列。

表 2－6　关键词整理

类别名称			成分或者产品名称		
关键词	搜索指数	商品指数	关键词	搜索指数	商品指数
精华液	844	118756	六胜肽	825	4921
原液	534	88594	玻尿酸	686	65818
			烟酰胺	642	28441
			六胜肽原液	579	2410
			富勒烯	531	3130
			寡肽原液	430	2294

三、STEP 3：关键词分析

对关键词进行整理分析，从关键词的搜索指数和商品指数中分析出其供需状况、产品状况、市场机会、目标客户搜索习惯。

四、STEP4：分析总结

根据以上对关键词的整理情况，分析总结该店铺搜索热度高的关键词，及可能搜索热度低的关键词，并作出分析总结。

课后习题

一、简答题

1. 对 1688 平台上开店的企业进行定位应该从哪些方面入手？

2. 1688 平台的企业经营模式有哪些？

3. 1688 平台中店铺的市场供需情况应当如何分析？

二、操作题

在 1688 平台上查找一家店铺，并找出该店铺的爆款产品，并对比找出该店铺的竞争者，分析其市场供需状况。

项目 3

B2B 选品策略

学习目标

➢ 知识目标

1. 了解选品思路中的市场分析方法，掌握淘货源选品、阿里指数选品、统计数据选品等方法。

2. 掌握选品调研的一般方法，熟悉常用的平台数据分析工具和调研报告的写作方法。

3. 认识对供货渠道做可行性分析的重要性，掌握其分析方法。

➢ 技能目标

1. 能根据电商规则和选品要求，对 B2B 电商平台品类进行调研，把握行业趋势，分析并选择符合自身要求的产品经营类别。

2. 能针对所定单品，使用竞品工具对其进行深入选品分析。

3. 能对工厂货源和线上货源进行供货渠道可行性分析。

项目导入

店铺定位好之后，下一步的关键就是选品。选品主要解决电商卖家卖什么这一问题。如果能够选择一款合适的产品，不仅能为卖家的店铺带来可观的销量，还能塑造良好的店铺形象。因此，选品能力是一个店铺的核心竞争力。

做好店铺选品工作，必须有的放矢，要有一定的依据，遵循一定的市场原则，形成正确的选品思路，不能凭借主观臆断进行决策。同时，还必须掌握一些选品技巧。通过遵循选品原则，掌握选品方法，进行数据分析，从而在一堆杂乱的产品中精准地找到自己需要的。

选择适合自己店铺经营的产品，可以从多个角度进行分析，比如市场整体趋势、产品面向的人群、产品的竞品等。本章通过对选品的相关概念、选品方法、市场分析、客户分析、竞品分析和产品数据分析及优化等进行阐释，讲述如何做好选品。

任务一　选品的相关概念

无论卖家在哪个电商平台上开店，为店铺选择主营商品的品类都是第一步。在电商领域有一句话：七分产品，三分运营。选购商品并赶在一拨潮流趋势的前头，可能收获颇丰；看到市场爆款后跟风销售，可能订单量不错但是利润微薄。选品不应依据个人喜好，也不能仅看数据报告，选错商品的后果是库存积压、资金浪费。选品不是一个按部就班的工作，而应该是在对商品和目标市场需求充分了解的基础上做出的综合判断。因此，在选品之前，了解品类的含义、品类结构、选品的原则和理念非常重要。

一、品类的含义

按照国际知名的 AC 尼尔森公司的定义，品类（Category）即“确定什么产品组成小组和类别，其与消费者的感知有关，应基于对消费者需求驱动和购买行为的理解”。而家乐福公司则认为“品类就是商品的分类，一个小分类就代表了一种消费者的需求”。本书认为，品类即商品种类，一个品类是指在顾客眼中一组相关联的且可相互替代的商品或服务。

二、品类结构

品类结构就是指符合店铺定位及顾客需要的“商品组合”。品类结构是由供货商与卖家协商的，但仍是以消费者需求为出发点。

一般来说，品类结构内含主品类、次品类、大分类、中分类、小分类等。例如，家用电器是一个主品类；电视、空调、洗衣机、冰箱等就是次品类；在电视之下还有曲面电视、人工智能电视、4K 超清电视等大分类；在大分类之下，根据尺寸或品牌等不同标准还可以划分出中分类和小分类等。

【经典案例】

陈先生是某电商平台上一家玩具店的经营者，开店伊始，他的第一个任务就是构建自己店铺的品类结构。首先，玩具作为他的主营方向，其下的次品类包括男童玩具、女童玩具和婴童玩具等。陈先生经过分析选择了重点经营男童玩具，因为男童玩具的销售规模是电商玩具市场里面最大的一块“蛋糕”，这样店铺销量就会有基本的保证。

接下来，陈先生经过研究，发现“男童玩具”下面还有玩偶类、模型类、积木类、智力类、户外类、情景类、运动类、电子类等大分类。根据对消费者偏好的分析，陈先生较为看好智力类玩具的市场潜力，于是又将智力类男童玩具作为自己最主要的经营品类。

最后，陈先生还要继续拓展智力类男童玩具品类的宽度和深度。

【案例分析】

总结上述过程，可以看出陈先生所有对商品品类进行的筛选决策都建立在陈先生对品类规模、行业动态、消费者需求及消费者购买偏好的理解上。这种选择过程的实质，就是为了最大限度地满足顾客需求。

三、选品的原则

选品既是卖家从供应市场中选择适合目标市场需求的产品，也是电商卖家构建店铺产品结构的主要途径。在进行选品时，很多卖家都没有基本思路，他们或是因为对某类产品比较熟悉而直接进行销售；或是从某个卖家的成功案例中列举的产品入手；又或是自我感觉某种产品似乎很好卖，于是就开始销售这种产品。

卖家采取以上种种选品方式，既没有明确目标，也没有进行深入思考，导致最终的品类结构很难预料。因此，要进行选品工作，必须掌握正确的选品原则与理念。

（一）使用简单的商品，不需要太复杂的操作

如果经营的是大众商品，那么最好选择不需要复杂操作的，否则会增加售后解释的成本，有些买家耐心有限，没有看使用说明就投诉商品有问题，要求退货退款。

（二）复购率高的商品

最好的是快销品，买家可以反复购买，如果商品因使用性质的原因复购率不高，则必须有足够的利润，且适合口碑传播。

（三）供应链稳定

商品卖爆时需要马上补货，如果无法及时补货或因赶工导致商品质量下降，则会给卖家造成很大困扰。

（四）市场容量够大

有的类目虽然竞争不激烈，但是买家需求较少，即使在市场中成为绝对的“老大”，也不足以支撑运营成本。大类目虽然竞争激烈，但因为有庞大的市场容量，新手卖家也很容易分得“一杯羹”。

（五）大卖家数量少

如果一个类目已经被几个成熟的大卖家占据了大部分市场份额，那么新手卖家就很难参与竞争。在市场竞争中要关注商品的生命周期，保持商品的竞争力，可以借鉴以下几点：人无我有，人有我优，人快我新，人新我廉，人廉我转。

四、选品的理念

在遵循前面几项基本选品原则的基础上，选品工作在不同阶段还应具备不同的理

念，主要有以下几点。

（一）明确需求

一个店铺运营者需要对自己的店铺有足够充分的了解，大到店铺的资金状况，小到每个产品的细节，只有在了解店铺的情况下，卖家才能明确自己的选品需要。如果店铺里大多是低价格、薄利润的产品，导致店铺利润率较低，那就需要开发几款高价格、高利润的产品来支撑店铺的盈利能力。

（二）确定市场

大致确定产品方向后就需要在大方向里面进行市场细分。根据受众的不同，每个大市场都可以被分割为许多个小市场，每个小市场的用户群体和消费需求都各不相同，卖家需要在细分后的小市场中确定自己将要进入的市场，这个过程同样是复杂的。

（三）市场调查

确定市场后，根据关键词搜索排名等确定10～20个销售比较好的产品，对这些产品的卖点、价格、销量、上架时间做一个系统的调查和总结，同时还要考察产品质量。这些产品有哪些卖点与痛点，客户差评是偏主观还是客观存在的问题，后期能否通过优化产品避免这些问题，可以从卖点中找到答案。

（四）产品差异化

经过以上三个步骤，基本上就能确定好产品了，下一步就要考虑产品差异化的问题。从上面市场调查的过程中，卖家应该对这个产品的市场现状有了足够的了解，这个时候，为了让自己的产品更具优势，就需要做出差异化的选择。不同的产品有不同的差异化需求，或许是产品升级，或是配件优化，或许只是一个简单的电源线加长，总之，差异化的最终目标是让你的产品具有其他产品没有的优势，从而更能吸引客户的眼光，提高转化率。

（五）科学使用选品工具

选品最重要的是要有数据的支撑，如果没有数据参考，选品会变成一项艰苦的工作，如果可以更好地结合选品工具，那么必定是可以事半功倍的。

做好上述几点，基本就能选择一个符合要求的产品，但这款产品能不能推起来，需要多久才能推起来是不得而知的。选品不仅仅是选出一个产品，而是要对这个产品进行闭环的监测，从中总结出市场规律为下一次选品做准备，这才是最重要的。

知识延伸

新手店铺选择产品，还需要注意产品在市场内的饱和度、大众的使用率、产品类型的市场需求量等问题。对新手小白来说，不建议选择比较冷门的产品，也尽量不要跟风选择一些突然爆火的产品，因为这类产品也可能突然爆冷，甚至被市场淘汰。以下选品技巧可供参考：

1. 门槛高、竞争相对较小的产品

比如一些专业的高科技的产品，如无人机、3D打印机等，这些产品科技含量相对高一点，比起数据线、充电宝等，科技含量高一点，门槛也高一点，筛选了一批竞争对手。

2. 一个大行业中的某个专业细分领域

比如，3D打印机可以应用到很多领域，但是3D打印机对耗材消耗很大，这些耗材是一次性的，用完了就必须买，所以我们可以专注于某个领域的配件，把配件做到行业领先。

3. 一些看起来冷门、偏门但是有一定应用领域的产品

比如香薰机，尤其是香薰机里面的一个细分，即瑜伽香薰。店铺可以通过买香薰油送香薰机，深入绑定客户。

4. 未来市场需求持续增长但目前还供应不足的产品

比如医疗防护用品等，人们健康意识越来越强，加强了对基础医疗物资的重视程度。

以下产品不建议新手店铺选择：

1. 污染严重的；

2. 劳动密集型产品，这些产品货值低，全靠走量，但能做起来，也能够盈利。

3. 简单加工、附加值低的产品，比如数据线、充电宝等，当然掌握了核心技术的另当别论。

任务二 选品的方法

进行电商选品工作时，卖家必须掌握一些基本的选品方法。电商选品的方法非常多，下面对主要的几种进行简单介绍。

一、评价数据分析法

评价数据分析法包括差评数据分析和好评数据分析两个方面，其中，差评数据分析就是通过收集跨境电商平台上热卖产品的差评数据，从中找出客户对产品普遍不满意的地方，从而开发出能够解决客户痛点的产品；同时，也要兼顾分析商品的好评数据，从中寻求客户对产品真正的需求点和期望值。唯有双管齐下，才能够找出真正符合消费者需求的产品。

二、产品组合分析法

产品组合分析法就是指用组合产品的思维来选品，即在构建产品品类结构时，规划20%的核心产品，用以获取高利润；10%的爆款产品，用以获取流量；70%的常态产品，用以互相配合。选品应该兼顾不同的目标客户，不能把所有的产品都置于同一个价格段或保持在同一品质等级，因为体现一定的价格和品质梯度才可能产生更多的订单。

核心产品应该选择小众化、利润高的产品；爆款产品应该选择热门产品或紧跟当前热点的产品；常态产品倾向于性价比较高的产品。无论是核心产品、爆款产品还是常态产品，选品的时候都必须对产品的毛利进行评估，计算毛利的简单公式如下：

单品毛利＝销售单价－采购单价－单品运费成本－平台费用－引流成本－运营成本

【经典案例】

利基产品（Niche Product）是指那些市场不大、客户需求尚未被满足，而大企业又无暇顾及的“冷门”产品，其特点是产品利润较高且竞争较小。来自阿里巴巴的数据显示，平台中小卖家占比达到70%。当他们选择经营热销产品时，往往面临着非常激烈的价格战，产品的利润会被压得很低。这时，选择一两款利基产品就显得非常重要。

例如，世界上习惯使用左手的人仅占10%，因此，大多数产品都是为主要使用右手的人而设计的。在这种情况下，如果卖家开发出左手剪刀、左手吹风机等产品，相信即使将产品价格提高一些，很多习惯使用左手的人也会毫不犹豫地下单。

三、行业动态分析法

每个产品品类都拥有行业背景，因此从行业的角度研究品类更具有全面性和前瞻性。目前，了解某个品类的交易情况主要有以下四种途径。

（一）登录电子商务研究中心的官方网站

电子商务研究中心（www.100ec.cn/zt/bd）是一个致力于电子商务研究的开放性网络研究平台，免费提供各种电商数据、电商报告、热点专题、行业动态等信息，卖家可以在网站上了解当前电商的具体发展状况。

（二）查阅第三方研究机构或贸易平台发布的市场调查报告

第三方研究机构或贸易平台具备独立的行业研究团队，这些机构具备全球化的研究视角和资源，因此，它们发布的研究报告往往可以给卖家带来较系统的行业信息，如艾媒咨询（www.iimedia.cn）、艾瑞咨询（www.iresearch.com.cn）。

（三）参加行业展会

行业展会是行业中供应商为了展示新产品和技术、拓展渠道、促进销售、传播品牌而进行的一种宣传活动。参加展会可以获取行业最新动态和企业动向，如深圳会展中心官网（www.szcec.com）、中国行业会展网（www.31expo.com）。

（四）直接与供应商进行沟通

资质较老的供应商对所在行业的交易情况和市场分布都很清楚，卖家可以通过与他们加强沟通获取较多有价值的市场信息。

知识延伸

不是什么产品都适合做电商，对于优质的电商产品来说，应符合下面几个条件。

第一，商品应该是大众化普及产品。

90%的消费者都会使用的产品，才是大众普及的产品。销售这样的产品，获客成本与流量获取成本会很低。如果产品只是少数人才能使用的，那么，获客成本与流量获取成本就会很高。

第二，商品价格要具有普惠特点。

商品价格要具有普惠特点，这个特点不是商品便宜还是贵的问题，而是选择产品的时候，尽量不要选择那些客单价比较高的产品。商品价格普惠，简单一点理解就是100%的顾客都能买得起，如抽纸、卫生纸。高客单价的产品不好售卖，获客成本和引流成本也奇高无比，推广费跟利润比较，不划算。而且，高客单价的产品选择电商平台的瓶颈和限制是先天性的，是后期运营改变不了的。

第三，产品要有价格优势。

电商平台之间的竞争，最终还是要回归到价格战。价格战是战无不胜、攻无不克的电商法宝。在产品质量相同的情况下，只要你的价格低于竞争对手，那么，你的销售优势和推广优势就会凸显出来。没有价格优势的产品，除非具备了品牌优势，或者产品创新优势，否则，很难具有竞争优势。

第四，产品要有卖点。

如果只是为了获取价格优势，而无底线的降低产品品质，同样无法获得买家的喜爱，产品也很难销售下去。尤其是在电商快速发展的今天，顾客购买产品不仅仅考虑单纯的价格优势，更在意的是产品和服务，所以，在保持价格优势的时候，还要保证产品质量和产品的创新、卖点，这也是电商中强调的竞争优势。

第五，产品要有知识产权保护。

除了选品、价格优势、产品优势外，对于电商来说，产品拥有知识产权保护将扩大自身的竞争优势。

任务三　市场分析

市场分析是对影响市场供需变化的各种因素及其动态、趋势的分析。通过搜集有关资料和数据，采用适当的方法，分析研究、探索市场变化规律，了解消费者对产品品种、规格、质量、性能、价格的意见和要求，市场对某种产品的需求量和销售趋势，以及产品的市场占有率和竞争单位的市场占有情况等，从中判明商品供需变化的不同情况（供需平衡、供大于需、需大于供），并运用一些数据分析工具来辅助卖家进行更加有效的选品。

市场分析应该从下面四个维度进行分析。

一、市场热销产品属性

在 1688 平台中，以钱包为例，我们先看与产品款式、开盖方式、材质这几个热门基础属性对应的数据，具体如图 3－1 所示。

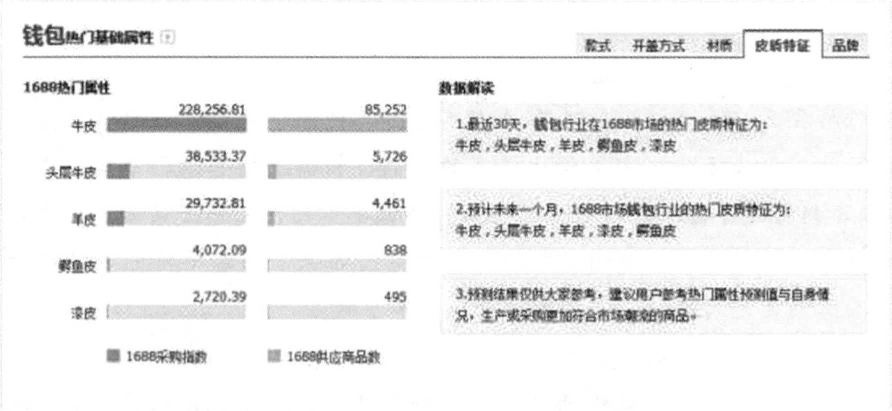

图 3－1　1688 平台中钱包热门基础属性的数据对比

提取排名前三的数据进行分析，可得结果见表 3－1 所列。

表 3－1　排名前三的钱包热门属性

款式	开盖方式	材质
都市简约/街头潮流/商务通勤	拉链/锁扣/磁扣	牛皮/PU/帆布

通过分析阿里指数显示的近期各项数据，我们得出一个结论：在接下来的 30 天里，表格里这几类款式、开盖方式、材质的钱包很可能成为市场热销品。

二、产品营销属性

通过分析钱包的热门营销属性，我们可以得出这个行业的几个营销规律。1688 平台中钱包热门营销属性的数据对比如图 3－2 所示。

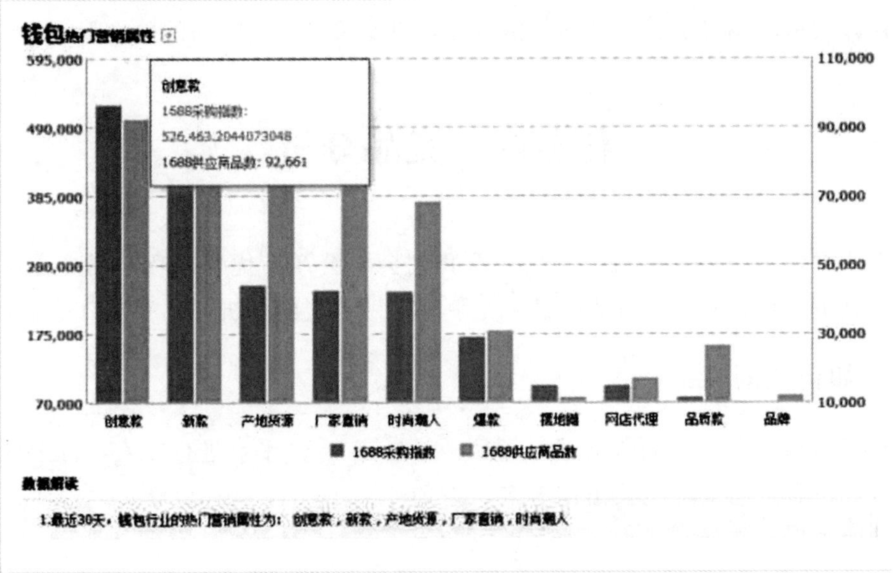

图 3－2　1688 平台中钱包热门营销属性的数据对比

第一，创意钱包的需求强烈，所以整个店铺要突出钱包产品新潮的设计创意。

第二，客户在店铺身份的选择上更倾向于源头工厂，所以在视觉营销上要精心设计，让客户一眼就能识别出你们是源头工厂。

第三，有充足现货是店铺营销能够持续的保障，所以店铺要有一定的库存量。

以上三点就是从热门营销属性分析中得出的结论，我们可以参考这些数据和结论，用以指导店铺的营销方向。

三、产品价格属性

产品的价格分析，可以作为我们选择这个行业主推品价位，以及新品开发时控制成本的参考依据。在 1688 平台上，对于每个价格区间的产品浏览和交易的占比情况，我们可以通过产品价格带分布进行分析。例如，以钱包产品价格带进行价格区间划分分析，具体的占比见表 3－2 所列。

表 3－2　钱包产品的价格区间分析

价格带前三区间（元）	客户浏览占比	客户交易占比
127～221.7	24.8%	31.5%
65.7～127	21.5%	30.2%
0～65.7	18.7%	23.9%

通过分析表 3－2 的数据，我们可以得出如下结论：处于 127～221.7 元和 65.7～127 元的价格带的产品浏览量大，这两个价格带的成交客户占比达 61.7%，所以我们要结合自己的情况制订引流产品的价格策略，以及关联营销产品的价格策略。

任务四　竞品分析

能不能做好 B2B 平台店铺，不仅要看我们会不会产品优化技巧，还要看我们会不会做数据分析，特别是对同行业商家、竞争对手做相应的分析，也就是对竞品的分析。

一、如何找对竞品

以女式 T 恤为例，分析如何找对竞品。首先在 1688 平台进行搜索，再选取热门属性及价格，最后按销量排序找出前五名，把前五名的产品确定为竞品。这种方法也可以用于其他类目的产品。

通过阿里指数取得各项数据后，制成一个表格，具体内容见表 3－3 所列。

表 3－3　女式 T 恤属性及价格分析表

女式 T 恤				
基础属性			价格带	
服装风格	第一	韩版	价格区间	销量占比
	第二	欧美	0～17 元	20.5%
	第三	日系	17.01～28 元	24.5%
流行元素	第一	印花	28.01～40 元	29.9%
	第二	拼接	40.01～58 元	13.9%
	第三	刺绣	58.01～104.5 元	7.9%
袖长	第一	短袖	104.5 元以上	3.3%
	第二	长袖		
	第三	无袖		
图案	第一	印花		
	第二	纯色		
	第三	字母		
工艺	第一	印花/印染		
	第二	拼贴/拼接		
	第三	刺绣/绣花		

二、竞品分析指标及方法

我们可以通过以下三个维度查看竞品的各项数据。

（一）单品数据

采集平台某单品的价格、30 天交易数、30 天成交金额、收藏量、评价、SKU 等数据。

从图 3－3 中可以采集到该单品的价格、30 天交易数、30 天成交金额、收藏量、评价、SKU 等数据。

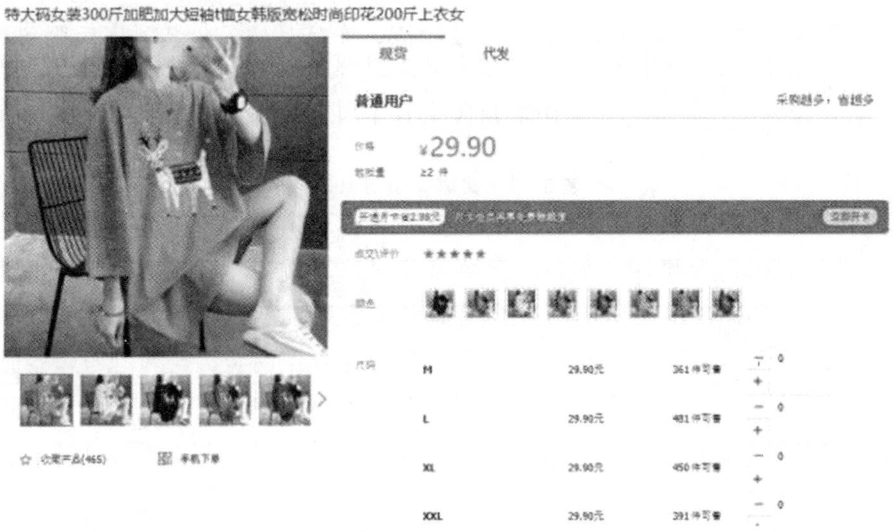

图 3－3　某单品数据分析图

（二）店铺数据

店铺数据包括累计成交数、累计买家数、重复采购率、近 90 天退款率等，还要评估 BSR（买家服务能力）。

进入店铺，找到店铺档案，记录店铺交易数据，并计算出店铺数据平均值，具体数据见表 3－4 所列。

表 3－4　店铺数据分析表

产品	店铺数据						
	累计成交数（笔）	累计买家数（位）	重复采购率	近 90 天退款率	货描相符度	响应速度	发货速度
第一款	1209	941	11.26%	6%	4%	14%	9%
第二款	738	352	19%	10%	3%	15%	9%

（续表）

产品	店铺数据						
	累计成交数（笔）	累计买家数（位）	重复采购率	近 90 天退款率	货描相符度	响应速度	发货速度
第三款	11891	1522	35%	15%	4%	11%	9%
第四款	2014	982	21%	9%	5%	10%	11%
第五款	517	125	15%	11%	2%	15%	12%
平均值	3247	785	20.25%	10.2%	3.6%	13%	10%

（三）买家体验

买家体验是一个宽泛的概念，主要涉及物流、产品品质、包装、售后服务等方面。可以收集产品的买家体验信息，进行整理，形成表格，进而找出自己店铺及产品的优势，争取在买家体验方面超越对手。买家体验信息见表 3－5 所列。

表 3－5　买家体验信息表

产品	买家体验			
	物流	产品品质	包装	售后服务
第一款	圆通	好	好	7 天包退，15 天包换
第二款	圆通	差	差	7 天包退，15 天包换
第三款	圆通	中	中	7 天包退，15 天包换
第四款	圆通	差	差	7 天包退，15 天包换
第五款	圆通	中	中	7 天包退，15 天包换

三、竞品分析策略

（一）确定产品

通过前面的分析，我们会发现定价为 17～40 元的韩版印花短袖女式 T 恤或 17～40 元的欧美拼接短袖女式 T 恤比较受欢迎，所以主推款可以是这两种。

（二）自我分析找到差距

在确定了主推产品后，再分析单品及店铺数据，找到与对手的差距，根据实际情况，提升自己，超越对手。分析的维度与前面分析竞争对手时的维度保持一致。

（三）特定场景下跟款选品

我们还可以用其他方法选品，例如以淘货源为依据，参考淘宝热销产品进行选款。如果产品以跨境专供为主，那么可以选择速卖通、Amazon、eBay、Wish、敦煌网等跨境平台进行跟款。

任务五 商品运营——数据化选词

一、站内常用关键词查询方法

（一）阿里巴巴下拉框

我们在阿里巴巴主页输入关键词“连衣裙”，就会看到下拉框里有很多与关键词对应的词。这些词有不少是需要的，因为这些词是阿里巴巴根据用户搜索习惯、搜索次数等基数积累而来的。

我们在输入关键词时，所打开页面的上面部分会出现许多关键词。这些词也是根据客户搜索习惯来设置的，很多客户会根据他们的需要直接选取，这也有助于寻找行业的长尾词。我们可以试着在这些选项里进行勾选，这能得到一些有用的信息，以及会带来流量和搜索量的词。

旺旺在线一般表示店长可以联系，客户可能就会直接找店长洽谈，咨询产品的参数及其他具体情况；而此时如果旺旺不在线，客户可能会因此而离开。同时，能不能使用支付宝、是否开通买家保障、是否标注产地货源、能否先拿样、有没有加入一些活动或实力是否被行业认可，都是会影响访客的因素，希望能够引起商家注意。

（二）生意参谋

生意参谋也是一个非常关键的点，在生意参谋里需要注意以下几点：

1. 人

通过引流搜索词，我们可以看到客户最关心什么，或者客户是通过什么关键词搜索产品的。

2. 货

网销宝被比喻为阿里的直通车，打开网销宝的具体步骤：登录1688的用户名和密码—我的阿里—应用—网销宝。进入网销宝之后，直接打开标王即可。

二、关键词的选择

选择关键词的诀窍在于全面考虑词汇与所提供产品或服务的相关性、网民关注程度、表现形式等。

（一）关键词细分技巧

可以从买家和卖家的角度来考虑。买家希望快速找到物美价廉的好产品，卖家希望自己的产品和公司能够显示在首页方便客户挑选。所以作为卖家，就必须思考以下问题：

（1）我的产品或服务应用到哪些地方，它们的需求度怎么样？

（2）哪些地方的客户需要这款产品？

（3）这款产品能帮客户解决什么问题？

（4）我的客户是通过什么样的关键词找到我的，在第几页，他们是怎么搜索的，是否所有人都是通过这个途径找到我的？

（二）选择关键词的原则

做网络营销和电商有个不成文的规定，那就是要避重就轻。什么意思？就是当刚开始设置关键词时，不管是热门行业还是中等热门的行业（冷僻行业除外），一定要先从长尾关键词或者精准关键词做起。

因为长尾关键词或者精准关键词的竞争热度不是很高，做起来比较容易；另外，进来的客户比较精准，这样成交转化率也就会相应提升。

做关键词应先做长尾关键词、精准关键词的排名，然后再去做主关键词。这样相对来说就很容易，并且自然而然会把主关键词排上去。所以选关键词时，先考虑精准词、长尾词，别一上去就选大词、热词，否则会很吃力。

（三）按网民的搜索类型

网民的搜索类型及搜索习惯有下面几种。

1. 传统导航型搜索

使用此种搜索方式的人比较传统，他们很清楚自己先要找到一个电商平台，然后直接到网站导航条去搜索自己想要的产品。他们习惯用导航这个工具来为自己节省时间，从而直接找到自己想要的产品。其实 1688 就是一个导航型搜索。

2. 直接产品型搜索

这种客户非常清楚自己想要什么，他们会直接在可以搜索的地方去找自己喜欢的产品，如要搜索智能手机等。

3. 一问一答型搜索

这种客户相对其他两种客户来说，更懂互联网或者电商。他们在电商平台，如 1688 平台上搜索某项具体的内容，如韩版女装包邮、电机保修方法、百度快照怎么优化等。

（四）关键词如何定位

以电饭煲为例，那么首先要做的是百度一下电饭煲这个关键词，看看它有多大的竞争度。我们找到相关网页 24000000 个，说明这个关键词竞争异常的激烈，而且都是在网站首页。

（五）选择关键词的方法

1. 不选竞争热度高的热词

热词很难做，需要很强的技巧，并且竞争也相当激烈，投入和产出比非常不平衡。

那么怎样才能知道关键词热度高还是不高呢？可以通过以下路径查找：我的阿里—服务—所有服务—网销宝—标王—查询关键词—输入关键词。这里有个规律，那就是选择搜索热度高、竞购热度低的词。

2. 不选偏僻冷门词

偏僻冷门词就是这个关键词本身知道的人就很少，所以在网络上搜索的人也就更少。这样的词即便做到了首页，成交的概率也很小。这种词建议大家不要选，与其做这样的词，还不如去研究其他热门一点的长尾词，把时间花在产出明确的地方。

3. 巧选词

建议选择一个合适的关键词，一定要选搜索热度至少超过3格或者以上的词，要不然做了这个词意义也不大。

这里可以得出以下结论：

（1）4个字关键词：同行竞争比较激烈，优化时间较长，当然要看个人技术。

（2）7～9个字关键词：长尾精准词，同行竞争少，容易做上去（研究用户搜索行为，搜出同行关注少、关键词转化率最高的词，有计划地将其做到首页，占据排名前五的位置）。例如，高档电热水壶的材质是不锈钢，我们可以组成的词是“高档不锈钢电热水壶”。

（六）查看同行排名靠前或优秀网站的关键词

1. 同行监控

通过阿里或其他渠道，搜索同行关键词，并做对比分析。

2. 市场趋势分析

从批发市场了解最近流行元素。

3. 网络了解

通过百度指数、阿里指数去了解关键词。

4. 分析同行

分析同行的真实交易。同行的排名靠前，说明他们的关键词选得好，可以参考着去做。另外，也可以审核自己的关键词哪里不到位，将没有做到的补充起来。

实操一　完成1688平台爬衣品类关键词词库的建立

【任务背景】

简单来说，关键词就是买家在使用1688平台搜索框时输入的能够最大程度地概括买家所要查找产品的字或者词，是产品信息的概括化和集中化。在搜索引擎优化SEO行业中谈到的关键字，往往是指网页的核心和主要内容。对于搜索引擎来说，网页主要讲哪方面的内容，那个方面就可以总结出一个（更多时候会是多个）关键词。对于电商卖家来说，精准的关键词可以增加曝光量、点击率和转化率，可见关键词的查找是重中之重。

云海童装厂现在需要开始发布夏季爬衣品类，那么在发布之前，需要建立爬衣品类的关键词词库，以备产品发布时使用，从而提高产品发布的质量。请你利用各种关键词来源渠道，为爬衣品类建立关键词词库，词库不得少于200个关键词，并按来源渠道分类。

【任务操作】

Step1：按照任务背景要求，从“阿里巴巴下拉框”渠道查找相关产品关键词，记录到关键词词库中。

Step2：按照任务背景要求，从“生意参谋”—市场竞争—搜索词排行，记录到关键词词库中，相关数据一同记录。

Step3：按照任务背景要求，利用“站长工具”渠道查找相关产品关键词，

Step4：将通过各种渠道查找到的关键词汇总到一张Excel表格中，利用Excel分表功能，按来源渠道对其进行分类。

Step5：提交已完成的关键词词库，并将文件名修改为“姓名＋学号＋关键词词库”。

任务六　爆款的选择与打造

众所周知，爆款在电商里非常重要，它能给一家店铺带来巨大的销量和展现，所以很多人对做好店铺的理解就是打造好爆款。到底爆款具有什么样的潜质呢？这里将详细讲述爆款是如何“长出来”的。

一、爆款的重要性

一个爆款在电商中非常重要，它能提升店铺中其他产品在搜索排序中的销量及排名。我们常说：“火车跑得快，全靠车头带。”但现在你会发现这句话在动车和高铁横行的时代已经不适用了，现在需要的不是一个火车头，而是更多独立的火车头。

爆款的作用主要有产生羊群效应，给店铺带来收益；给店铺带来流量，提升店铺的销量；给店铺带来更多展现的机会，让店铺有机会在客户面前曝光。同时，爆款也是客户体验的入口，如果客户体验好，后期会形成口碑效应，让爆款自然而然传播。爆款还是“撕开”客户口袋的工具，让客户对你有更多的期待和接触，从而形成后期的二次、三次购买。

二、打造爆款的准备工作

打造爆款，我们首先要从以下三个方面入手。

（一）选好款式

想和做是两码事，很多人想做爆款，但是不一定会做爆款。因此选款非常重要，

这是做爆款的第一步。简单来说，可以按照三个步骤展开：第一，依据市场需求和人群需求选款；第二，选择供货商推荐且经过数据检验证明是可以推广的款式；第三，选择上年销量还不错、市场口碑很好的爆款。

（二）价格梯队策略

首先要准确定价，在做产品之前就要想好，后期应做一些促销或者打折，而这些促销手段就是属于价格梯队策略。阿里市场里自带很多促销活动（打折、包邮、满减等），在卖家那里可以看到有限时促销，有创建优惠券、包邮券，有满多少减多少等。多做些促销活动能吸引客户的眼球，吸引他们购买推荐的款式。

有时客户还喜欢促销的东西，如平常价格50元，活动价格30元，很多人会选择这样的产品。但是，切记不要跟同行打价格战，要做出自己的风格。

（三）店铺能力

1. 供应链要做到自己能把控，有必要的保障

供应链指商品到达消费者手中之前，各相关者的连接或业务的衔接。它是围绕核心企业，通过对信息流、物流、资金流的控制，从采购原材料开始，制成中间产品及最终产品，最后由销售网络将产品送到消费者手中，将供应商、制造商、分销商、零售商、最终用户连成一个整体的功能网链结构。这个网链是不能断的，要保障这个供应链的通畅和最佳状态，保证货品充足。

2. 店铺要有自我运营能力

店铺的自我运营能力包括推广能力、客服能力、美工能力、数据分析能力等。现在大家都在说自媒体，所谓自媒体就是自我运营的能力。做店铺也一样，一定要想办法把自己的店铺推广出去，让店铺和产品展示在更多的人面前。如果是客服方面的问题，就要安排专业的客服去接待；如果是美工方面的问题，就要安排专业的美工处理产品图片；如果是数据分析的问题，就要安排运营人员或者店长去分析，然后让他们根据数据决定下一步做什么。有好的产品，但推广不出去，不被人看见，就会卖不出去；即使有人看到了，若没人给他们详细介绍或者介绍不到位，别人也不会下定决心去买，这些都是息息相关的。

3. 根据现有数据，确定下一步计划

爆款如果打造出来了，还要有雄厚的资金实力。任何一款产品都需要备足货品，因为一旦成为爆款，后期的需求量会很大，所以要有雄厚的资金实力去支持。另外，在没确定是否能成为爆款的前提下，选3～5个产品一起做测试，因为选几个，才能知道哪个比较好，后期的选择也多点。

三、选择爆款

很多人想做爆款，他们会经过很多尝试与失败。所以会产生这样的问题：怎么去

检验或者判定产品到底是不是爆款呢?

（一）爆款的选择

任何一个爆款的发展都是有规律的，不是乱选择、乱投放，而是要经过市场检验的。我们可以从以下方面来确认爆款的取向。

1. 阿里指数——产品排行

可以从阿里指数的产品排行来确定哪些产品适合打造爆款。可以从上升榜和热门榜及最新榜中找出与自己款式类似的产品，通过数据分析的方法来判断是否适合打造爆款。

2. 生意参谋—货—产品效果

可以通过“生意参谋—货—产品效果”来判断产品是否适合打造爆款。利用这些数据，可以确定哪些款式适合做爆款，参考的数据是“我的展现次数”“我的浏览次数”“我的点击转化率”。确定的一个标准为无论是展现次数还是浏览次数，或是点击转化率，都一定要高于市场的标准。同理，浏览次数和点击转化率也是一样，最好高于市场和同行。

3. 爆款实验室

爆款实验室是一个好东西，很多人不知道在这里该如何选产品，一个秘诀是选择系统推荐的试爆款，而且选择时有个规律，那就是选择爆款指数高的产品，越高越好，由高到低依次选择，一共选择 10 款。

（二）选款侧重点

1. 研究趋势走向

做电商一定要懂数据，一定要知道这款产品是否适合推荐做爆款，所以要学会依据数据分析来得出结论。数据分析是根据近三年数据对比，分析出后面的趋势走向，这些可以在阿里指数里看到。当然也可以结合淘宝指数进行分析。要知道客户比较喜欢的款式到底是怎么样的？店铺定位是否正确？店铺是否有客户喜欢的款式？

看一款产品是不是具备爆款潜质，只需要做一件事，那就是选款之前常去看看数据，包括自己选的款是否与市场上的风格相似、这款产品的关键词最近的展现曝光是否呈上升趋势。一般而言，客户只看搜索量位居前 20 页的关键词。看完数据之后，便是研究哪些款式的风格比较受欢迎，也可以看看同类店铺有哪些款式卖得比较不错，或者去阿里巴巴搜索下其他供货商的哪些款式卖得不错。

有人的地方就有市场，所以在市场上一定会有人和你做一样的东西或者产品，也就是我们要看同行 B2B 渠道的热销款式，以及热销款式的近似款是否具有爆款潜质，而这些往往都是选款的重点参考对象。首先，要研究自己店铺产品的风格和定位，研究这些款式是否符合自己店铺的风格；其次，对照市场受欢迎的款式进行对比分析；

最后，结合生意参谋、阿里指数或其他工具，在进行一周的观察后再决定其是不是真正的爆款。

2. 判断顾客的消费趋势

除了爆款自身有一定潜质外，也要做一些人为的判断，包括选款和数据方面。很多人认为选款很难，难以把握，其实选款的最难之处在于会不会通过经验和数据分析来判断客户的消费趋势。成为一位好的卖家不是一蹴而就的，而是要通过对买家或客户数据进行日积月累的分析，然后针对性地去培养敏锐的行业观察力。

如果能够自己判断最好，但不是所有的卖家都具备这样的能力。不够敏锐的卖家其实可以借力，也就是按照之前讲的，依据一些工具或者技巧判断流行趋势，如用阿里指数去查看用户搜索趋势，然后去首页看看竞争对手的数据和详情，学习别人是怎么做的，取长补短。

3. 有竞争就有淘汰

前面谈到不要人云亦云，看到别人是爆款就跟着投入生产。例如，刚开始做电商（服装行业）时，店铺选择的是最好的，款式选择的是市场受欢迎的款（包括衬衣、风衣、大衣、连衣裙、T恤、亲子装、情侣装等），然后开始投入生产，每款备货500件，每个尺码都有备货。但你会发现从年头做到年尾可能会亏损很多，这可能就是没有考虑什么款将是爆款造成的。

有些款式是竞争对手能做但你不能做的，不能一味跟风。在做电商时一定要学会分析，一定要看清楚自己的优劣势。做爆款一定要看数据，要拿3～5款新品去做测试，通过数据和客户反馈去决定是否投入生产，不要盲目。

4. 商品的性价比

在选择爆款商品时，要注重其性价比。商品要热销，前提是价格不能太高，并且质量也要过关，所以性价比就显得尤为重要。把握好质量和盈利的平衡点就是卖家这个时候要做的事情。

另外，产品的款式选择还要符合客户的审美标准和趋势，要知道当时流行什么、什么样的样式和工艺是客户喜欢的。可以先找出几个品类做测试，然后让老客户选择，看哪个款式比较受欢迎。把这些款式同时上架，尽量做到每个产品所获得的流量基本一致，过一段时间，通过对老客户的调研及近期成交量的分析，找出销量和流量转化比较大的那个款式，选它作为比较有潜质的款式进行爆款打造。

（三）爆款类型

1. 引流款

引流款是卖家为了提高自己店铺的信誉和销量而主推的一款产品。这款产品价格比较实惠，而且质量也不错。卖家通过一些活动，如让顾客去买一双鞋，如果顾客不喜欢这款鞋子，就会到他们店看看还有没有别的款式，这个方式就叫引流款。引流款能否火爆？这个谁都难预测，不过与做的准备工作充分与否有非常大的关系。如果某款产品人气和销量都很高，甚至供不应求，为店铺贡献了非常大的流量和人气，就可把这款称之为引流款或爆款。

但是，有时候认真分析一下，就会发现引流款、利润款其实有所不同。引流款并不能直接给店铺带来很多利润，甚至可能带来战略性亏损，但其所带来的流量、定向客户群及间接流量很大，也带动了店里其他产品的销售，如带动利润款的销量和流量，促使店铺整体运营处于盈利状态。

如何打造引流款呢？关注数据，关注每天不同时间段的浏览量、曝光量、转化率等，挑出受到关注最高的 3～5 款产品，再针对这几款产品进行观察和对比。在一周的访问排行中，观察产品的跳失率是多少，然后依次进行改进。做电商，产品的跳失率越低越好。如果能在所挑选的产品中做到低跳失率，那就说明挑对款式了，且顾客在产品上驻足的时间越长，这款产品越有引流款相。

除了看客户是否都关注或者绝大部分关注这几个款外，还要查看这几款产品的转化率及它们的收藏量。因为转化率和收藏量也有一定的权重，新上架的产品如果能有不错的转化和收藏，那么就证明选款选对了，而且这些款产品非常有潜力。如果没什么转化和收藏，那说明要继续换款观察。

还有一个细节必须注意，那就是要查看客户在页面停留的时间。一般情况下，如果客户在某一页面停留的时间越长，就证明这款产品越有引流款的潜力。还有一个不能忽略的细节，那就是产品要有好的销量，除了流量外，还要注重它的标题、主图、价格、详情页等，因为任何一个细节都会影响它的成交量。以上这些能不能做好，取决于商家是否具有行业经验及研究分析市场和竞争对手的能力。

2. 定位款

定位款就是店铺的招牌款，是代表整家店铺主打风格的款式。如果是做现货的，那就要做好定位，是低端、中端还是高端？店铺定位有三种：一是风格定位（如服装是欧美风还是韩版），二是价格定位（低、中、高端），三是产品类型定位（是定制还是市场类型）。所以一定要给产品做好定位。

3. 利润款

利润款，顾名思义就是能给店铺带来丰厚利润的款式。一个好的利润款几乎是整家店铺中销售占比最高的款式，卖得最好，但不一定是主流款。做电商一定要了解店铺中出售的产品或者能给店铺增值的服务产品。

利润款相当于店铺的镇店之宝，在前期选款时对数据挖掘的要求会比较高，这样的款式只精准地针对小众人群的偏好。利润款推广起来可能需要花点精力，在推出前需要进行定向数据测试，通过预售或者老客户产品调研等方式，做精准化营销。需要注意的是，不管什么款式，若要将现货打造成爆款，质量和库存一定要有保障。当款式都确定好了，接下来就要开始打造爆款。

四、打造爆款的宣传

（一）耐心引导

把爆款要做活动的信息通过旺旺、QQ、电话、微信等各种渠道通知给客户，耐心引导线下走向线上，目的是把线下的一些客户引导至线上，提高在线订单数量。

（二）多报名一些专场活动

一分钱拿样、免费拿样、火拼、快订等活动，能引来许多免费的流量和客户。对于阿里巴巴这些免费的活动一定要重视起来，因为只要报名成功，就能带来一定的流量、曝光量和成交额，一定要充分利用好。平台的一些营销活动如图 3 - 4 所示。

图 3 - 4　平台营销活动

快消品可以一分钱拿样，而做工业品的人会说，上万的机器也做那不亏死了？这就需要视产品而定。也有人会说，做过一分钱拿样，流量倒是挺多，但是意向客户不多，垃圾流量不少。其实这个重在转化及后期客户感情的培养上，有很多人都在客户拿了样品后进行了大批量生产。

（三）店铺轮播图布局

一家店铺里最好的广告位就是自己店铺的轮播图，如果轮播图做好了，那就相当于是自己店铺的招牌，会起到很大的宣传作用。店铺营销轮播图如图 3－5 所示。

图 3－5　店铺营销轮播图

需要注意的是，轮播图上产品的卖点一定要放大，一定要找到与别人不一样的卖点，且一定要写让人有购买欲望的文案。这样客户进店后，就能明白你这款产品的特殊性和优势了。

（四）店内自媒体营销

一家店铺其实有很多营销活动可以做，可以是长期的，也可以是短期的。长期活动有关联营销、一分钱拿样、免费拿样等；短期活动有限时促销、限时优惠等。

五、爆款的成长

任何事情的发展都会有几个阶段，这些阶段会呈现不同的态势，我们也可以把爆款的成长过程分为初期、中期和后期三个阶段。

（一）初期

前期创造数据，有一定的数据后进行分析优化，根据市场数据做好前期工作。我们需要优化的内容有产品主图、详情页、转化率、跳失率、标题、上下架时间。

一张好的产品主图必须符合下面几个基本原则。

1. 尺寸要适中

主图的像素为750 * 750最佳，最好是正方形。

2. 主题要突出

主图主要展示的是产品，所以背景最好是纯色，主题明了，一定要让客户第一眼看到就知道卖什么，不要让客户看到主图还要研究半天才能确定。

3. 搭配文字的技巧

在图片配文字的文案中，一定要突出卖点，也不要写太多文字，做到简洁明了。主图中加上说明文字很有必要，但切记不能过多，做到简、精、明三点就行。简，就是长话短说，简明扼要，如邮费方面，最简单的表达就是“包邮”二字；精，就是做到精致、精确、精准，意思就是我们花最少的时间、最少的精力，用最准确的文字展示出商品的必要信息；明，就是要做到明确、明了，换句话说就是一针见血，文字说明要让人看得懂。文字的内容可以涉及打折信息、产品优势、产品特有功能等。

4. 颜色搭配要慎重

有些主图配上文字就非常的抢眼，显得“高大上”，给人眼前一亮的感觉，原因很简单，主要是美工颜色搭配得好。如果颜色搭配得好，给主图锦上添花；如果搭配不好，那可能就是画蛇添足了。关于颜色搭配，给出以下建议供大家参考：

（1）红底白字。

（2）红底黄字或者黄底红字。

（3）黑底白字或者白底黑字。

（4）蓝底白字或者白底蓝字。

（5）红底黑字或者黑底红字。

做好详情页，吸引买家进店查看，让买家在里面找到适合自己的产品，然后咨询下单。这样，爆款产品的转化率自然而然就提高了，跳失率也就减少了，为打造爆款打下了坚实的基础。

（二）中期（推广期）

不管任何时期，产品都需要去做各种推广，其中包括搜索推广、付费推广、展现流量、产品关联。在中期，我们要尽最大努力，用各种手段把产品推广出去，让更多人看到产品。

（三）后期（清仓期）

此时更多的是清理库存、带动新品、引导客户流量。此时能够做的一些活动可以是限时促销、新品上市、清库存，或者是在店内进行其他促销活动，但最主要的还是把库存清出去，把新款带出来。

课后习题

一、选择题

1. 最大地保证选品利润空间的货源是(　　)。

A. 淘宝包邮货源　　B. 一手工厂货源

C. 1688 批发货源　　D. 义乌购批发货源

2. 影响产品销量的最主要因素是(　　)。

A. 红海产品　　B. 蓝海产品　　C. 产品价格　　D. 供需指数

3. (　　)类别的产品，在任何情况下都不允许出售。

A. 炸药、放射性物质　　B. 传染性元素

C. 可燃产品　　D. 潮湿状态下会带来危害的产品

4. 选品要考虑的因素有(　　)。

A. 产品本身　　B. 物流成本　　C. 货源供给　　D. 品牌授权

二、判断题

1. 在选择产品方面，对于企业而言，喜欢比适合更重要。　　(　　)

2. 分析产品是否适合上架的因素包含商品的价格因素。　　(　　)

3. 不要做已经形成垄断格局的产品，除非卖家有极具创新性的技术。　　(　　)

4. 市场分析是从市场的容量出发，了解供求关系，把控消费者的需求点来确定一个产品是否符合市场发展需求的。　　(　　)

三、操作题

1. 王蕾的店铺正处于选品阶段，她想知道什么产品适合在 1688 平台上销售，请问她应该如何查看平台热销品？

2. 王蕾看到其他专员都在店铺里打造爆款产品，就学习大家也给自己的店铺打造爆款产品，但是自己的爆款却无法卖出。选品或打造爆款产品时需注意什么？

项目 4

B2B 视觉营销

学习目标

➢ 知识目标

1. 掌握国际站图片制作与管理的知识点。
2. 了解产品视频的基础知识与产品视频分级。
3. 了解 PC 端店铺首页设计的重要性和装修方法。
4. 掌握 PC 端店铺首页店招、导航栏、通栏广告等各个模块的设计方法。
5. 了解无线端旺铺框架，掌握旺铺首页设计。
6. 了解 Ready to Ship 产品的定义。

➢ 技能目标

1. 熟悉国际站图片制作与管理。
2. 掌握产品视频制作与管理流程。
3. 掌握 PC 端店铺首页整体设计的方法。
4. 结合店铺定位，进行不同的风格设置及内容侧重点的展示。
5. 运用所学知识成功发布一个 Ready to Ship 产品。
6. 掌握产品详情页普通编辑的方法。

项目导入

在 B2B 电子商务的广阔领域中，产品发布与管理是企业构建成功在线业务的关键基石。本项目聚焦阿里巴巴国际站这一全球领先的跨境 B2B 平台，深入探讨产品发布与管理的核心流程和重要策略，助力企业在激烈的国际市场竞争中脱颖而出。

我们将详细剖析 Customization 产品和 Ready to Ship 产品的发布流程，这两种类型的产品在跨境贸易中各有特点，其发布要求和操作要点也存在差异。精准掌握它们的发布方法，能够帮助企业根据自身产品特性和市场需求，有效地展示产品信息，吸引目标客户。同时，产品详情页编辑是影响客户购买决策的关键环节，我们将深入讲解如何精心打造吸引人的产品详情页，包括优化产品描述、选择合适的图片和视频展示等，以提升产品的吸引力和可信度。

此外，产品分组与排序对于优化店铺展示效果和提升客户购物体验具有重要意义。合理的分组能够使店铺产品分类清晰，便于客户查找；精准的排序则能突出重点产品，提高其曝光率。通过本项目的学习，学生将能够熟练运用阿里巴巴国际站的产品发布与管理功能，实现产品展示的优化、客户流量的精准引导，最终推动企业的业务增长，帮助企业在跨境 B2B 市场中赢得更大的竞争优势。

任务一　阿里巴巴国际站与视觉营销

一、阿里巴巴国际站平台概述

阿里巴巴国际站（Alibaba. com）是阿里巴巴集团旗下的全球领先 B2B 跨境电商平台，致力于连接全球买家与供应商，促进国际贸易。该平台覆盖了 190 多个国家和地区，提供从原材料到成品、从工业设备到消费品的广泛产品和服务，是中小企业拓展海外市场的理想选择。阿里巴巴国际站平台首页如图 4 - 1 所示。

图 4 - 1　阿里巴巴国际站平台首页

阿里巴巴国际站不仅提供产品展示和交易的基础功能，还涵盖营销推广、物流服务、支付解决方案等增值服务，通过严格的身份认证和信用评估体系确保交易安全。

利用大数据和云计算技术，平台不断提升交易效率和用户体验，支持多语言版本，便于全球用户使用。

截至 2024 年 4 月，阿里巴巴国际站的海外成交买家数量实现了显著增长。海外支付买家数量相比去年同期增长超过 30%，尤其在美国、德国、法国等欧美主流市场，阿里巴巴国际站的下载量排名跃升至第四位。这些成就表明阿里巴巴国际站正在迅速扩大其在全球市场上的影响力，吸引了越来越多的海外买家。虽然具体的成交买家数量没有公开详细数据，但从这些增长指标可以看出，阿里巴巴国际站的海外业务发展势头强劲。

二、阿里巴巴国际站的重要性

阿里巴巴国际站是全球领先的跨境贸易 B2B 电子商务平台，连接了全球的供应商和采购商。对于企业来说，它具有以下几个关键作用。

（一）拓展国际市场

阿里巴巴国际站提供了一个广阔的国际市场平台，让企业能够将产品和服务推向全球各地，打破地域限制，接触到大量潜在客户。此外，阿里巴巴国际站拥有丰富的国际资源和专业的服务团队，能够为企业提供全方位的市场拓展支持。企业可以通过平台参加各种国际展会、贸易洽谈会等活动，进一步扩大品牌影响力，拓展国际市场份额。同时，平台上的大数据分析功能可以帮助企业了解不同国家和地区的市场需求、消费趋势等信息，为企业制定精准的市场策略提供有力依据。企业还可以利用平台的跨境物流、支付等服务，解决国际贸易中的物流和支付难题，提高交易效率，降低交易成本，从而更好地开拓国际市场。

（二）增加贸易机会

阿里巴巴国际站汇聚了众多的采购商和供应商，促进了贸易的交流与合作，增加了企业的贸易机会和订单量。阿里巴巴国际站通过精准的匹配算法，将合适的供应商与采购商连接起来，大大提高了贸易的成功率。平台上丰富的产品品类和多样化的供应商选择，满足了不同采购商的个性化需求。企业在平台上可以展示自己的特色产品和优势服务，吸引来自全球各地的采购商关注。同时，平台还提供多种贸易保障机制，如信用保障服务等，增强了采购商的信任度，为企业带来更多的贸易机会。此外，企业可以通过参与平台的在线交易、RFQ（Request for Quotation，报价请求）等功能，积极主动地寻找贸易机会，与采购商进行高效的沟通和洽谈，进一步提高订单量。

（三）提升品牌知名度

通过在阿里巴巴国际站上展示产品和品牌形象，企业可以提升在国际市场上的知名度和美誉度。在阿里巴巴国际站上，企业可以精心打造自己的品牌展示页面，通过高质量的产品图片、详细的产品描述及专业的企业介绍，向全球买家展示企业的实力和特色。平台的多渠道推广功能，如搜索引擎优化、社交媒体推广等，能够让企业的品牌得到更广泛的传播。企业还可以通过积极参与平台的各种活动，如行业峰会、线上直播等，展示企业的创新能力和行业领导地位，进一步提升品牌知名度。同时，良好的客户评价和口碑也会在平台上得到传播，为企业的品牌形象加分。随着企业在平台上的持续经营和发展，品牌的知名度和美誉度将不断提升，将为企业带来更多的长期价值。

三、视觉营销在速卖通店铺营销中的作用

视觉营销的主要目的是吸引买家关注店铺和产品，从而提高店铺的流量，刺激买家产生购买欲望，进而使目标流量转换为有效流量。在阿里巴巴国际站品牌化的过程中，视觉展示作为重要的一部分也不断被强化。

通过精心设计的视觉元素可以有效提升店铺的吸引力和转化率。高质量的图片和视频能够吸引潜在买家的注意，让他们对产品产生浓厚的兴趣。使用多角度拍摄和细节特写，可以让买家更全面地了解产品的特点和优势。此外，通过视频和动态图可以更生动地展示产品的使用场景和功能，增加互动性和吸引力，从而提高用户的停留时间和购买意愿。

阿里巴巴国际站是一个高度重视店铺概念的跨境电商平台，允许卖家在一个店铺内销售多个经营大类下的多种产品。然而，这种模式也导致了严重的产品同质化现象。当买家输入某个关键词搜索产品时，平台会跳出大量的同类产品，使得卖家面临激烈的竞争。在这种情况下，专业的视觉表达变得尤为重要。

一方面，高质量的视觉效果能够使产品在众多同类产品中脱颖而出，吸引买家的目光。精美的产品图片可以展示产品的独特设计、优质材质和精湛工艺，让买家在第一时间对产品产生好感。例如，采用高清摄影技术，突出产品的细节和质感，或者运用创意的拍摄角度和背景布置，营造出独特的氛围和风格。另一方面，良好的视觉表达可以提升买家对产品的信任度。清晰、真实的图片和视频能够让买家更好地了解产品的实际情况，减少购买的风险。同时，专业的店铺装修和品牌形象展示也能传达出企业的实力和信誉，增强买家的购买信心。

与此同时，在阿里巴巴国际站平台上，产品图片的视觉效果不仅直接影响买家的购买决策，还会影响平台营销活动的入场概率。高质量的视觉表达不仅能吸引买家的注意，还能提高店铺在平台各类营销活动中的曝光机会。以下是一些具体的策略和方法，帮助卖家提升产品图片的视觉效果，从而增加参与平台营销活动的机会。

（1）注重图片的质量和规范性。确保图片清晰、色彩鲜艳、分辨率高，并且符合

平台的图片尺寸和格式要求。避免使用模糊、失真或有版权问题的图片。

(2) 运用创意和个性化的设计。可以根据产品的特点和目标受众，设计独特的图片风格和布局，突出产品的特色和优势。例如，对于时尚类产品，可以采用时尚杂志风格的拍摄和排版方式；对于科技类产品，可以运用简洁、现代的设计风格。

(3) 展示产品的使用场景和实际效果。通过图片和视频展示产品在不同场景下的使用情况，让买家更好地了解产品的适用性和实用性。可以邀请模特或实际用户进行产品展示，增强图片的真实性和吸引力。

(4) 定期更新图片和视觉内容。随着产品的更新和市场的变化，商家应及时更新店铺的图片和视觉内容，保持店铺的新鲜感和吸引力；同时，也可以根据不同的营销活动和季节主题，进行相应的视觉调整和优化。

四、阿里巴巴国际站视觉营销

(一) 产品图片

拍摄高质量的产品图片，确保图片清晰、色彩鲜艳、角度多样，展示产品的不同侧面、细节和使用场景。对图片进行适当的后期处理，调整色彩、对比度和亮度，去除背景杂物，使图片更加美观。遵循阿里巴巴国际站的图片规格要求，确保图片大小适中、格式正确。

(二) 视频展示

制作产品展示视频，介绍产品的特点、功能和使用方法。视频可以增加产品的吸引力和可信度，提高买家的购买意愿。保持视频简洁明了，时长适中，重点突出产品的核心优势。在视频中添加字幕、音乐和特效，增强视觉效果和吸引力。

(三) 店铺设计

设计专业的店铺首页，展示企业的品牌形象和主打产品。使用清晰的布局、吸引人的色彩和简洁的文字，引导买家浏览店铺。优化店铺的导航栏，方便买家快速找到所需的产品和信息。定期更新店铺的内容，保持店铺的新鲜感和活跃度。

(四) 营销材料设计

设计吸引人的产品宣传海报、促销活动页面和邮件模板等营销材料。使用有冲击力的视觉元素和简洁明了的文字，传达营销信息。确保营销材料的设计风格与店铺的整体风格一致，形成统一的品牌形象。

总之，在阿里巴巴国际站进行视觉营销是提高企业竞争力和产品转化率的重要手段。通过精心设计的产品图片、视频、店铺和营销材料，企业可以吸引更多的买家关注，传达产品信息，建立品牌形象，从而实现更好的贸易效果。

任务二　阿里巴巴国际站产品详情页设计

阿里巴巴国际站产品主图的质量决定了产品信息的点击量，而产品详情页的质量则直接影响了客户是否会发起询盘。产品详情页是买家深入了解产品的重要窗口，其质量至关重要。

一、阿里巴巴国际站产品详情页结构

阿里巴巴国际站产品详情页是详细描述产品信息的页面，其结构相对比较简单，大体可以分为详情页头部信息、产品基本信息和产品详细描述信息三个部分。

（一）详情页头部信息

在阿里巴巴国际站上，每个产品的详情页都有一个头部信息区域，这个区域通常包含平台菜单、店招和导航栏三部分内容。买家点击店铺名称就可以查看店铺基本信息；点击主菜单相关模块则可以查看店铺正在销售的产品。详情页头部信息页面如图 4－2所示。

图 4－2　详情页头部信息页面

（二）产品基本信息

产品基本信息包括主图、视频、标题与关键词、自定义属性、交易信息及产品描述。同时包含开始订单请求和联系供应商链接。这些组成部分共同构成了产品信息页的核心内容，旨在全面而直观地向用户展示产品的特点、优势及其交易详情。产品基本信息页面如图 4－3 所示。

在阿里巴巴国际站上发布产品基本信息的过程指将产品主图、视频、标题关键词、自定义属性、交易信息及产品描述等内容，由供应商通过阿里巴巴国际站后台上传至前台进行展示。具体操作流程：用户需先进入阿里巴巴后台，点击“产品管理”菜单项，随后找到并点击“发布产品”选项，选择产品所属的类别，即可进入产品发布的界面。通过细致浏览产品发布的后台界面，用户可以深入了解整个发布流程的每个步骤，确保操作的准确性，从而有效提升产品的市场曝光度和销售机会。

图 4-3 产品基本信息页面

（三）产品详细描述信息

产品详细描述信息分产品详情和供应商详情两部分。其中，产品详情包括重要属性、交货时间、最大订购数量、定制、证书、评分评价等内容；供应商详情则包括产品描述、公司简介、展览、认证、包装和交付等内容。

1. 重要属性

阿里巴巴国际站上的重要属性筛选项列出了几个具体的属性值，这些属性通常是针对某个产品的特征进行设定的，以便买家能够更加精准地找到符合自己需求的产品。

重要属性通常包括行业属性、其他属性、包装和发货信息。除了行业属性外，其他属性是产品所具有的一些通用属性，可能与产品的性能、外观或其他方面有关。包装和发货信息通常会涉及产品的包装方式、包装尺寸、单个包裹内的产品数量及发货时间等相关信息。这些信息对于买家来说很重要，因为他们需要知道如何接收和处理收到的产品。产品重要属性页面如图 4-4 所示。

重要属性

行业属性

速级	8 Speed
构架材料	铝合金
轮胎大小	26英寸
电压	48v
电源	锂电池
制动系统	油压碟刹(油压刹车片)
电池容量	19Ah+9.6Ah

展开 ∨

图 4-4 产品重要属性页面

2. 供应商详情

供应商详情提供了关于供应商能力和可靠性的线索。买家可以通过这些数据来评估供应商是否能满足自己的需求，以及是否有能力提供优质的服务和产品。供应商详情页面如图 4－5 所示。

图 4－5　供应商详情页面

3. 供应商产品说明

阿里巴巴国际站上的供应商产品说明包含视频展览、产品描述、产品细节和其他信息等内容。这些内容旨在向潜在买家提供详尽的信息，帮助他们了解产品及其特点。

（1）视频展览：这部分通常包含一段或多段视频，展示产品的实际使用情况、生产过程或使用功能。视频是一种直观的方式，能够让买家更清楚地了解产品的性能和品质。

（2）产品描述：这部分是对产品的文字性描述，通常包括产品的基本功能、特点、用途及其他相关的信息。一个好的产品描述应该简洁明了，突出产品的优点和独特之处。

（3）产品细节：这部分可能包含更多关于产品的具体参数和技术规格，如尺寸、材质、颜色、容量等。这些细节有助于买家确定产品是否符合他们的需求。

（4）其他信息：除了上述三个部分，产品说明还可能包含其他信息，如价格、库存状态、最小起订量、交货时间等。这些信息对于买家决策至关重要，因为他们需要知道购买产品的成本和时间安排。通过提供这些详细的产品说明，供应商能够有效地传达产品的价值和优势，增加买家的信任度，从而促进销售。同时，买家也能更容易地比较不同供应商的产品，做出明智的购买决策。

二、产品主图设计

产品主图即展示产品的主要图片，是买家对产品的第一直观印象。主图显示在产品标题的左侧，卖家可以对产品进行全部和细节的展示。卖家最多可以上传6张图片，平台建议描述图片的横纵比例为1∶1、像素大于等于800＊800，或者横纵比例为3∶4、像素大于等于700＊100。平台还要求上传的主图比例一致，图片文件大小在5 M以内，JPG、JPEG、PNG格式均可，建议不要在长头产品组图上添加水印或促销信息。

卖家在阿里巴巴国际站上发布原创图片时，可以通过阿里巴巴原创保护平台来申请图片保护。该平台为商家提供的首发图片、短视频及创意设计提供了一种有效的版权保护机制，以防止未经授权的复制和滥用，可以降低图片被盗用而带来的风险，保障了商家的利益，提高他们在市场中的竞争力。

下面结合几个经营大类来介绍产品主图设计的基本要求。

（一）女装行业产品主图设计要求

在阿里巴巴国际站上，女装行业产品主图背景最好是白色或浅色场景图，能使产品更加突出；英文Logo统一放置在左上角，确保品牌信息清晰可见；图片中不允许放置任何尺寸、促销水印或文本等额外信息，保持整洁和专业性；产品应占据图片的70%以上，确保买家能够清晰看到产品的全貌；每张图片都应是独立且完整的，禁止任何形式的拼图。遵循这些标准可以提高产品的吸引力，帮助买家更好地了解产品的款式、质地和细节，从而增加转化率，同时提升店铺的整体形象，给买家留下专业和可信赖的印象。女装主图实例如图4－6所示。

图4－6　女装主图实例

（二）男装行业产品主图设计要求

男装行业产品主图应具备清晰度高、背景干净的特点，通常推荐使用纯白色背景，以确保产品本身成为焦点；图片不应包含任何额外的文字、水印或其他促销信息，以保持专业性和整洁度；对于主图，推荐像素为 1000＊1000，确保图片大小不超过 3 MB，色彩模式为 RGB，支持的文件格式包括 JPG、JPEG 或 PNG；产品在图片中的显示比例应不少于 70％，确保买家能清楚地看到产品的细节；建议上传至少 6 张主图，分别展示模特穿着效果，以及产品正面、背面、侧面及细节特写等不同角度。这些要求有助于提高产品的在线吸引力，增强买家的信任感，进而促进销售。男装主图实例如图 4－7 所示。

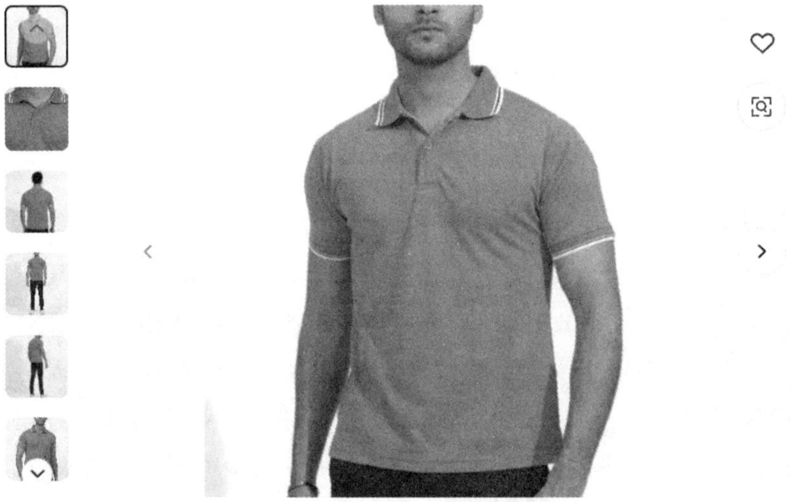

图 4－7　男装主图实例

（三）童装行业产品主图设计要求

在阿里巴巴国际站上，童装行业的产品主图需符合以下要求：背景应为纯白色或浅色调，确保产品突出且画面整洁；图片中不得包含任何文字、水印、促销信息或其他干扰元素，以保持专业和简洁；产品应占据图片的 70％以上，确保买家能够清晰地看到细节；建议上传至少 6 张主图，分别为模特穿着效果、产品正面、背面、侧面、细节特写（如面料、图案、拉链、纽扣等），以及其他角度或特殊功能的展示；图片推荐像素为 1000＊1000，文件大小不超过 3 MB，色彩模式为 RGB，支持的文件格式包括 JPG、JPEG 或 PNG。遵循这些标准有助于提升产品的吸引力，增强买家的信任感，从而促进销售。童装主图实例如图 4－8 所示。建议定期查看阿里巴巴国际站的官方公告，以获取最新的图片上传指南。

图 4－8　童装主图实例

三、产品主图制作

下面以茶具为例介绍产品主图制作，产品主图选择了一种带托盘的茶具，并对这张图片进行了 PS 主图设计，如图 4－9 所示。在阿里巴巴国际站上发布产品时，商家为了提升产品的吸引力，经常需要对图片进行一定的处理，比如将产品放在白色背景下，并添加公司 Logo 等装饰图形。

在准备素材时，要确保产品图片具有高清晰度，另外还需要有公司 Logo 及可能需要的其他装饰元素。

图 4－9　茶具主图

（一）创建新文件

1. 新建文件

在 Photoshop 中，选择“文件”—“新建”，快捷键为 Ctrl＋N（Windows 系统）或 Cmd＋N（Mac 系统）。

2. 设置文件名称

输入一个易于识别的文件名，比如“茶具主图 800 * 800”，有助于快速找到该文件。

3. 设置尺寸

设置宽度为 800 像素、高度为 800 像素。这样的尺寸适合大多数电商平台的要求，在保证图片在网页上清晰显示的同时，也不会因为文件过大而影响加载速度。

4. 设置分辨率

设置分辨率为 72 像素/英寸。对于网上展示的图片来说，72 像素/英寸是一个标准的分辨率，能够满足大多数屏幕的显示需求。

5. 颜色模式

设置颜色模式为 RGB，位深度为 8 位。RGB 颜色模式适用于屏幕显示，而 8 位色彩深度已经足够日常使用，能够提供丰富的色彩表现。

6. 完成创建

检查所有设置无误后，点击“确定”按钮，创建新的文件。新建文件预设详细信息如图 4－10 所示。

图 4－10　新建文件预设详细信息

（二）抠图

1. 植入产品图片

在 Photoshop 顶部菜单栏中，选择“文件”—“置入嵌入对象”（或“置入”），快捷键为 Shift + Ctrl + P（Windows 系统）或 Shift + Cmd + P（Mac 系统）。浏览并找到要使用的茶具图片文件，选中它，然后点击“打开”或“置入”，如图 4 - 11 所示。

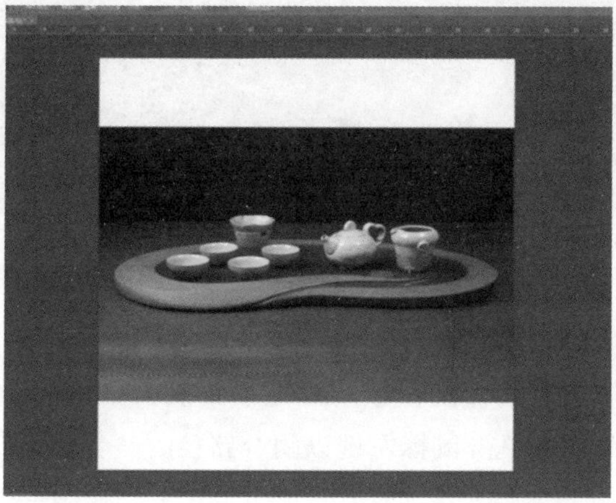

图 4 - 11　置入产品图片

2. 调整图片位置和大小

图片置入后，会自动形成一个新的智能对象图层。此时，图片周围会出现一个边框，表示它可以被自由调整。使用鼠标拖动图片，将其放置在背景图层的合适位置。按住 Shift 键的同时拖动图片的角点，可以等比例缩放图片，确保图片不会变形。确保图片在背景中的位置和大小合适，能够完整展示产品特点。

3. 使用钢笔工具创建路径，去除茶具图片周围的黑色背景

将鼠标移动到茶具的边缘，点击鼠标左键以放置第一个锚点。移动鼠标到下一个关键位置，再次点击鼠标左键以放置第二个锚点。这时，Photoshop 会自动创建一条直线连接两个锚点。创建路径后的图片如图 4 - 12 所示。

图 4 - 12　创建路径后的图片

4. 调整路径

如果路径不够准确，可以使用“直

接选择工具”，采用快捷键“A”来调整锚点和控制手柄。点击并拖动锚点或控制手柄，使路径更贴合茶具的边缘。继续沿着茶具的边缘点击并放置锚点，直到完成整个轮廓的绘制。调整路径后的图片如图 4 - 13 所示。

图 4 - 13　调整路径后的图片

5. 闭合路径

当路径回到起点附近时，将鼠标移动到起点锚点上，鼠标指针旁边会出现一个小圆圈，表示可以闭合路径。单击鼠标左键以闭合路径。

6. 转换为选区

在路径面板中，确保创建的路径是激活的。右键点击“路径”，选择“制作选区”。在弹出的对话框中，设置羽化半径为 0 像素，点击“确定”。

7. 删除背景

在完成路径绘制后，仅保留路径内的茶具部分，并删除路径外的黑色背景。通过按下“Ctrl+Shift+I”组合键（Windows 系统）或“Cmd+Shift+I”组合键（Mac 系统）来快速反选选区，然后再按下 Delete 键（Windows 系统）或 Backspace 键（Mac 系统），删除选区外的黑色背景。如果背景没有完全删除，可以使用“橡皮擦工具”，采用快捷键“E”进一步清理。删除背景后的图片如图 4 - 14 所示。

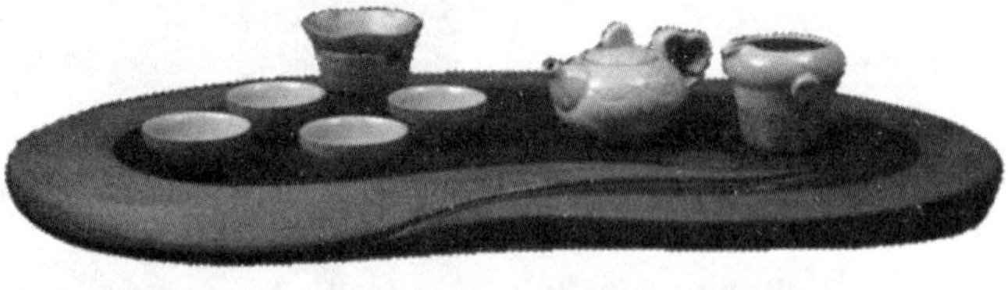

图 4 - 14　删除背景后的图片

8. 保存和优化

保存你的工作，可以选择“文件”—“保存”或“文件”—“另存为”，保存为 PSD 文件以便后续编辑。如果需要，可以使用调整工具（如亮度/对比度、色阶、曲线等）进一步优化图片效果。

（三）添加LOGO

选择“文件”—“置入嵌入”，然后选择Logo文件。Logo会作为一个新的智能对象出现在图层面板中，自由调整其大小和位置。调整好Logo的位置后，点击图层面板底部的“锁定”图标，固定Logo的位置。添加Logo后的效果图如图4-15所示。

图4-15 添加Logo后的效果图

（四）保存文件

在完成设计后，应保存文件。推荐使用“另存为”功能，并选择适当的格式，如JPEG或PNG，根据需要保留透明背景的情况选择。

备份原始文件，在保存最终版本之前，最好先保存一份原始文件，以便后续修改或调整。

通过以上步骤，可以创建一个适合制作产品主图的基础文件。这样的设置不仅保证了图片的质量，也便于后续设计工作的开展。

任务三 阿里巴巴国际站店铺基础建设

一、图片制作与管理

（一）图片分类和拍摄

阿里巴巴国际站上的图片主要包括产品图片与公司图片两种类型，其中产品图片分为产品主图、产品详情页、产品海报图；公司图片包括公司信息图、工厂图片、成功案例图、资质证书图等，一般用于旺铺装修及详情页通用模块。公司信息图包括公司介绍、办公环境图片、公司团队图片等；工厂图片包括工厂环境图、生产工艺图、仓库物流图等；成功案例图包括客户拜访图、展会信息图、客户评论图等；资质证书图包括公司荣誉证书、产品认证证书、能力认证证书等。

图片拍摄前需要准备合适的拍摄器材，熟悉图片处理工具；图片拍摄时，对于色调、构图和光线要做到良好把控，注意视觉上的沟通与表现性；图片拍摄完成后，需要对图片进行处理，注意不同模块对于图片的尺寸要求不同，可适当运用文字突出产品卖点。

（二）店铺图片的基本特征和要求

在阿里巴巴国际站，店铺图片应具有一定的基本特征及符合一定的要求，以确保平台上的商品和服务展示既专业又吸引人。在制作网店的商品图片时，需要注意几个要点以确保图片的质量和吸引力。首先，主体物必须清晰且没有多余的干扰元素，这样可以让顾客一眼就注意到商品的主要特征。其次，颜色的准确性是非常重要的，任何失真都可能影响顾客对商品的真实感知。因此，确保商品的颜色在图片中得到正确反映是至关重要的。再次，背景的选择也很讲究，常见的黑色、白色和灰色背景可以突出商品，而不会分散顾客的注意力。最后，多角度和细节的展示也是必不可少的。虽然一张较清晰、角度较好的图片可以用作主图，但它只能展示商品的一部分。因此，提供多角度的照片及放大后的细节图，能够让顾客全面了解商品的特点和品质，这对于建立信任和促进销售都是非常有益的。

（三）店铺图片拍摄的常见问题

在店铺经营过程中，优质的商品图片是吸引消费者、提升销量的关键因素之一。然而，在实际操作中，许多卖家在拍摄商品图片时常常会遇到一些问题，店铺图片拍摄的常见问题如图 4－16 所示。以下是一些常见的店铺商品图片拍摄问题及其解决方法。

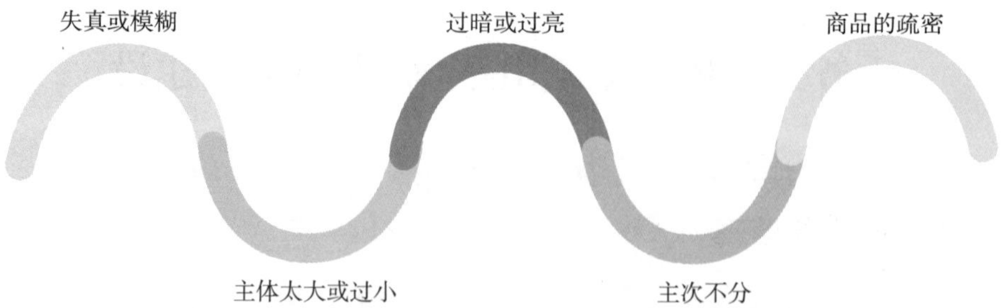

图 4－16　店铺图片拍摄的常见问题

1. 失真或模糊

在店铺商品图片拍摄过程中，相机焦距未调准、光线不足或过强、快门速度不合适等问题常常会导致图片失真或模糊。为了解决这些问题，首先应使用稳定的三脚架来固定相机，这可以有效避免手抖造成的模糊；同时，应确保拍摄环境中有足够的光源，并且光线分布均匀，避免过强的直射光造成过曝或阴影过重；此外，还需要根据实际情况调整相机的曝光参数，包括ISO、光圈和快门速度，以达到最佳的曝光效果。通过这些措施，可以大大提高商品图片的清晰度和质量，从而更好地吸引潜在买家。

2. 主体太大或过小

拍摄距离不当或镜头焦距选择不合理的情况可能会导致商品在照片中显得过大或过小，影响整体呈现效果。解决这一问题的关键在于根据商品的实际尺寸合理选择拍摄距离和镜头焦距。对于较小的商品，可以选择靠近一些并使用微距模式或者适当焦距的镜头来捕捉细节；而对于较大件的商品，则需要后退一些，使用更广角的镜头来保证整个商品都能完整地呈现在画面中。这样做不仅可以使商品在图片中保持合适的比例，还能让顾客更准确地感知商品的真实大小，进而提升购物体验。通过细心调整这些参数，可以确保每一张商品图片都能够准确反映商品的特点，吸引更多的潜在客户。

3. 过暗或过亮

曝光设置不当和光源分布不均的问题往往会导致照片过曝或欠曝，以及出现明显的阴影区域，影响商品的真实色彩和质感表现。为了解决这些问题，首先可以通过调整相机的曝光补偿值来精细控制照片的整体亮度，使之更加符合实际场景的光照条件；其次利用反光板或柔光箱作为辅助工具是非常有效的手段之一。反光板可以帮助反射光线至商品较暗的部分，减少阴影，而柔光箱则能产生柔和且均匀的照明效果，避免硬光直射所带来的强烈反差。通过这样的方式，不仅可以让商品的颜色和细节得到真实还原，还能创造出更加吸引人的视觉效果，提高商品图片的专业度和吸引力。

4. 主次不分

图片中商品摆放杂乱无章，背景过于复杂，会分散消费者的注意力，使得商品本身无法成为视觉焦点。为了解决这个问题，首先要清理拍摄现场，移除所有不必要的物品，确保画面简洁有序。接着，简化背景是关键步骤之一，可以采用单一色彩的背景布，如白色或灰色，这样不仅能够有效减少背景对商品的影响，还能让商品更加突出，成为画面中的绝对主角。此外，还可以考虑使用适当的道具或配饰来衬托商品，但不要过多，以免再次造成视觉上的混乱。通过这些方式，顾客能够更加专注于商品本身的特点和细节，从而提高商品的吸引力，促进销售。

5. 商品的疏密

商品排列过于密集，可能会让画面显得拥挤不堪，难以突出单个商品的特点；相反，如果排列过于稀疏，则可能导致整体布局显得空洞无物，缺乏吸引力。为了解决这些问题并提升商品展示的美感，应当合理安排商品间的间距，尝试不同的排列组合，以此来寻找最佳的视觉平衡点。一般可以通过评估拍摄区域的空间大小、商品的尺寸和形状来决定最合适的布局方式；同时，利用网格布局保持一致的间隔，创造层次感，以及适当运用空白区域来增强视觉效果。通过不断的尝试和调整，最终可以找到既能展现商品特色又能吸引顾客目光的理想布局。

通过解决这些问题，不仅可以提升商品图片的整体质量，还可以提高顾客的购买欲望，进而推动销售额的增长。

（四）图片制作与管理操作步骤

1. 进入图片银行管理

登录商家后台阿里巴巴国际站账户，点击“产品管理”—“管理图片银行”，进入图片银行界面。管理图片银行页面如图 4－17 所示。

图 4－17　管理图片银行页面

2. 添加新分组

在图片银行页面，点击“添加新分组”按钮。输入分组名称，如按产品种类（如“服装”“电子产品”）、用途（如“广告图”“详情页图”）或活动（如“双 11 特惠”）来命名。点击“确定”保存新分组。添加新分组如图 4－18 所示。

3. 上传图片

进入刚添加的分组后，点击右上角的“上传图片”按钮。在弹出的“添加新分组”窗口中输入新建分组的名称，点击“确定”。创建新分组如图 4－19 所示。

选择要上传的图片文件。建议事先准备好符合阿里巴巴国际站规格要求的图片，以避免不必要的麻烦。点击“上传图片”，在新增的分组里上传图片，注意图片尺寸要

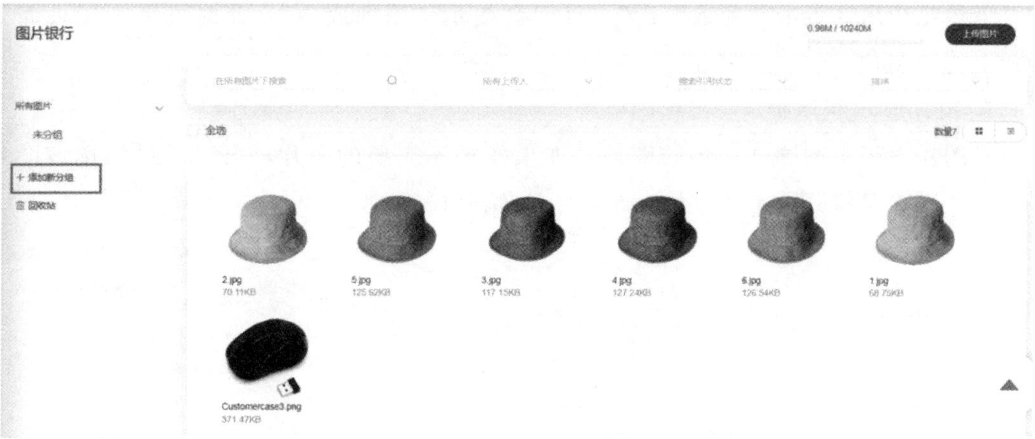

图 4-18 添加新分组

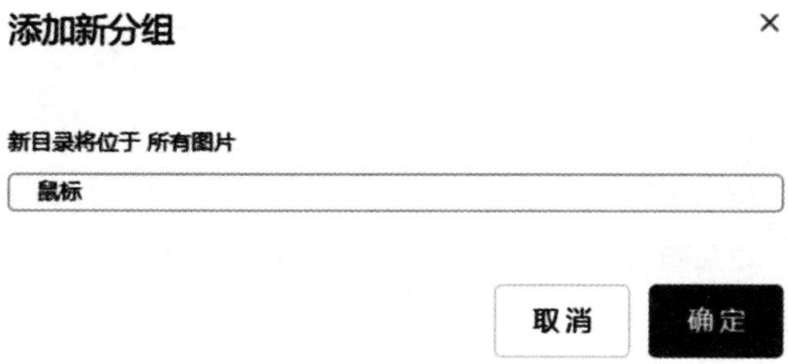

图 4-19 创建新分组

求。上传图片如图 4-20 所示。

图 4-20 上传图片

上传完毕后，点击“确认上传”。页面会提示“添加成功”，此时可以刷新页面查看新上传的图片。

4. 图片管理和维护

在图片银行中浏览已上传的图片，如果发现不需要的图片，可以通过勾选该图片并选择“删除”将其移至回收站。删除图片如图 4－21 所示。

图 4－21　删除图片

对于误删的图片，可以从回收站中恢复。访问回收站，找到需要恢复的图片，点击“还原”即可。如果确认不再需要这些图片，可以选择从回收站中“彻底删除”。还原/彻底删除如图 4－22 所示。

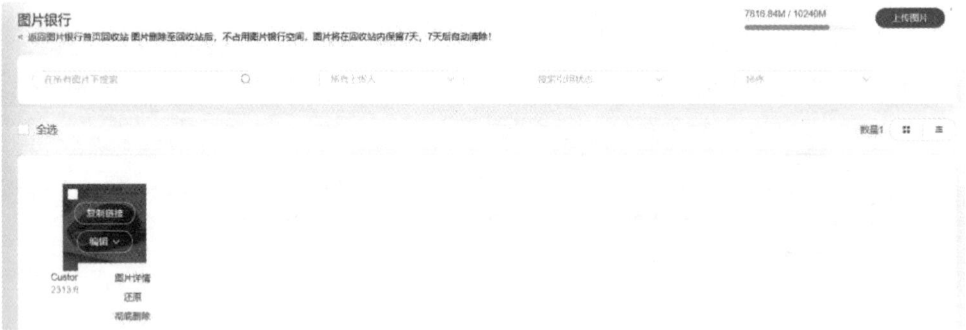

图 4－22　还原/彻底删除

二、产品视频制作与管理

（一）产品视频概述

产品视频是一种专门用于详细介绍产品信息的视频类型，其主要目的是帮助商家将产品信息有效地传递给潜在客户，从而促进销售转化。这类视频的内容通常围绕产品的功能、优势及独特卖点展开，旨在让消费者快速理解产品的价值所在。通过生动直观的方式展示产品，不仅能提高观众观看的效率和舒适度，还能够在潜移默化中引导他们做出积极的购买决策。因此，制作高质量的产品讲解视频成为现代营销策略中不可或缺的一环。产品视频前台展示场景如图 4 - 23 所示。

图 4 - 23　产品视频前台展示场景

（二）产品视频制作要点

为了确保视频的有效性和专业性，在制作过程中应注意以下几点：首先，视频长度宜控制在 15～45 秒，以适应现代用户的快速浏览习惯；其次，避免使用夸张的过渡效果，保持视频的连贯性和专注力；再次，视频分辨率不应低于 480 P，以保障图像清晰度，音乐部分建议使用纯音频而非人声，以减少干扰；最后，字幕是不可忽视的一个环节，至少应有三条字幕，用以解释产品的关键卖点，进一步加强信息传递的效果。通过精心规划和实施，产品视频将成为商家推广产品、链接市场的有力工具。

（三）产品视频分级

产品视频可以分为精品视频、优质视频、普通视频和低质视频，如图 4 - 24 所示。精品视频将会在多个场景进行曝光；优质视频将会得到更多流量扶持；低质视频不会得到任何流量。

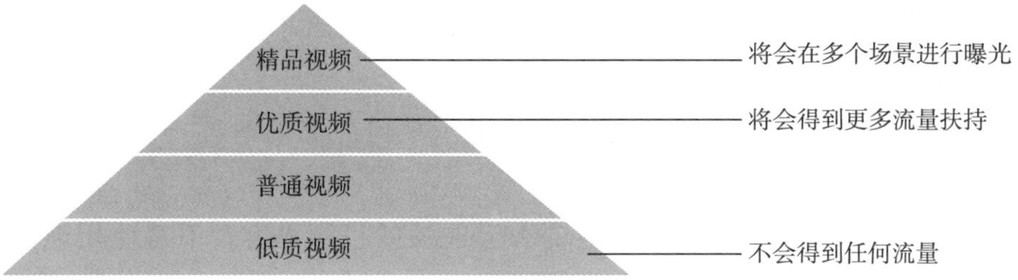

图 4 - 24　产品视频分级

产品视频是一种专注于展示和详细说明特定产品的视频形式。这类视频结合了清晰的解说与直观的演示，旨在向观众全面介绍产品的各项功能、主要优点及实际应用场景。通过这种方式，产品视频不仅帮助观众深入了解产品特性，还能够解答潜在客户的疑问，增强他们对产品的信心，从而促进购买决策。无论是对于消费者还是企业买家而言，这种视频都是了解新商品或服务的有效途径。

产品视频的作用主要是帮助商家将潜在客户转化为实际购买者。通过生动形象的展示，它可以激发观众的兴趣，促使他们深入了解产品，并最终做出购买决策。视频内容是介绍产品是什么及产品卖点，主要包括两个方面：一方面是简明扼要地描述产品的外观、材质、规格等基本信息；另一方面是突出产品的独特之处，如创新技术、优质材料、实用功能等，以便于观众快速抓住重点。

产品视频具有提高买家看品效率和看品舒适度，正向引导买家做出采购决策的特点。相较于传统的图文形式，视频能够更快捷地传递大量信息，节省观众的时间成本；动态的画面与声音结合，比静态的文字更具吸引力，能让观众在轻松愉快的心情下完成阅读任务；通过正面宣传和案例分享等方式，营造出积极乐观的品牌形象，鼓励观众积极参与互动交流活动。

产品视频作为一种高效、便捷的传播媒介，在电商领域发挥着重要作用。它不仅能够帮助企业有效地推广新产品和服务，还能增进品牌知名度和社会影响力，从而吸引更多忠实粉丝和支持者。

1. 低质视频定义与标准

低质视频是指不符合平台规定和用户期望的视频内容，通常具有内容不完整、与产品无关、虚假宣传等问题。视频若不符合以下任意一条规则，则会被判定为低质视频。

（1）内容完整性。视频应完整展示产品信息，不得突然中断或缺失关键部分。

（2）相关性。视频内容必须与所展示的产品紧密相关，不应过多展示与产品无关的内容，如工厂参观等。

（3）真实性。视频中的产品描述和性能展示必须真实可靠，不得有任何夸大或误导性信息。

（4）标识限制。视频中不得出现水印或商家 Logo，除非在视频结尾处出现且不超过 2 秒。阿里巴巴 Logo 同样受此限制。

（5）外部链接与联系方式。视频中不得显示任何外部网站链接或个人联系方式，以防止信息泄露和不当营销。

（6）封面要求。视频封面应具有吸引力且能反映视频内容，不得使用纯黑屏、白屏或仅有商家 Logo 的图像。

（7）字幕要求。面向国际市场的视频必须配备英文字幕，以便非中文母语观众理解。

（8）合法性。视频内容必须遵守相关法律法规，不得包含任何违法、侵权或不合规的内容。

这些标准旨在确保视频内容的质量，提高用户体验，并维护平台的信誉和合法性。制作视频时应严格遵守这些规定，以避免被标记为低质视频。

2. 优质视频标准

优质的视频内容不仅能够吸引观众的注意力，还能有效传递信息，提升品牌影响力。

优质视频的标准如下：尺寸比例建议采用横屏模式，比例为 16∶9，这样可以适应大多数设备的屏幕，提供更好的观看体验；视频长度建议保持在 45 秒左右，既能充分展示内容又不会显得冗长，有助于维持观众的兴趣；确保视频播放流畅，帧率应大于等于 24 帧/秒，避免卡顿现象，提升观看舒适度；最低分辨率应达到 480 P 及以上，保证画面足够清晰，细节丰富，提升视觉享受；保持画面稳定，光线明亮均匀，背景整洁有序，避免杂乱无章的场景分散观众注意力；视频若面向国际市场，推荐添加英文翻译字幕或解说，便于不同语言背景的观众理解和欣赏。

3. 精品视频标准

精品视频的标准如下：视频开头应清楚说明产品是什么，其核心卖点是什么，以及为什么值得购买；视频应强调产品的独特之处和竞争优势，用简明扼要的语言传达最重要的信息；使用专业的录音设备，确保音频清晰无杂音；字幕字体大小应为 9～12 号，颜色需与背景形成鲜明对比，以增强可读性；在视频结束时加入引导询价的信息，鼓励观众采取下一步行动，提醒观众如何了解更多关于产品的详细信息，如提供公司网址或其他联系方式，方便潜在客户进一步咨询或下单。音乐与音效尽量不要使用含有中文人声的歌曲作为背景音乐，因为歌词可能会分散观众的注意力，影响他们对视频内容的关注，如果视频不需要背景音乐或者解说词，可以选择全程无声的方式进行制作，这种方式适用于一些需要观众完全专注于画面内容的情况。确保音频文件没有明显的噪声或杂音，这些不必要的声音会降低视频的整体质量，给观众带来不愉快的听觉体验。

（四）产品视频制作

视频制作过程与图片拍摄过程相似，但视频制作对于视频内容要求更高，在视频拍摄之前需要进行视频脚本的策划与撰写，明确在视频拍摄过程中的拍摄目的、框架搭建、场景设置故事线索、影调运用、音乐运用和镜头运用。

1. 保持画面稳定

很多摄像机都带有防抖功能，但是要提高拍摄视频的稳定性，则需要使用三脚架。在没有三脚架的情况下，需要双手持机；右手正常持机，左手扶住屏幕使机器稳定，若胳膊肘能够顶住身体找到第三个支点，则摄像机将会更加稳定。

2. 保持画面水平

若画面倾斜严重将会影响视频效果。因此，在拍摄过程中，应确保取景的水平线（如地平线）和垂直线（如电线杆或大楼）与取景器或液晶屏的边框保持平行，保持画面水平、符合客观事实。采用倾斜的机位拍摄，有悖于人们眼睛所看到的世界，会让观看者感觉不舒服。

3. 拍摄时间的把握

在拍摄视频时，应使用分镜头进行拍摄，因为长时间观看同一视角的视频会使人失去观看的兴趣。同一个动作或场景通过几段甚至是十几段不同镜头的视频连续进行展现就会生动许多。拍摄者可分镜头拍摄多段视频，然后剪辑在一起形成一个完整的视频。因此拍摄视频时应尽量对拍摄时间进行控制，保证特写镜头控制在 2～3 秒、中近景 3～4 秒、中景 5～6 秒、全景 6～7 秒、大全景 6～11 秒，而一般镜头控制在 4～6 秒为宜。通过对拍摄时间的控制，可以方便后期的制作，让观看者看清拍摄的场景并明白拍摄者的意图，使视频效果更加生动。

4. 独特的拍摄视角

构图的关键在于“平衡”，拍摄自然风景时，应尽量避免地平线处在画面的等比线上，这样会将画面均分为两半，给人呆板的感觉。地平线处于画面上方，会给人活泼的感觉；地平线处于画面下方，会给人宁静的感觉。在拍摄过程中，使用不同的拍摄机位可以获得不同的视角和构图，产生的镜头效果也不同。镜头由下而上拍摄主体，可以使被摄体的形象高大；镜头由上而下拍摄主体，可使被摄体变得渺小而产生戏剧性的效果。

（五）产品视频上传与管理

（1）在 My Alibaba 后台点击“媒体中心”—“视频发布”，进入视频发布界面；单击“产品视频”下的“上传视频”按钮。产品视频上传如图 4－25 所示。

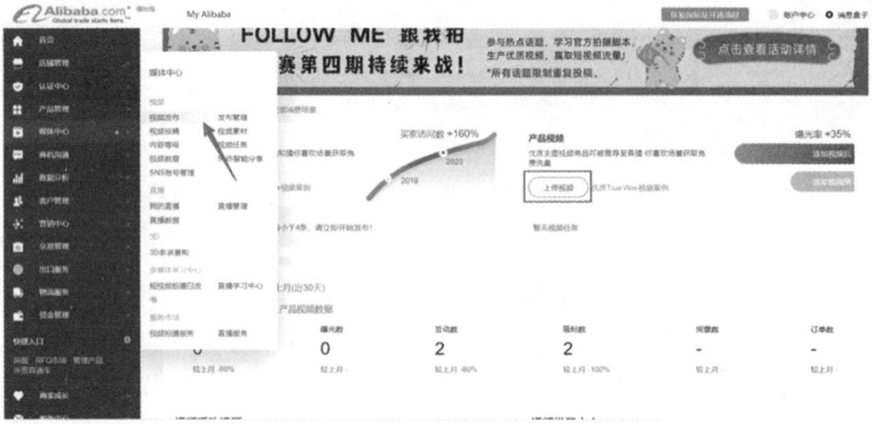

图 4－25　产品视频上传

(2) 点击跳转页面的“上传视频”按钮，进行产品主图视频上传。产品主图视频上传如图 4-26 所示。

图 4-26　产品主图视频上传

(3) 进入视频素材中心，点击“上传视频”按钮。视频素材中心如图 4-27 所示。

图 4-27　视频素材中心

上传准备好的产品主图视频，输入视频名称。输入视频名称如图 4-28 所示。

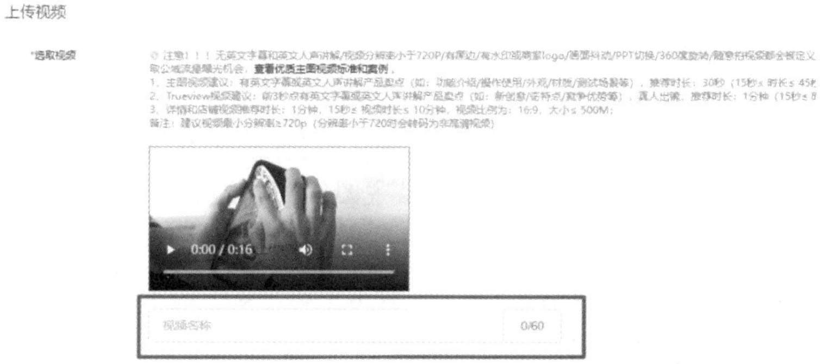

图 4-28　输入视频名称

（4）选择封面，点击“十”上传封面，或者点击“图片银行”从图片银行中选取图片。其中，16∶9 适用于行业市场首页展示；1∶1 适用于首页猜你喜欢展示。选择封面如图 4－29 所示。

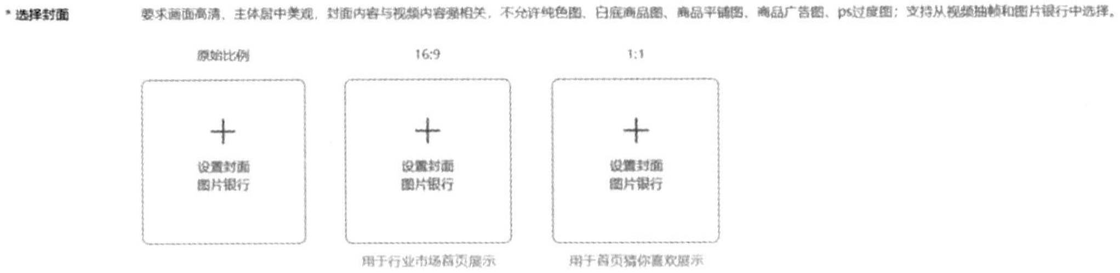

图 4－29　选择封面

（5）根据视频内容选择视频内容标签，标签分为“品”“商”“行业”；视频内容标签选择上限为 3 个，完成后点击提交。视频内推标签如图 4－30 所示。

图 4－30　视频内推标签

（6）发布完成后，可在“媒体中心”—“素材管理”中找到该视频。可以进行删除视频、修改视频，发布 Trueview、关联产品主图、关联产品详情等操作。视频删除/修改如图 4－31 所示。

（7）点击关联产品主图，选择如图 4－32 所示手机产品，点击确定。选择产品如图 4－32 所示。

（8）完成关联产品主图操作。关联产品主图如图 4－33 所示。

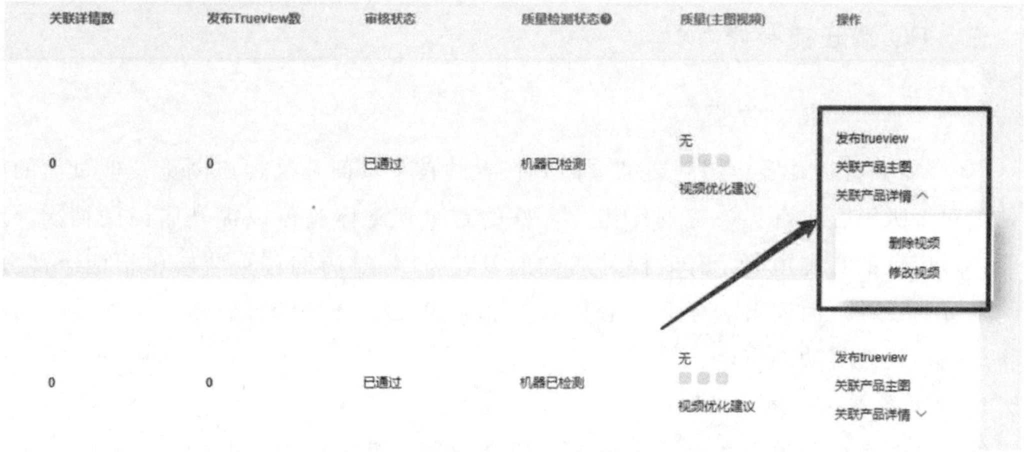

图 4－31　视频删除/修改

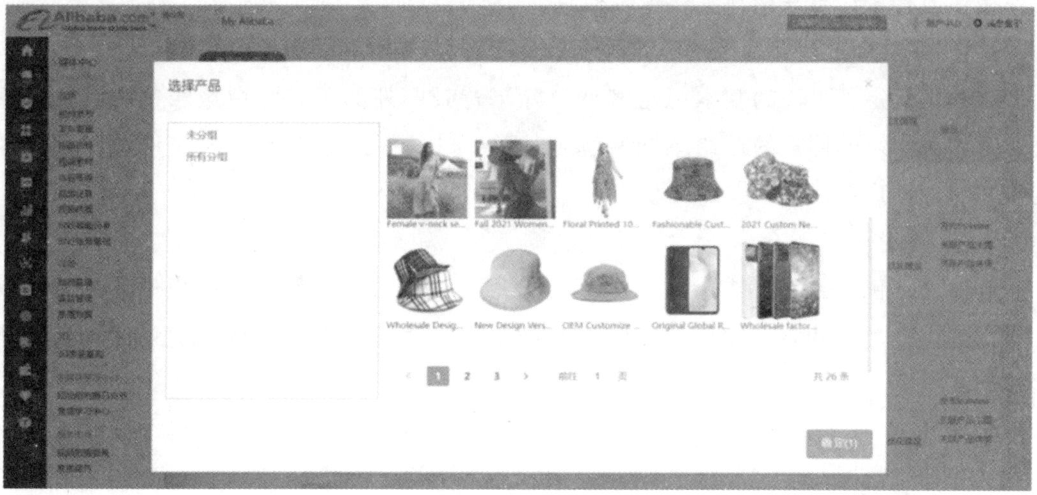

图 4－32　选择产品

图 4－33　关联产品主图

三、PC 端旺铺装修

（一）PC 端店铺首页

PC 端店铺首页是客户访问店铺页面后查看的首个页面，是客户浏览其他页面的中转站，对于吸引客户有着关键的作用。良好的首页视觉体验可以提升店铺的档次，增加客户对店铺的心理预期，有效提升店铺的效益。PC 端店铺首页装修包括两个部分：第一部分是设计页面逻辑顺序和内容模块分布，第二部分是设置店招、导航栏、通栏广告、热区切图等功能模块。

1. 导航条颜色与组件强调色

导航条颜色控制整个页面的主色调，通常选用与品牌标识相匹配的颜色，以强化品牌识别度。组件强调色是在导航条和其他交互组件上使用的颜色，用于突出重要的操作按钮或链接，引导用户关注关键信息。

2. 页面背景色

背景色决定了页面的基本视觉基调，除了背景图外的所有空白区域都将填充此颜色。背景色会影响用户的情绪感知和浏览体验，选择柔和或鲜艳的颜色取决于品牌的定位和目标用户群体。

3. 店招模块

店招设计包含公司标志、名称等基本信息，位于页面顶部，是用户进入网站后首先看到的部分。设计店招的目的是强化品牌形象，让用户迅速确认当前访问的是哪个公司的官网。

4. 背景图片

选择的背景图片应与店铺主营商品或服务相关联，具有一定的视觉冲击力，能够吸引用户的注意力。在布局上应根据页面结构合理安排背景图片的位置和大小，确保不影响其他重要内容的展示。

5. 视频模块

视频模块可用于展示企业宣传片、产品介绍等内容，旨在向用户提供更生动直观的品牌故事或产品特性，应确保视频加载速度快、播放流畅，避免因网络延迟等问题影响用户体验。

（二）旺铺装修的模块

1. 公司介绍

此模块主要用于展示公司的基本信息，包括但不限于公司历史、愿景、使命、团队介绍等。关联后台需要在“管理公司信息”中填写相关内容，确保前台展示的内容准确无误。

客服模块提供在线客服功能，方便买家随时在线咨询问题，提高客户服务效率和服务满意度。其功能可以集成即时通信工具，如阿里旺旺等，实现即时沟通。

2. 图文

图文描述展示图文并茂的内容，增加页面的吸引力和信息量。其类型可以是产品介绍、活动宣传、行业资讯等。其中，行业海报是针对特定行业的定制化海报，突出行业特点和产品优势。其作用是为了吸引目标客户的注意力，提升品牌形象。全屏通栏横幅占满全屏宽度的横幅广告位，常用于展示重要促销信息或新品发布，能给予用户强烈的视觉冲击，提高点击率。

3. 产品

橱窗产品展示专区用来展示精选的商品，目的是增加这些商品的流量和曝光度。双排产品可以在一个区域内同时展示两排商品，增加展示数量和多样性。智能千人千面模块能根据买家的行为数据，自动推荐最适合他们的商品，提高转化率。个性化推荐系统会分析每个买家的历史行为和偏好，为其推送个性化的商品推荐。

4. 营销

营销模块是旺铺装修中至关重要的组成部分，它通过各种促销手段吸引顾客，增强顾客的购买意愿，提升销量。常见的营销模块包括店铺优惠券和限时折扣。店铺优惠券商家可以通过发放优惠券来吸引顾客，提高销量；限时折扣指商家设置一段时间内的特价活动，刺激消费者尽快购买。

（三）PC 端旺铺装修操作步骤

（1）在商家后台选择“店铺管理”—“全球旺铺”。店铺管理页面如图 4－34 所示。

图 4－34　店铺管理页面

（2）跳转到店铺装修展示页面，点击“装修页面”，可以创建新的装修模板。店铺装修页面如图 4－35 所示。

图 4－35　店铺装修页面

打开装修页面可以选择装修电脑端或无线端，可以添加模板名称及选择新的页面模板，设置完成后点击“确定”，然后页面会跳转到店铺装修展示页面。模板选择如图 4－36 所示。

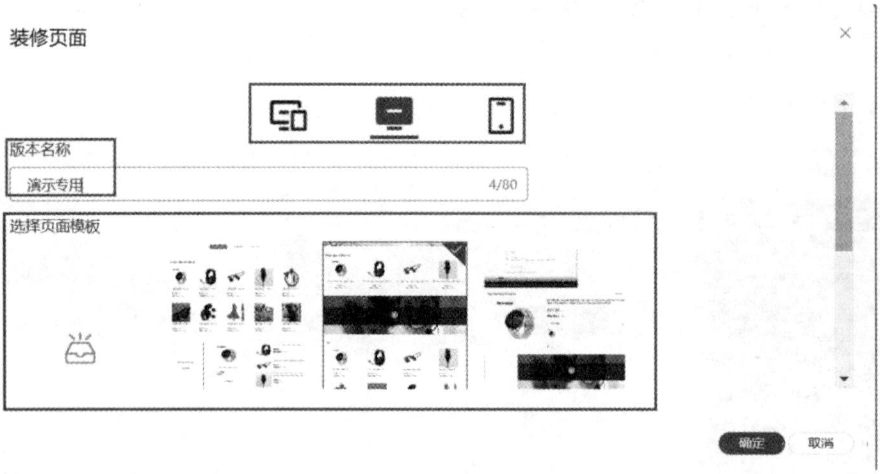

图 4－36　模板选择

跳转到店铺装修展示页面，可以直接选择已装修好的店铺模板，也可以选择刚刚创建好的模板，点击“编辑”进入店铺的装修页面。装修编辑页面如图 4－37 所示。

（3）跳转到店铺装修页面。装修页面编辑器如图 4－38 所示。

（4）编辑店招区域的“公司氛围图”。任意点击店招区域，则可在页面右侧进行店

图 4 - 37　装修编辑页面

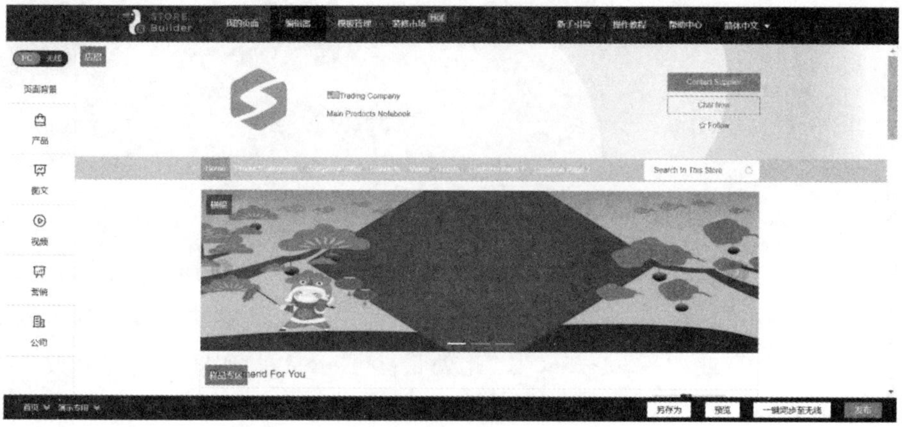

图 4 - 38　装修页面编辑器

招编辑，上传 200 * 120 像素的公司 Logo 图，可勾选“隐藏下边距”，勾选之后导航条与下面的海报隐藏下边距。公司氛围图如图 4 - 39 所示。

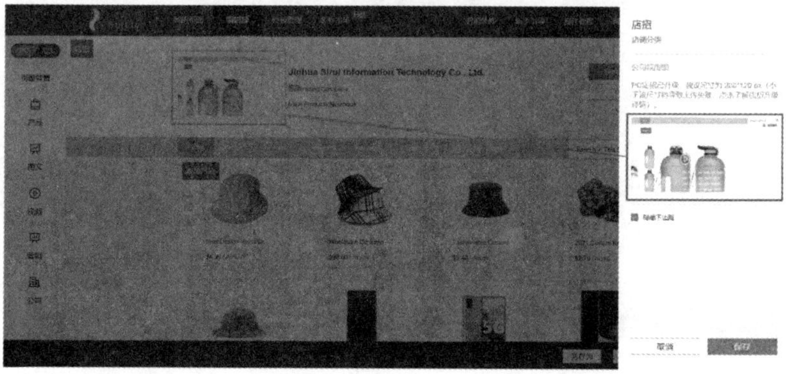

图 4 - 39　公司氛围图

(5) 设置页面背景。以更换导航条颜色为例，在“页面背景”—“页面主题色”，在“选色器”上做选择，或直接输入色值，可自主完成背景主题色或背景图片设置。设置页面背景如图 4-40 所示。

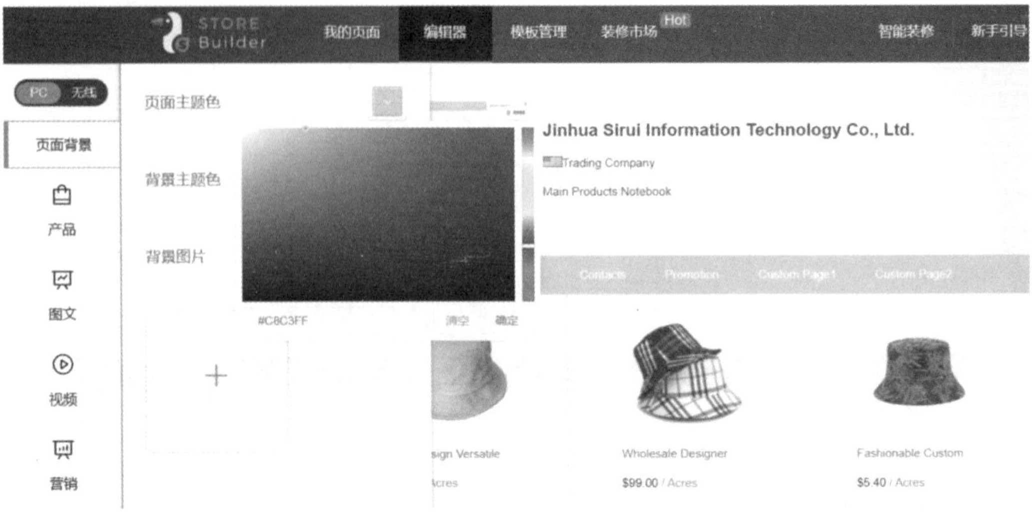

图 4-40　设置页面背景

(6) 导航条下方一般放置海报，在左侧“图文”中选择“全屏通栏横幅”，鼠标点中，将之拖到对应的位置，松开鼠标，即可在旺铺中添加该模块。全屏通栏海报像素要求为“1920 * 550”或“1920 * 560”，此处最多展示 5 张海报。上传修改完成点击“保存”。全屏通栏横幅如图 4-41 所示。

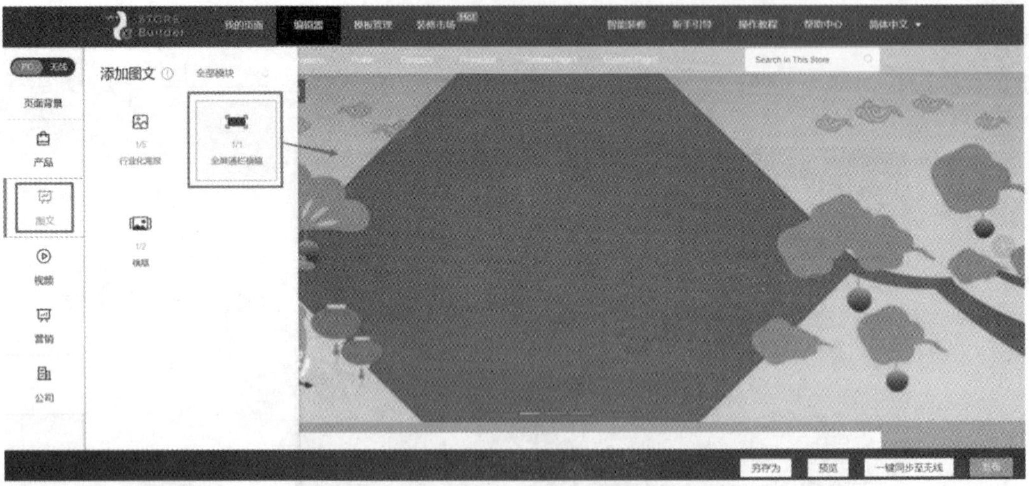

图 4-41　全屏通栏横幅

（7）添加“产品”下的模块，在左侧“产品”中选择需要添加的模块，此处以双排产品为例，鼠标点中，将之拖到对应的位置，松开鼠标，即可在旺铺中添加该模块。店铺装修时，建议最少选择 3 个模块的内容做产品展示。双排产品展示如图 4－42 所示。

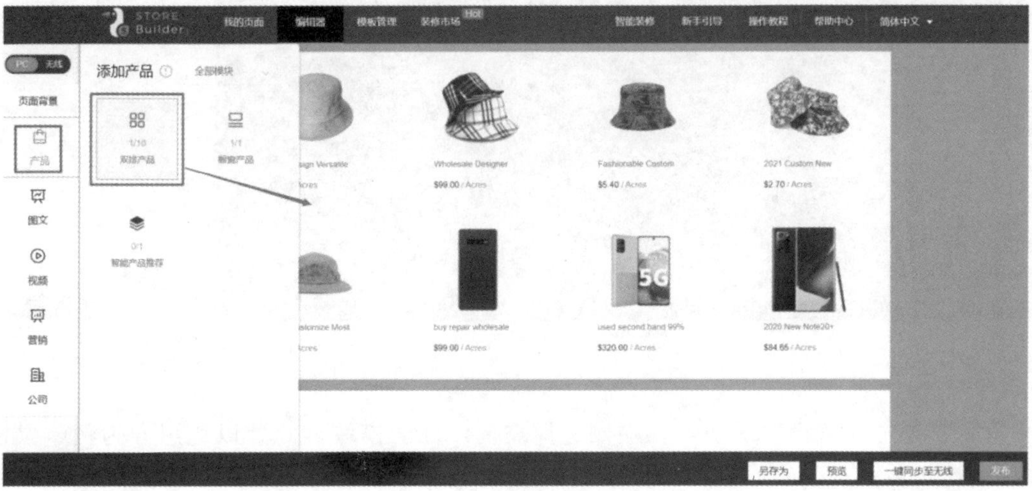

图 4－42　双排产品展示

（8）在旺铺中插入视频模块，先将视频上传到“产品管理”—“管理视频银行”下的视频银行，再在编辑旺铺中点击“选择视频”，上传视频封面和模块底图，可设置视频居左或居右展示，也可设置视频介绍文案。视频上传如图 4－43 所示。

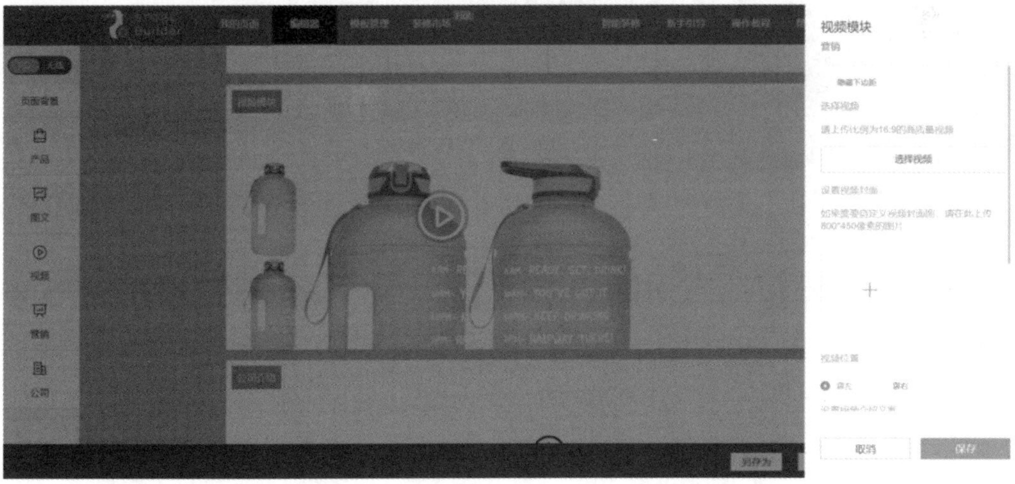

图 4－43　视频上传

（9）添加公司介绍相关内容。以“客服模块”为例，最多可添加 6 位客服，对应每一位的头像，名称和账户需要对应匹配。客服账户设置如图 4－44 所示。

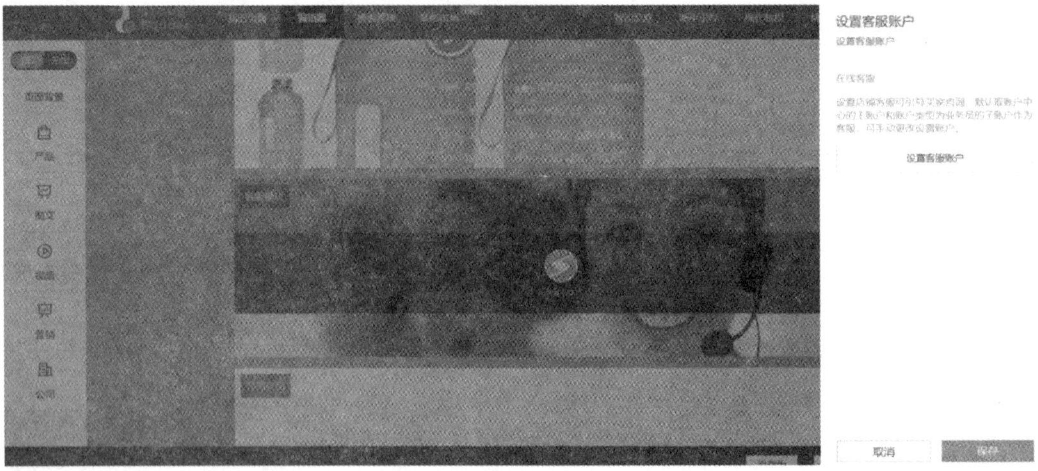

图 4－44　客服账户设置

（10）添加“营销”板块，在左侧选择需要添加的模块，此处以优惠券为例，鼠标点中，将之拖到对应的位置，松开鼠标，即可在旺铺中添加该模块。店铺优惠券设置如图 4－45 所示。

图 4－45　店铺优惠券设置

四、无线端旺铺装修

（一）无线端旺铺首页

无线端旺铺首页由店铺框架、轮播、视频、产品、主营类目、热区切图（独立自定义装修）等页面装修模块组成。

1. 店铺框架

店铺框架即店铺主导航结构，新版店铺框架主要由顶部导航、底部导航、店招等构成。

2. 页面装修模块

首页中部的页面装修模块可以从编辑器直接拖拽至页面后自由组合，有产品、图文、视频、营销、公司等模块，每个模块包含丰富模块组件，是旺铺内容的重要组成部分。

（1）产品模块区

产品模块区包括双排产品、橱窗产品、类目带产品、重点推荐、爆品专区、主营类目、智能产品推荐、无线双列产品、图形化类目导购、产品导购—会员私密品、RTS现货品专区、样品专区等12个装修模块。其中，“无线双列产品”模块是无线端的特色功能；“主营类目”模块在无线端装修中也较常用，展示主营类目有助于客户精准导航至所需产品列表。

（2）图文模块区

图文模块区包括横幅、无线热区切图、标题3个模块。其中，无线热区切图模块是无线端的特色功能；无线热区切图模块可以为卖家设计个性化的店铺提供足够的自定义空间，以彰显企业实力与优势。

（3）视频模块区

视频是无线端旺铺首页必备的视觉营销工具，是展示企业及店铺形象及实力的主要方式之一。相比平面图片，通过视频生动形象地将企业或产品展示出来，更有助于客户直观地了解产品和企业信息。无线端视频模块包括视频模块、视频带货、视频导购3个细分功能。

（4）营销模块区

营销模块区包含店铺优惠券、限时折扣、无限单列图片、3D家居场景购几个小模块。其中，无线单列图片模块是无线端的特色功能，一共可添加5张图片，每张图可添加一个跳转链接。

（5）公司模块区

公司模块区目前仅有1个装修模块，即证书导购。

（二）无线端旺铺装修操作步骤

（1）在商家后台选择“店铺管理”—“全球旺铺”。商家店铺管理页面如图4-46所示。

进入店铺装修页面，支持进行首页、产品页等页面的新增。店铺装修页面如图4-

图 4 - 46　商家店铺管理页面

47 所示。

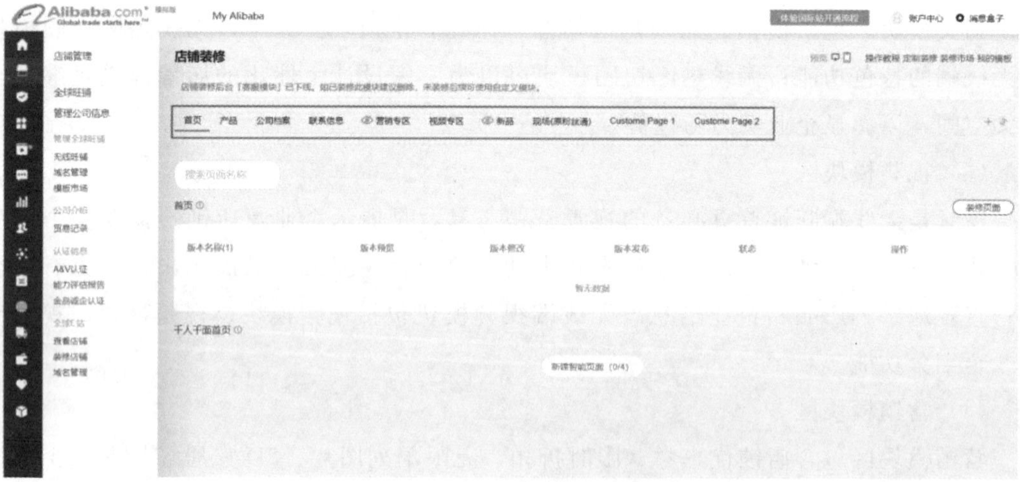

图 4 - 47　店铺装修页面

（2）以首页为例，点击右侧装修页面。点击装修页面如图 4 - 48 所示。

（3）选择无线模板，保持默认页面模板，点击“确定”。选择无线模板如图 4 - 49 所示。

（4）点击右侧“编辑”按钮，进入编辑器。进入编辑器如图 4 - 50 所示。

（5）点击左侧模块栏中“无线”，进入无线端旺铺装修页面。无线端旺铺装修页面如图 4 - 51 所示。

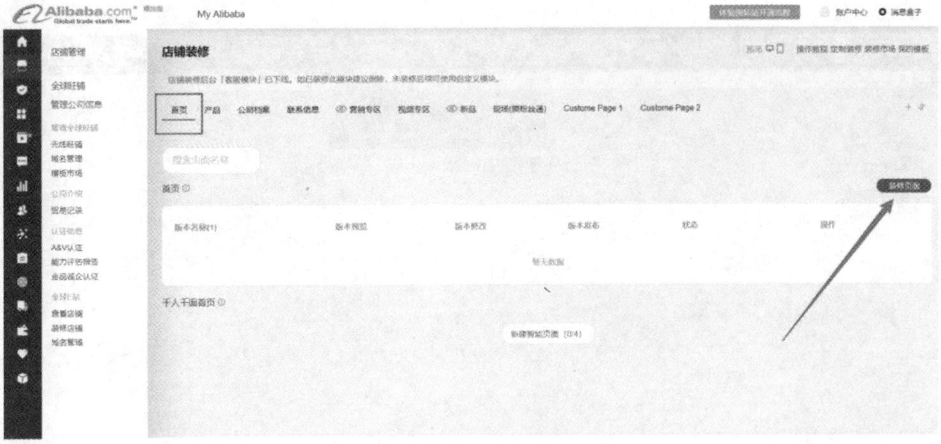

图 4－48　点击装修页面

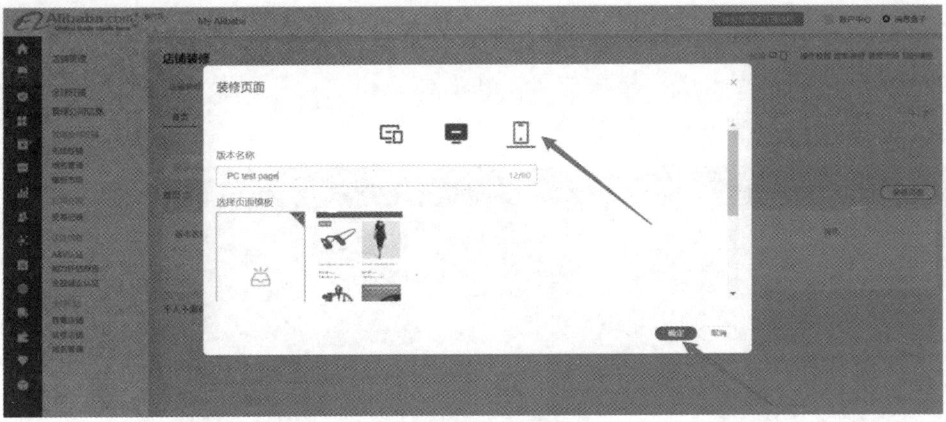

图 4－49　选择无线模板

图 4－50　进入编辑器

图 4－51　无线端旺铺装修页面

（6）设置店招。点击店招模块位置，在右侧点击“＋”上传店招图片，可更改相关设置。设置店招如图 4－52 所示。

图 4－52　设置店招

（7）导航条下方一般放置海报，在左侧“图文”中选择“横幅”，鼠标点中，将之拖到对应的位置，松开鼠标，即可在旺铺中添加该模块，此处最多展示 5 张海报。上传修改完成点击“保存”。设置横幅如图 4－53 所示。

（8）添加“产品”下的模块。在左侧“产品”中选择需要添加的模块，此处以双排产品为例，鼠标选中，将之拖到对应的位置，松开鼠标，即可在旺铺中添加该模块。店铺装修时，建议最少选择 3 个模块的内容做产品展示。双排产品展示如图 4－54 所示。

单击双排产品模块，可以进行模块编辑，支持自动选择和手动选择商品进行导购

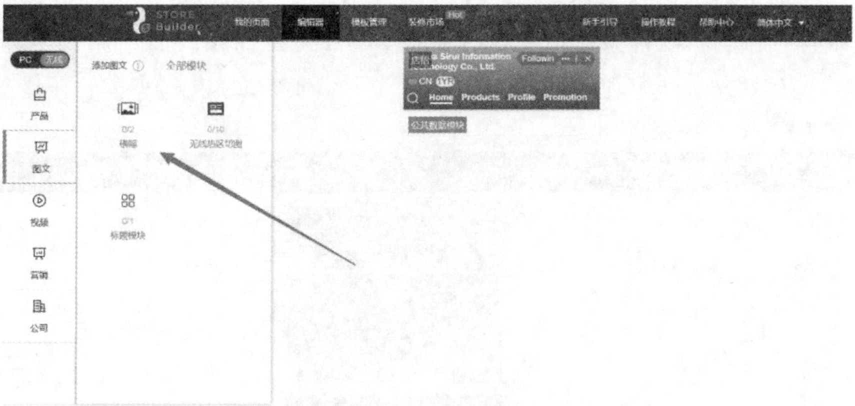

图 4－53　设置横幅

图 4－54　双排产品展示

标题编辑等操作。选择商品进行导购标题编辑如图 4－55 所示。

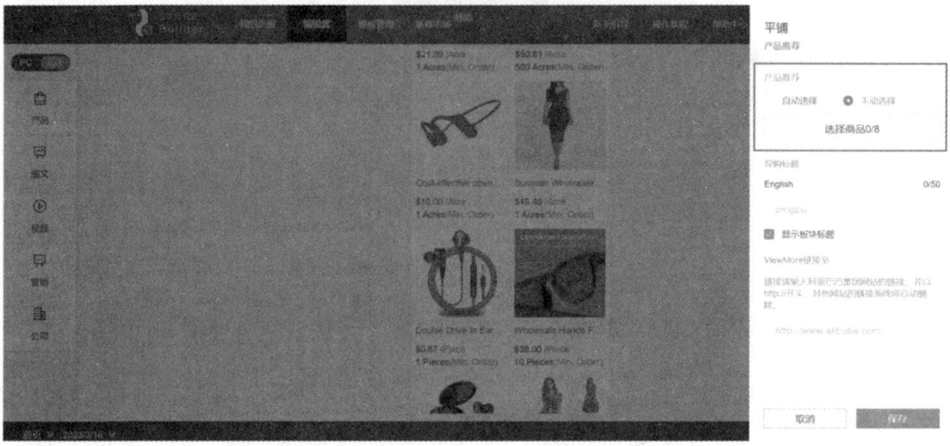

图 4－55　选择商品进行导购标题编辑

(9) 在旺铺中插入视频模块，先将视频上传到“产品管理”—“管理视频银行”下的视频银行，再编辑旺铺中点击“选择视频”，可上传视频封面。插入视频如图 4 - 56 所示。

图 4 - 56　插入视频

(10) 添加“营销”板块，在左侧选择需要添加的模块，此处以优惠券为例，鼠标点中，将之拖到对应的位置，松开鼠标，即可在旺铺中添加该模块。设置店铺优惠券如图 4 - 57 所示。

图 4 - 57　设置店铺优惠券

(11) 编辑完成后点击发布，出现“提交成功”字样即可。发布页面如图 4 - 58 所示。

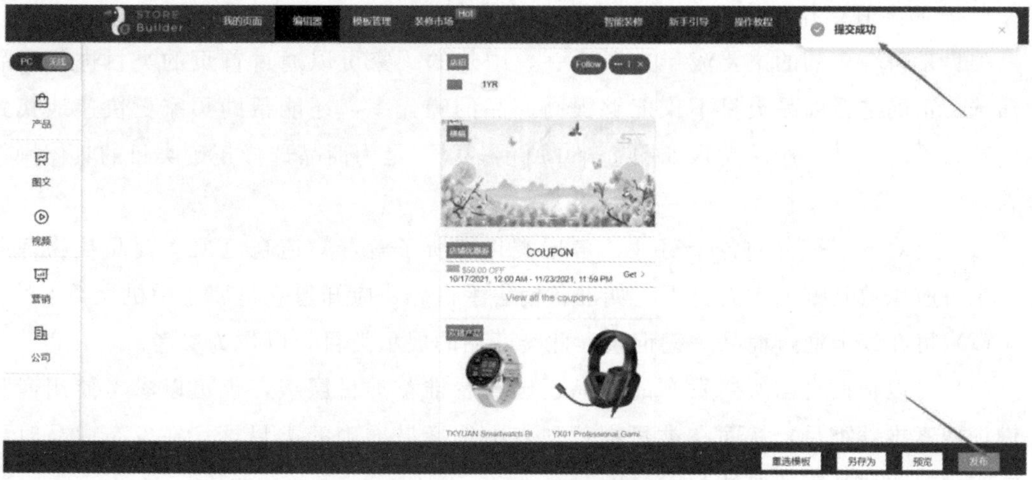

图 4－58　发布页面

任务四　阿里巴巴国际站产品发布与管理

一、Customization 产品发布

（一）产品发布流程

在网上商店中发布产品的流程如图 4－59 所示。首先，登录到商家账户并进入上传商品的页面，选择正确的商品类别；然后，设定一个吸引人的商品标题，并挑选一些相关的关键词：随后，输入商品的价格及其他交易相关信息：接着，开始制作商品的详细页面，包括撰写详尽的描述和添加图片：最后，上传商品的照片和视频，并填写其他必需的信息，如包装和运输选项。这个过程的目标是为了确保商品能够被正确地展示出来，并在市场上取得良好的表现。

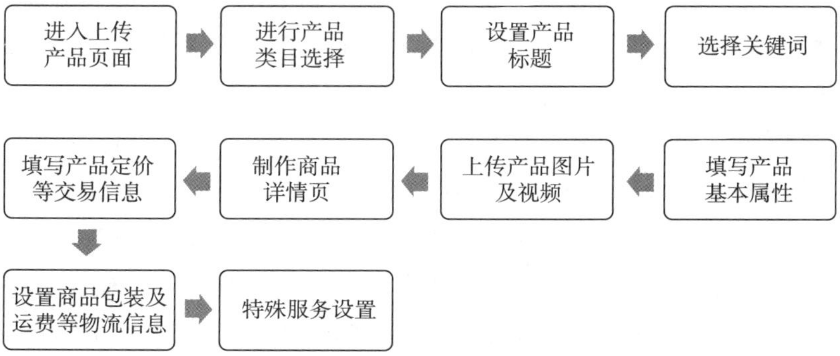

图 4－59　产品发布流程图

1. 产品类目选择

类目是跨境店铺的主要流量来源之一，国外的买家可以通过首页的类目进行产品的筛选。正确选择商品类目不仅能够提高商品的曝光率，还能帮助买家更快速地找到他们感兴趣的产品，产品类目如图 4－60 所示。以下是为商品选择正确类目的具体操作步骤：

（1）要对各个平台的各个行业、各层类目有所了解，知道自己所售商品从物理属性上来讲应该放到哪个大类目下，如准备销售手机壳，应知道它是属于手机大类下的。

（2）可在线上通过商品关键词查看此类商品的展示类目，以作为参考。

（3）可以根据自己所要发布的商品逐层查看推荐类目层级，也可以参考使用商品关键词搜索推荐类目，从而在类目推荐列表中选择最准确的类目，且在发布商品时要注意正确填写商品重要属性。

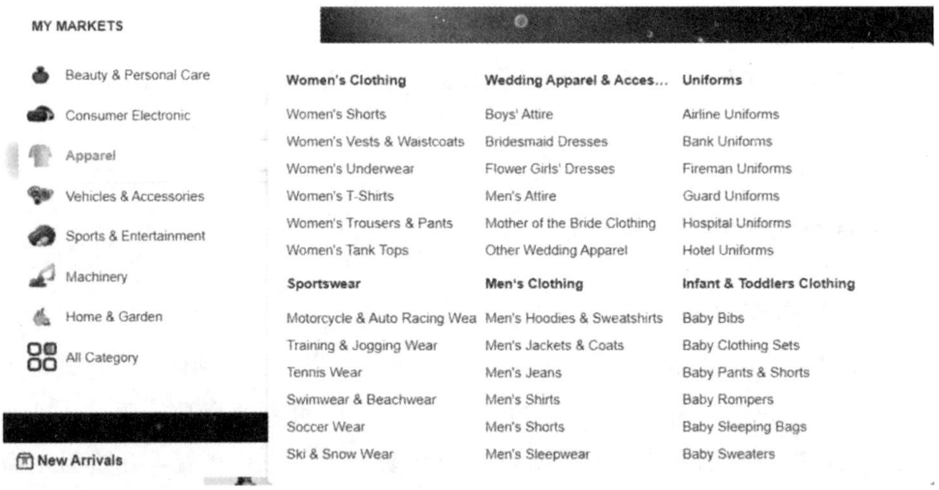

图 4－60　产品类目

2. 产品属性填写

正确填写产品属性对于提升在线销售效果至关重要，它不仅能够增加买家的浏览量，还能显著提高产品的售出率。60％的买家会利用属性及属性值来缩小其想要的产品范围，因此，产品属性填写一定要专业、完备。

属性填写能使产品获取平台主题推广流量。例如，上传产品时选择节日属性——Halloween，在万圣节来临时，平台会整体促销万圣节主题产品，而上传的产品包含相关服装、首饰、宠物衣服、家庭装饰用品等，这样平台会通过万圣节这一属性来集合相关产品。只有填写了相对应属性的产品才有机会获得此类推广页面流量。

属性填写可以减少沟通成本，降低纠纷退款率。以鞋为例，在上传产品时如果不填写尺寸这一属性，买家下单时需要进行多次沟通，通常会出现线上沟通不畅或时间拖延的问题，导致纠纷等情况出现。设置完备的购买属性，将有效地避免这个问题。

阿里巴巴国际站后台的产品属性包含两个方面，即系统定义的属性和自定义属性，系统定义的属性根据行业类目的不同而不同。为了优化产品，系统属性填写率最好为100%. 否则会影响产品的曝光率。产品属性填写页面如图 4 - 61 所示。

图 4 - 61　产品属性填写页面

国际站允许添加 10 个自定义属性，方便产品属性的设置，比如颜色、尺寸等。产品自定义属性如图 4 - 62 所示。

图 4 - 62　产品自定义属性

属性和属性值会显示在产品最终页，方便买家更好地了解产品信息。完整、正确地填写产品属性可以大大提高搜索时的命中率和曝光率，买家也可以借此第一时间、全面地了解产品，还可以根据某些属性对产品进行筛选。自定义属性最好与系统属性不同，这样可以提高属性的搜索率和曝光率。

3. 标题与关键词设置

（1）相关关键词与类目属性的关系

确保所选的相关关键词与商品所属的类目属性紧密关联。这种关联性有助于搜索引擎理解商品的具体类型和特点，从而将其呈现给寻找类似物品的潜在买家。

（2）关键词的选择策略

① 长尾关键词：这类关键词由多个词汇组成，通常比单一词汇更具针对性。长尾关键词往往包含了更为具体的查询意图，能够带来更高质量的流量。在选择长尾关键词时，应尽量涵盖多种不同的搜索习惯和表达方式，以捕获尽可能广泛的潜在客户群。

② 二级关键词：作为次一级的关键词，它们通常是在顶级关键词基础上进行细化而形成的。例如，顶级关键词是“运动鞋”，那么二级关键词可能是“男士跑步鞋”。这样的关键词组合既能保持一定的广泛度，又能针对特定的需求进行优化。

③ 顶级关键词：这些词是最具概括性的关键词，代表了商品的核心特征或主要类别。顶级关键词应当简单明了，容易被搜索引擎识别和索引。

（3）标题的制定策略

① 营销关键词：这类词主要用于突出商品的优势或独特卖点，如“限时优惠”“新款上市”等，能够激发消费者的购买欲望。

② 意向关键词：这类词是反映消费者购买意愿的关键词，如“礼物”“生日”等，表明商品适用于特定场合或用途。

③ 属性卖点词：这类词是具体描述商品特性或优势的词语，如“防水”“超薄”等，能够让消费者直观了解商品的功能和优点。

④ 主关键词：这类词是商品的核心关键词，通常是商品的名称或主要功能，如“智能手机”“无线耳机”等。

⑤ 长尾关键词：结合前面提到的长尾关键词概念，这里指的是那些能够精确描述商品特点且符合消费者搜索习惯的复合关键词。

（4）标题的设置技巧

标题主要由三部分组成：核心词、属性词和流量词。其中，核心词是行业热门词，影响排行与点击；属性词包括长度、颜色、材质、功能、配置、款式等；流量词是实际带来流量的词。

标题的设置要符合买家的搜索习惯。设置标题的目的就是为了让买家发现，所以买家习惯搜索的词，就是卖家需要的词，这些词就是标题的重要组成部分，也就是我们常提到的关键词。

标题设置应简洁、清晰、完整。填写标题时切忌中心词的罗列堆叠，可以多设置热搜属性词；标题尽量不要用符号分割；品类词尽量放在后面，最重要的关键词放在品类词前面，标题中同一个单词只能用一次。

（二）产品图片上传

图片对于电商的重要性不言而喻，部分卖家会使用高端相机精心拍摄，并运用 Photoshop 处理细节、包装和效果图，这样往往更能赢得买家的青睐。

在图片银行功能推出后，卖家可以将产品图片同时引用到产品详细描述中，这样国外的买家在查看卖家的产品文字描述时，也能同时对照图片查看产品的细节部分。

产品图片描述要遵守整体功能描述、细节展示、使用效果图和包装图的顺序。这个顺序符合买家的浏览习惯，看起来也比较舒服。首图尽量让产品展示充分、美观、有质感，完整地展示产品的正面、反面、侧面。图片的背景最好为纯色，简洁明了。另外，除首图外，其余主图可以作为产品细节图，以便买家更清晰地了解产品。

（三）制作详情页

产品详情页由文字、图片、视频构成，主要是向买家介绍宝贝属性、使用方法等详细情况，最重要的作用就是促使买家下询盘。详情页包括广告区、产品广告图区、产品实拍图区、公司信息图区等。

要做好详情页设计，视觉营销十分重要。优秀的详情页包含的信息较为完整，买家希望看到的关于产品的一切信息都能够在详情页中找到；优秀的详情页能让买家不用过多咨询，在没有任何顾虑下单完成转化。

1. 广告区

在广告区可以上传视频，用以宣传产品，视频可以从多个维度向买家展示产品的特性。

2. 产品广告图区

产品广告图区可以放置产品的广告图，多为 SKU 介绍、产品属性、产品卖点、真假对比等。这个部分主要是为产品打广告，如一款产品有不同的颜色，可以在此区域对产品不同的颜色进行展示；又如将产品的主要参数用美观的大图依次展示，展现其品质。

3. 产品实拍图区

产品实拍图区可以放置产品的实拍图、细节图。如果产品是首饰、衣服，则可以放置佩戴图、使用图、买家分享图等。总之，要在真实的基础上做到美观、有吸引力。但是，图片的设置一定要真实、符合产品实际情况，如果为了增加订单，刻意把图做得极其吸引人，超过了产品本身所能达到的效果，就会影响好评率，从而因小失大。

4. 公司信息图区

公司信息图区可以放置一些和交易有关的信息。比如是否附送小礼品、支持哪些付款方式、支持哪些物流方式、公司介绍、公司实拍图、FAQ 等。B2B 是企业与企业的行为，大部分用户可能是企业、工厂或是批发商、经销商，他们不单只关注产品款式、功能及质量，还会关注公司实力、供货能力、是不是工厂，他们都希望与工厂合作，获取最优惠价格，因此公司信息模块需要设置全面。

(四) Customization 产品发布操作步骤

(1) 在商家后台左侧导航栏点击“产品管理”—“发布产品”。发布产品页面如图 4-63 所示。

图 4-63 发布产品页面

(2) 类目选择产品类型“Customization 产品”，点击“我已阅读如下规则，现在发布产品”。选择 Customization 产品如图 4-64 所示。

(3) 基本信息填写。制作符合要求的“产品名称”，点击“添加关键词”，填写 3 个关键词，再选择“产品分组”。产品分组如图 4-65 所示。

(4) 商品属性填写。标 * 为必填选项；可以添加最多 10 个自定义属性，属性名和属性值必须同时填写，尽量准确、完整地填写商品属性。产品属性填写如图 4-66 所示。

(5) 产品规格信息填写。此处内容的填写取决于所选产品类目。产品规格信息填写如图 4-67 所示。

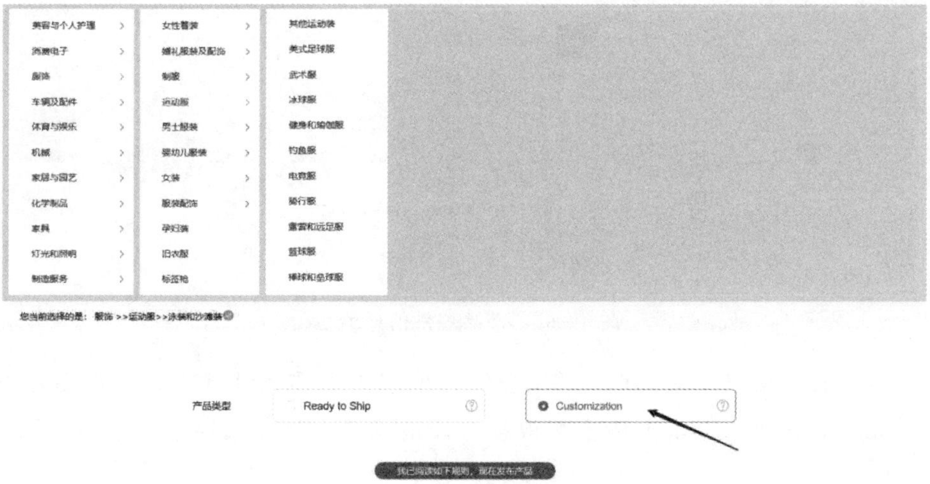

图 4 - 64　选择 Customization 产品

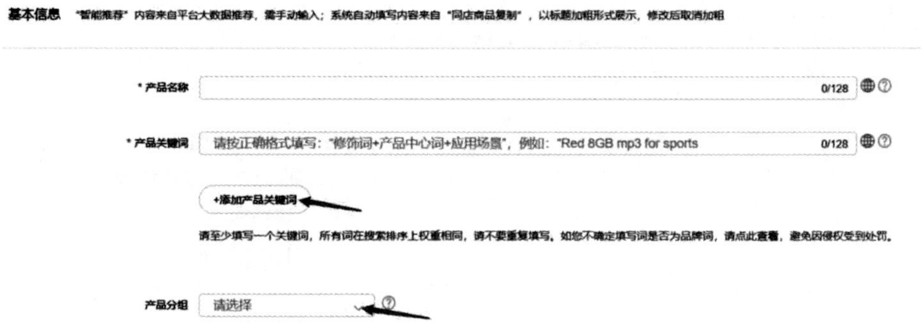

图 4 - 65　产品分组

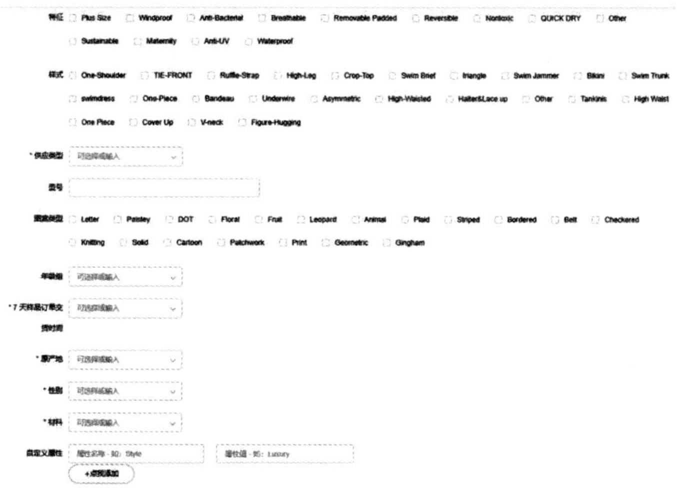

图 4 - 66　产品属性填写

图 4－67　产品规格信息填写

（6）商品描述信息填写。点击“浏览”从电脑中上传图片或点击“从图片银行选取”上传图片，也可以点击上传主图视频与详情视频。商品描述信息填写如图 4－68 所示。

图 4－68　商品描述信息填写

（7）产品详情页设计制作。选择“智能编辑”，点击“我要编辑”，页面跳转到详情编辑器。详情页编辑如图 4－69 所示。

选取详情模板，详情模板选择完成后，点击“选择”。选择详情模板如图 4－70 所示。

详情模板选择完成后，按照需求设置详情页。设置详情页如图 4－71 所示。

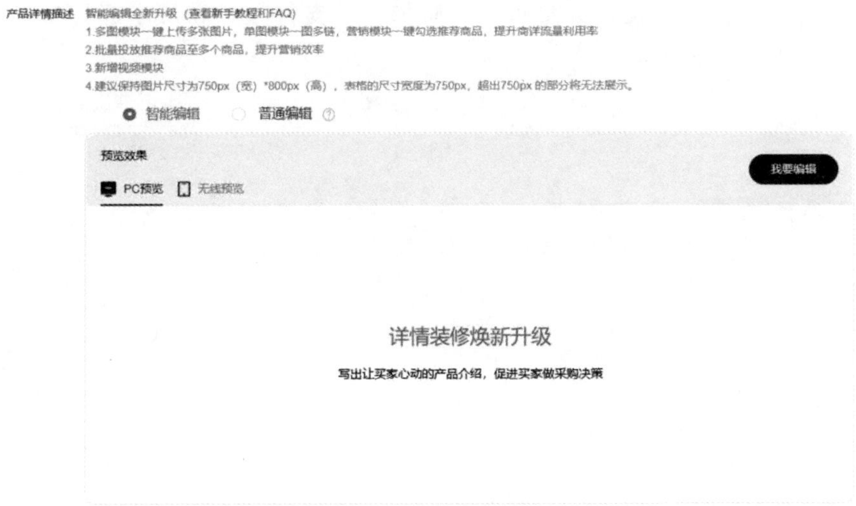

图 4－69　详情页编辑

图 4－70　选择详情模板

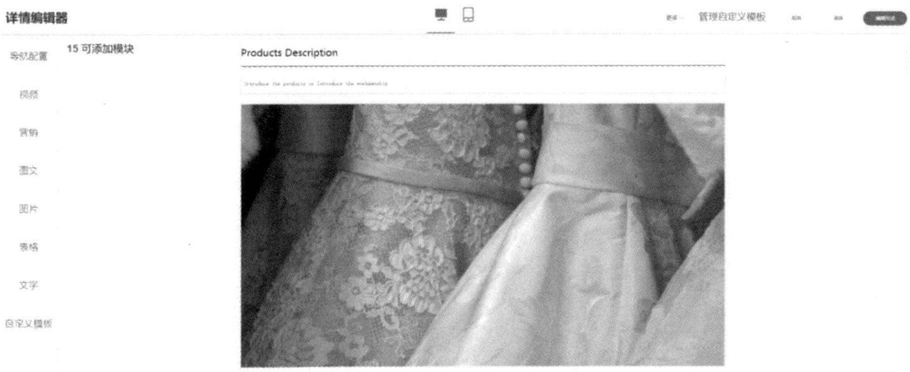

图 4－71　设置详情页

（8）完善交易信息，设置计量单位、阶梯价、支付方式和最小起订量等信息。完善交易信息如图 4－72 所示。

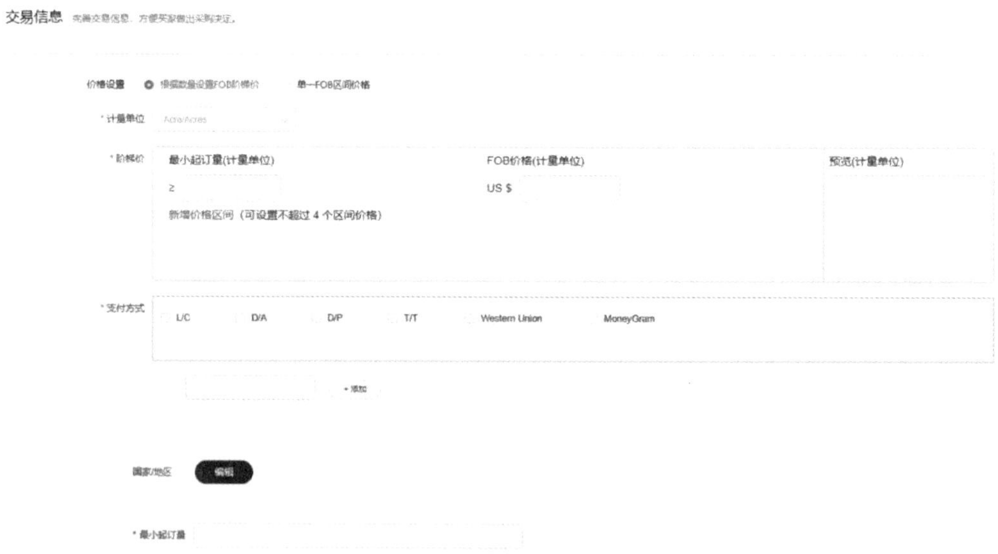

图 4－72　完善交易信息

（9）填写物流信息，包括商品发货期、物流模式、包装方式等信息。填写物流信息如图 4－73 所示。

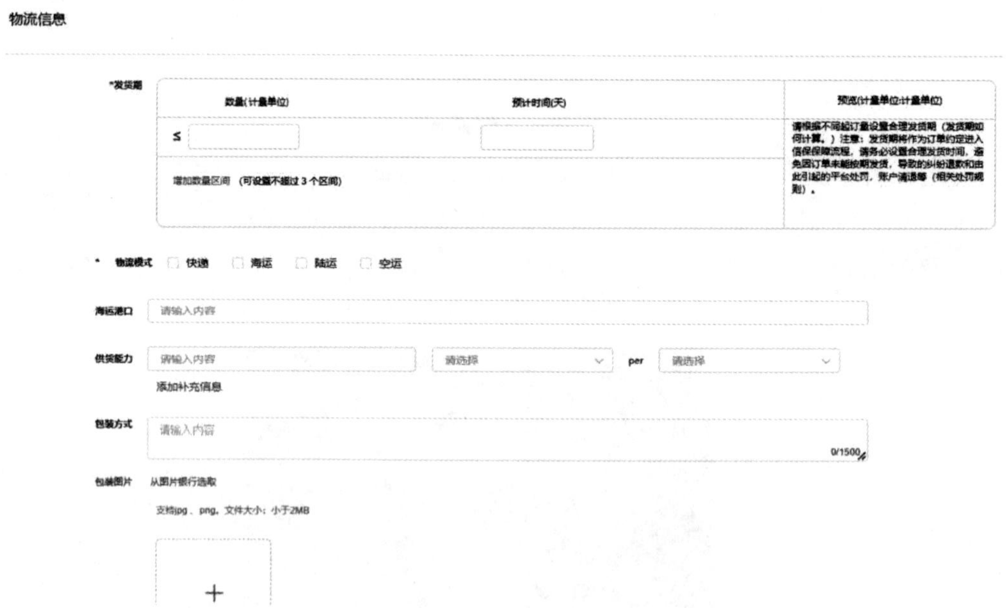

图 4－73　填写物流信息

（10）填写特殊服务及其他，可以按照实际情况填写。填写特殊服务及其他如图 4－74所示。

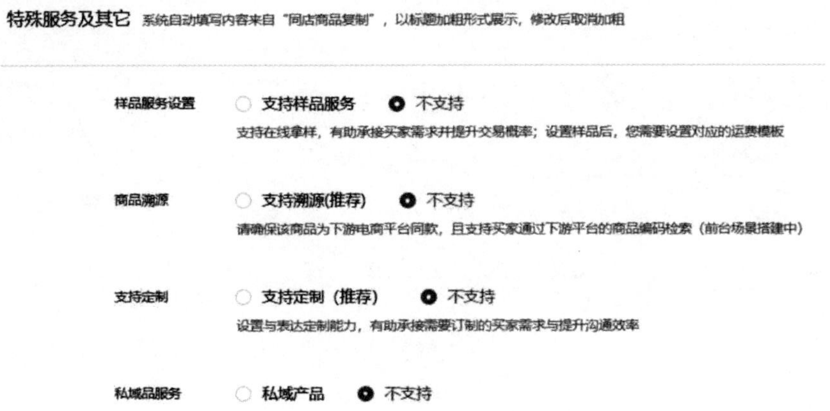

图 4－74　填写特殊服务及其他

（11）设置目标国家/地区偏好，点击“编辑”，选择目标国家/地区。选择目标国家/地区如图 4－75 所示。

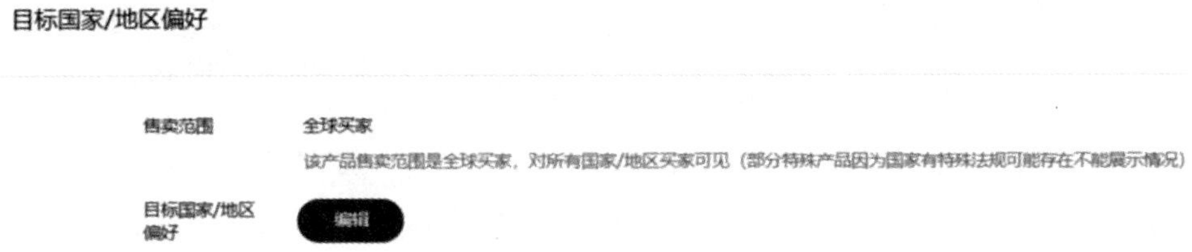

图 4－75　选择目标国家/地区

（12）点击右侧“产品信息质量”，分值在 4.5 分（满分 5 分）及以上为合格，发布产品质量分越高，实验得分越高。可根据提示优化相关信息，编辑完成后点击“提交”。优化相关信息如图 4－76 所示。

图 4－76　优化相关信息

(13) 产品发布成功后，可在产品管理页面进行管理编辑。产品管理编辑页面如图 4-77 所示。

图 4-77　产品管理编辑页面

二、Ready to Ship 产品发布

(一) Ready to Ship 产品的定义与要求

Ready to Ship 产品是指具有标准化产品和交易信息，买家可以直接下单并且在 15 天内发货的快速交易产品。这类产品的主要特点是能够提供更快的交付时间和明确的交易条款，从而吸引那些急需商品或希望快速完成交易的买家。Ready to Ship 产品具有以下几个方面的要求。

1. 可直接下单

买家无需进行额外的沟通或协商，可以直接在平台上选择商品并立即下单。商品信息必须清晰、完整，包括产品描述、规格、图片等，以便买家做出购买决策。

2. 发货期为 15 天内

卖家必须承诺在买家下单后的 15 天内完成发货。这一期限是固定的，卖家需要确保库存充足、供应链顺畅，以按时履行订单。

3. 有明确运费

卖家需要在商品页面上明确标注运费信息，包括运输方式、费用及预计到达时间。运费应该是透明的，买家在下单前就能清楚地知道总费用，避免因运费问题引发纠纷。

(二) Ready to Ship 产品的价值

对于买家来说，Ready to Ship 产品更具有确定性，且买家可以在前台直接下单，大量节省买卖双方的沟通成本，并且可以计算出明确、合理的物流费用及交期，所以买家会更青睐此类产品。

Ready to Ship 产品会有明确的标签，方便买家快速识别此类产品，相应的买家及询盘都会更精准，买家下单概率也会更大。

平台对于 Ready to Ship 产品会有多渠道的推广，比如单独的 Ready to Ship 产品专区展示、Ready to Ship 产品专属活动等。

（三）Ready to Ship 产品发布操作步骤

（1）在 Alibaba 后台左侧导航栏点击“产品管理”—“发布产品”。发布产品页面如图 4-78 所示。

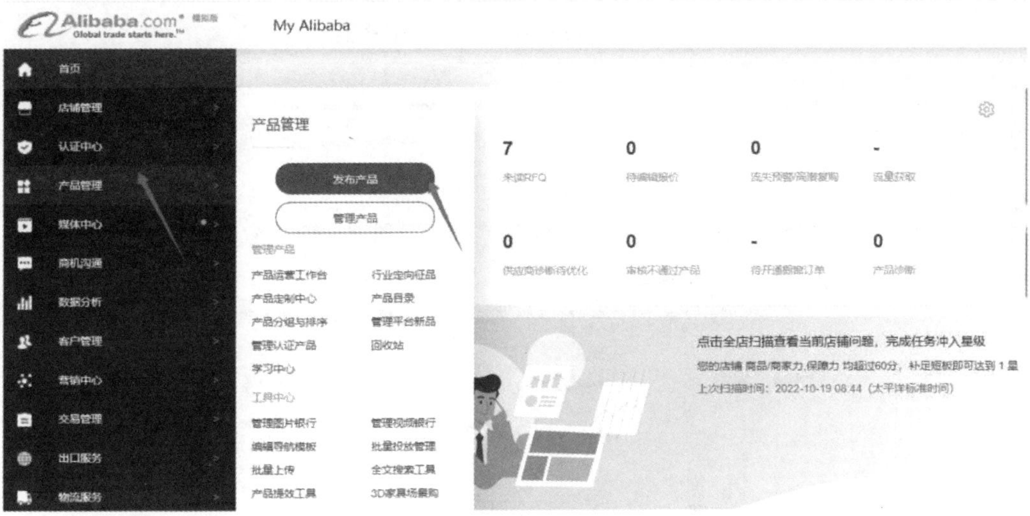

图 4-78　发布产品页面

（2）点击“搜索类目”，输入“产品核心关键词（英文）”，选择符合产品的类目，选择产品类型“Ready to Ship”，点击“我已阅读如下规则，现在发布产品”。选择 Ready to Ship 产品如图 4-79 所示。

（3）基本信息填写。制作符合要求的“产品名称”，点击“添加关键词”，填写 3 个关键词，再选择“产品分组”。产品分组如图 4-80 所示。

（4）商品属性填写。标 * 为必填选项；可以添加最多 10 个自定义属性，属性名和属性值必须同时填写，尽量准确、完整地填写商品属性。商品属性填写如图 4-81 所示。

（5）产品规格信息填写。此处内容的填写取决于所选产品类目。产品规格信息填写如图 4-82 所示。

（6）商品描述信息填写。点击“浏览”从电脑中上传图片或点击“从图片银行选取”上传图片。上传图片如图 4-83 所示。

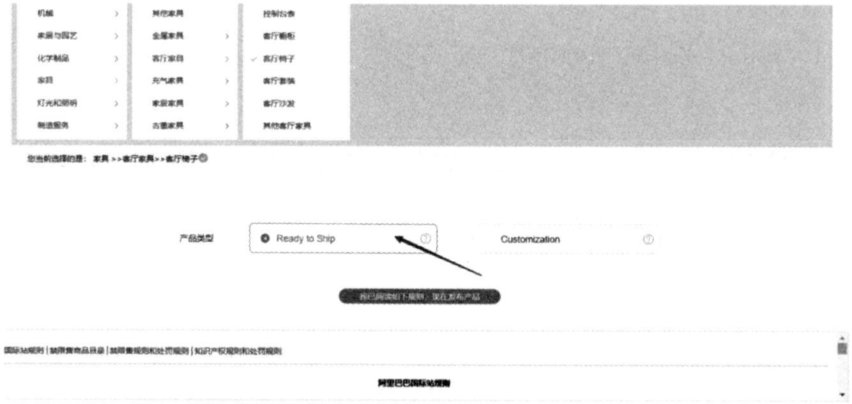

图 4－79　选择 Ready to Ship 产品

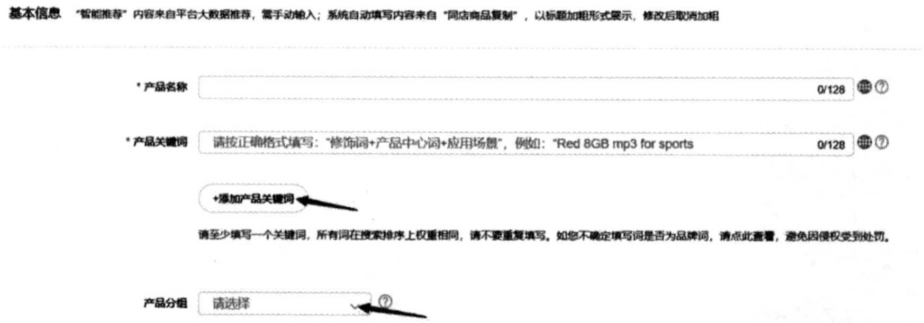

图 4－80　产品分组

图 4－81　商品属性填写

图 4 - 82　产品规格信息填写

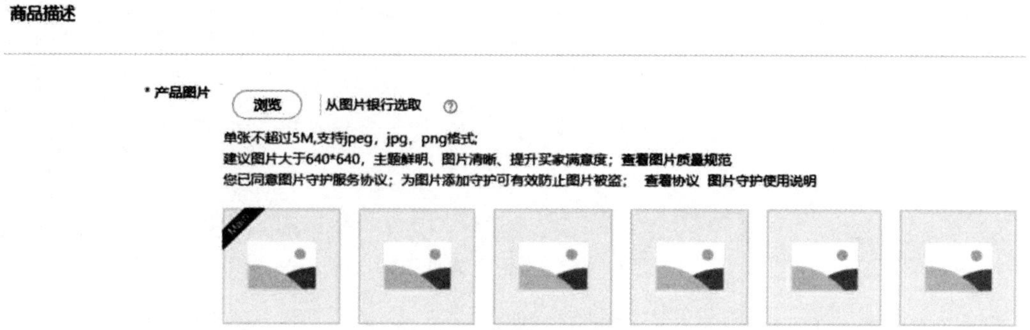

图 4 - 83　上传图片

点击上传主图视频与详情视频如图 4 - 84 所示。

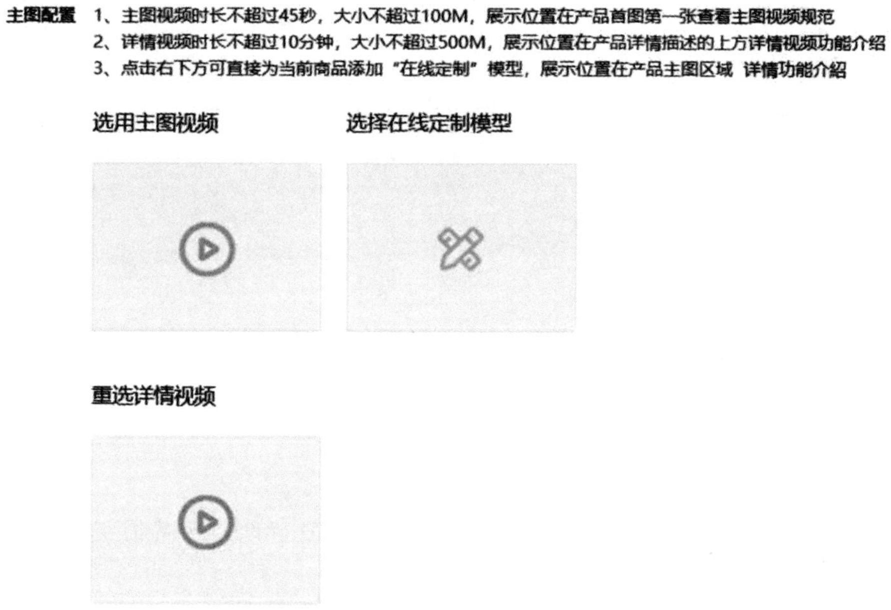

图 4 - 84　上传主图视频与详情视频

(7) 产品详情页设计制作。可选择“智能编辑”或“普通编辑”，完善产品详情页。产品详情页编辑如图 4-85 所示。

图 4-85　产品详情页编辑

(8) 完善交易信息（Ready to Ship 产品一般是阶梯价）。完善交易信息如图 4-86 所示。

图 4-86　完善交易信息

(9) 填写物流信息，包括商品的长宽高、毛重、发货期、运费模板、包装方式等信息。填写物流信息如图 4-87 所示。

(10) 填写特殊服务及其他，按照实际情况填写。填写特殊服务及其他如图 4-88 所示。

图 4－87　填写物流信息

图 4－88　填写特殊服务及其他

（11）设置目标国家/地区偏好，点击“编辑”，选择目标国家/地区。选择目标国家/地区如图 4－89 所示。

（12）点击右侧“产品信息质量”，分值在 4.5 分（满分 5 分）及以上为合格，发布产品质量分越高，实验得分越高。可根据提示优化相关信息，编辑完成后点击“提交”。优化相关信息如图 4－90 所示。

（13）产品发布成功后，可在产品管理页面进行管理编辑。产品管理编辑页面如图 4－91 所示。

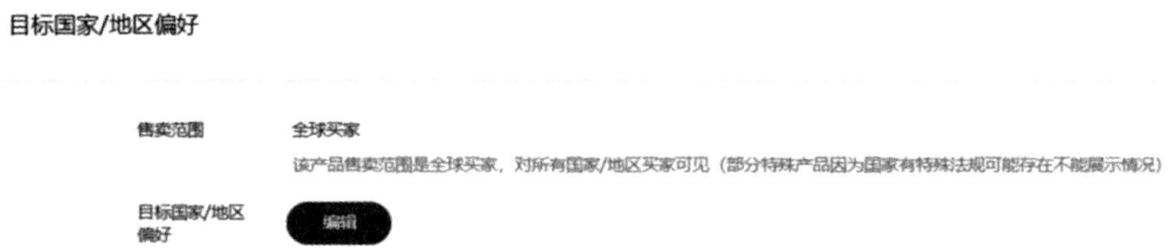

图 4－89　选择目标国家/地区

图 4－90　优化相关信息

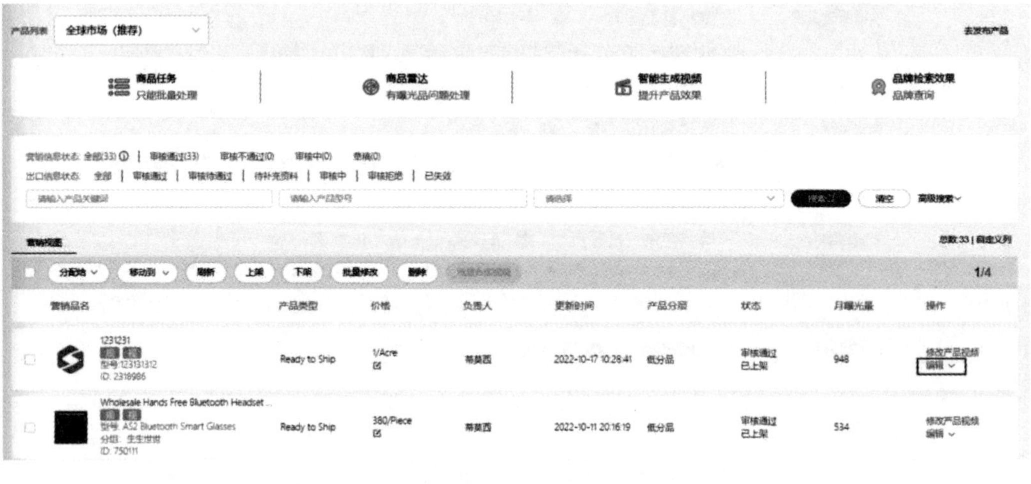

图 4－91　产品管理编辑页面

三、产品详情页编辑

（一）详情页模板设计

店铺详情页的模板设计是以规划版面和编排页面逻辑布局为主要目的。为了能够快速、高质量地发布产品，可提前将同类产品的详情描述页做成模板，更换产品时，再对模板中的局部图片进行替换和微调，即可生成新的产品详情页，并且保持了页面的规范化效果。通过详情页模板，商家可以打造统一且个性化的品牌视觉效应，为提升订单转化率打下基础。

1. B2B与B2C产品详情设计差异

B2B买家和B2C买家的关注点不同，B2C是个人购买行为，B2B更多的是企业购买行为。因此，B2C买家会比较关注产品款式、材料、功能、价格或商品评价，而B2B买家大多为企业、工厂或批发商/经销商，他们不仅关注产品款式、功能及质量，还会关注公司实力、供货能力。

2. B2B产品详情FABE营销法则

FABE指Features（属性）、Advantages（优势）、Benefits（益处）、Evidence（证明）四大要素，合格的B2B详情页应该涵盖这四大要素。属性一般包括材质、结构、功能、包装；优势一般指产品卖点；益处指商家的供货能力；证明包括认证、客户合照、展会、生产线等。

3. 四段式产品详情描述布局法

（1）第一部分以情怀和感性为立足点，讲述品牌故事、品牌背景和实力，以生动的语言描述栩栩如生的场景，吸引客户，让客户在生动的场景中获得代入感，引发情感共鸣，从而最终获得客户认可。

（2）第二部分围绕产品本身，精准描述产品参数、工艺等各种细节，让客户更准确地理解产品本身。

（3）第三部分描述卖家为客户提供的各种保障，品质保证、售后服务等内容都是这一部分需要重点强调的内容，以打消客户疑虑。

（4）第四部分描述产品的包装信息，以及各种配件和赠品等，可以一一列举。需要注意的是，作为赠品的配件也要详细地罗列在包装清单中。

整齐规范的页面格式，配以生动翔实的内容，再加上上述四段式的产品描述布局，产品功能和情感诉求双双落地，这样的产品描述足以让订单转化率得到提升。

4. 产品详情成交转化五部曲

将流量转化为成交是考核产品详情的重要指标，具体操作主要有以下五步：

（1）引发客户兴趣，一般放置焦点图吸引客户眼球。

（2）激发客户潜在需求，一般放置产品场景图。

（3）从信任到信赖，一般放置商品细节、购买的理由、同类型商品对比、客户评价、商品的非使用价值等。

（4）从信赖到强烈想“占有”，塑造拥有后的满足感，即给客户一个购买的理由。

（5）替客户做决定，进行品牌介绍，发出购买号召、购物须知等。产品详情页内容布局、逻辑顺序并非一成不变的，一般会根据不同产品、不同销售时间进行灵活搭配。

（二）产品详情页普通编辑操作步骤

（1）打开发布产品界面。在阿里巴巴国际站卖家后台，选择“产品管理”—“发布产品”，选择产品的类目和产品类型，阅读下方国际站规则后点击“我已阅读如下规则，现在发布产品”。发布产品页面如图 4-92 所示。

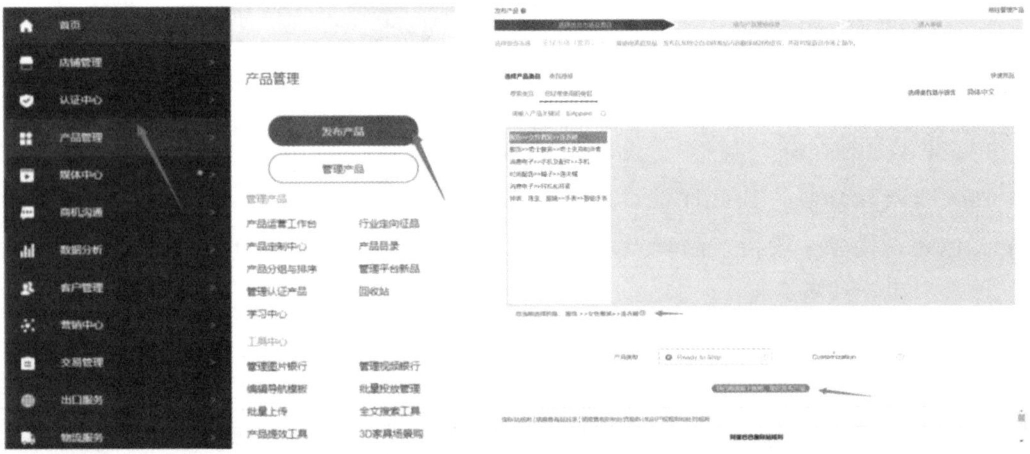

图 4-92　发布产品页面

（2）填写产品基本信息，包括产品名称、产品关键词、产品特性、材质等。其中，标 * 的选项为必填项，其他可选填或者不填。填写产品基本信息如图 4-93 所示。

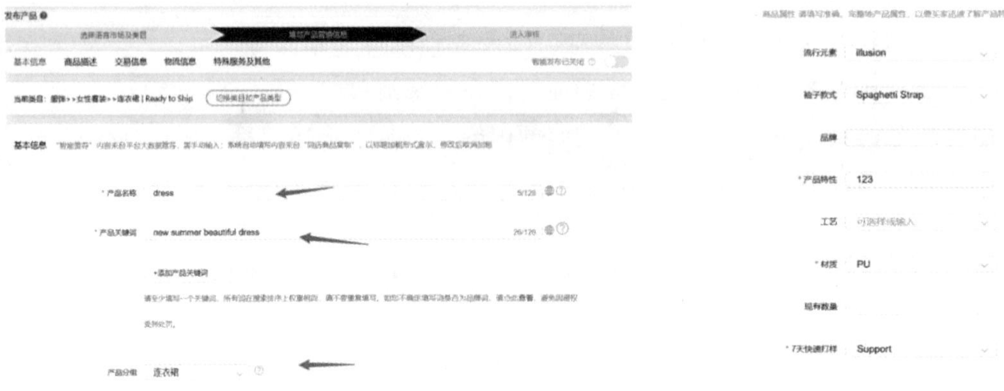

图 4-93　填写产品基本信息

（3）填写产品规格。选择产品的颜色，可以从图片银行选取不同颜色产品的图片上传；选择产品的尺码，可在下方框内输入内容添加自定义尺码。填写产品规格如图

4 - 94所示。

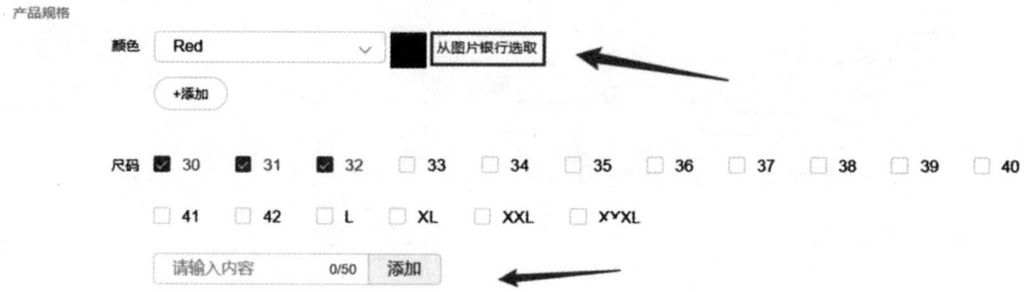

图 4 - 94　填写产品规格

（4）上传产品图片和视频。在商品描述部分的产品图片模块，可以选择“浏览”从电脑上传产品图片，也可以选择“从图片银行选取”上传产品图片。同时，在商品描述部分的主图配置模块，可以上传产品的主图视频。上传产品图片和视频如图 4 - 95 所示。

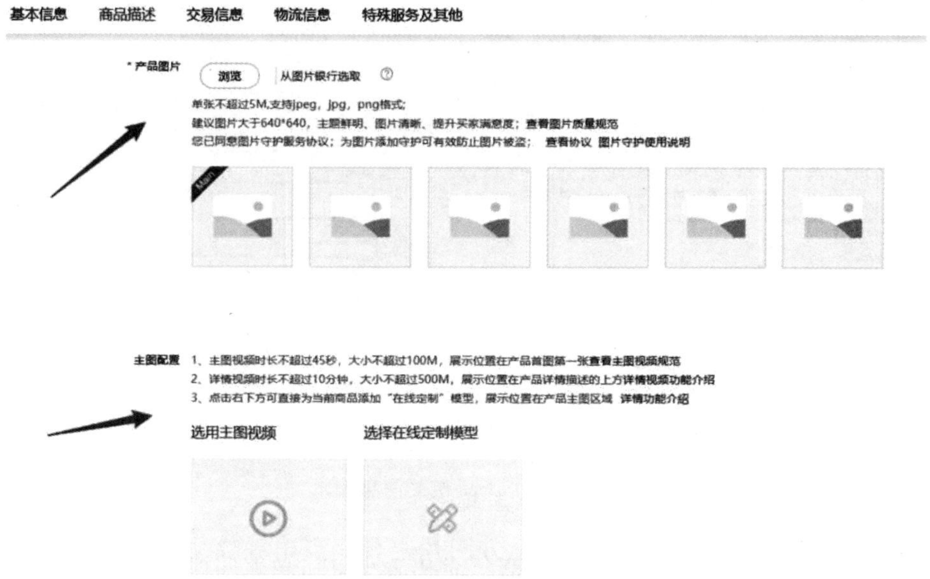

图 4 - 95　上传产品图片和视频

（5）产品详情页普通编辑。找到商品描述部分的产品详情描述，选择普通编辑。产品详情页普通编辑页面如图 4 - 96 所示。

（6）产品详情页普通编辑。点击右侧导航模板，可按照逻辑选择产品描述、包装运输、公司信息、服务、FAQ 等，完成一个导航模块的编辑可得一分，完成五个可全部得分。产品相关信息编辑如图 4 - 97 所示。

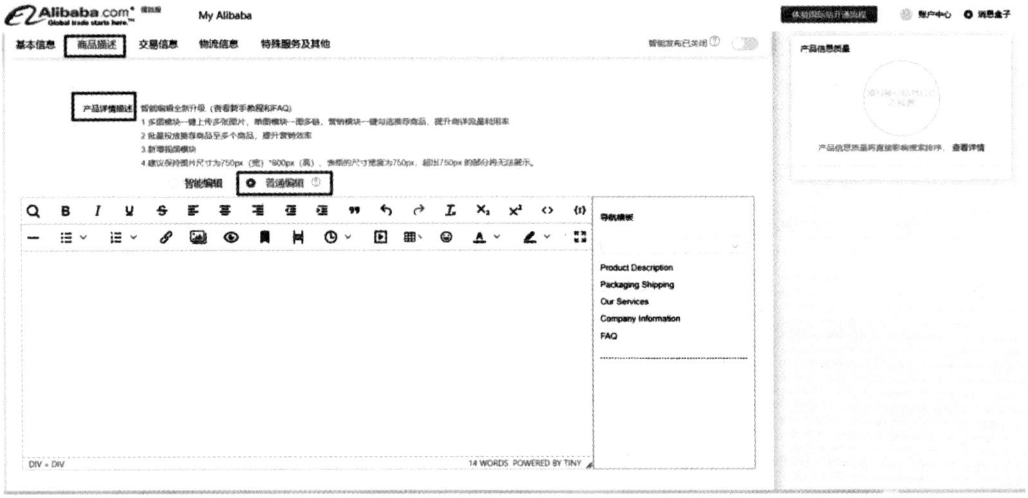

图 4-96　产品详情页普通编辑页面

图 4-97　产品相关信息编辑

（7）产品详情页普通编辑。点击上方图片上传，点击弹窗中右上方“添加文件”与“全部上传”，图片上传后点击“Save”，将制作好的产品详情页图片上传到相应位置。产品相关信息上传如图 4-98 所示。

（8）产品详情页普通编辑。图片上传完成后，也可在此处输入文字。输入文字如图 4-99 所示。

（9）填写交易信息，包括产品的价格设置、计量单位、阶梯价设置、最小起订量等。填写交易信息如图 4-100 所示。

图 4－98　产品相关信息上传

图 4－99　输入文字

图 4－100　填写交易信息

（10）填写物流信息，包括每个商品长宽高、毛重、不同商品发货日期、运费模板等。如果没有运费模板，可以点击右侧“快速生成运费模板”按钮，填写相关信息生成运费模板。填写物流信息如图 4－101 所示。

图 4－101　填写物流信息

（11）选择特殊服务及其他。在这个模块，可以选择是否支持样品服务、是否支持商品溯源、是否支持定制、是否支持私域品服务。选择特殊服务及其他如图 4－102 所示。

图 4－102　选择特殊服务及其他

（12）设置目标国家/地区偏好。设置完成并阅读商品发布协议后，点击“提交”按钮发布产品。到此，产品详情页普通编辑步骤全部完成。设置目标国家/地区偏好如图 4－103 所示。

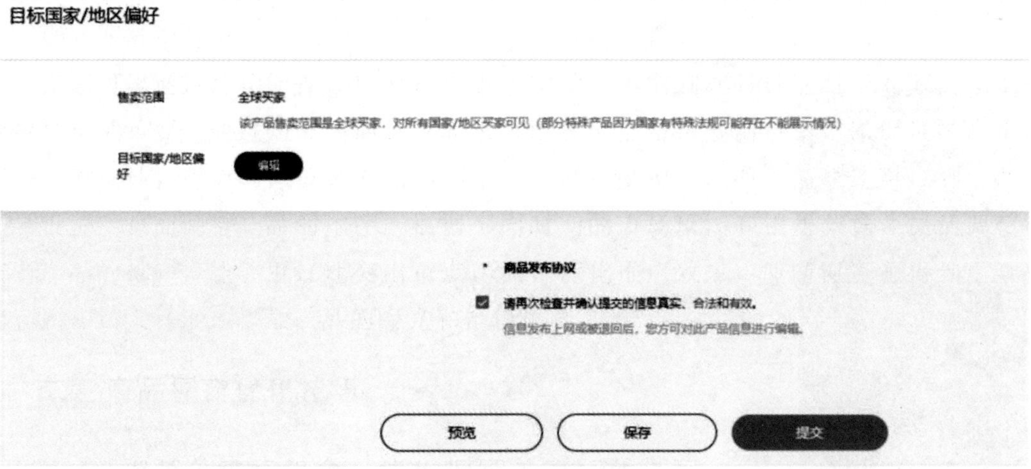

图 4－103　设置目标国家/地区偏好

四、产品分组与排序

（一）产品分组方法

产品分组的方法有很多，可以根据使用场景、产品类型、产品功效、产品风格、使用人群等进行分组，合理的产品分组有助于客户快速查询到想找的产品类型，有利于营销导购。产品分组类目见表 4－1 所列。

表 4－1　产品分组类目

分组方法	一般分组	子分组
使用场景	珠宝	手链、项链、戒指、耳环
产品类型	珠宝	珍珠、翡翠、钻石、黄金、宝石
产品风格	珠宝	日韩、欧美、波希米亚、复古宫廷
使用人群	珠宝	女、男、情侣

（二）产品分组管理

在阿里巴巴国际站后台“管理产品”的产品分组与排序页面，可以统一设置和管理产品分组，进行添加一级分组、重命名、保存、添加子分组等操作。

在阿里巴巴国际站后台“管理产品”页面，可以重新调整产品分组。调整好产品分组后，产品分组会在旺铺导航、主营类目产品模板、产品分组模块等进行展示。

（三）产品分组与排序操作步骤

（1）在 Alibaba 商家后台左侧导航栏点击“产品管理”—“产品分组与排序”。产品分组与排序页面如图 4 - 104 所示。

图 4 - 104　产品分组与排序页面

（2）新建分组。找到“添加一级分组”按钮，如图 4 - 105 所示。

图 4 - 105　添加一级分组

点击“添加一级分组”按钮后，在弹出的框中输入分组名称，并点击确定。输入分组名称如图 4 - 106 所示。

（3）新建子分组。点击“添加子分组”，可以在一级分组下再添加二级子分组。添加二级子分组如图 4 - 107 所示。

（4）在产品管理与排序中，勾选需要进行分组的产品，点击上方“调整分组”按钮。调整分组页面如图 4 - 108 所示。

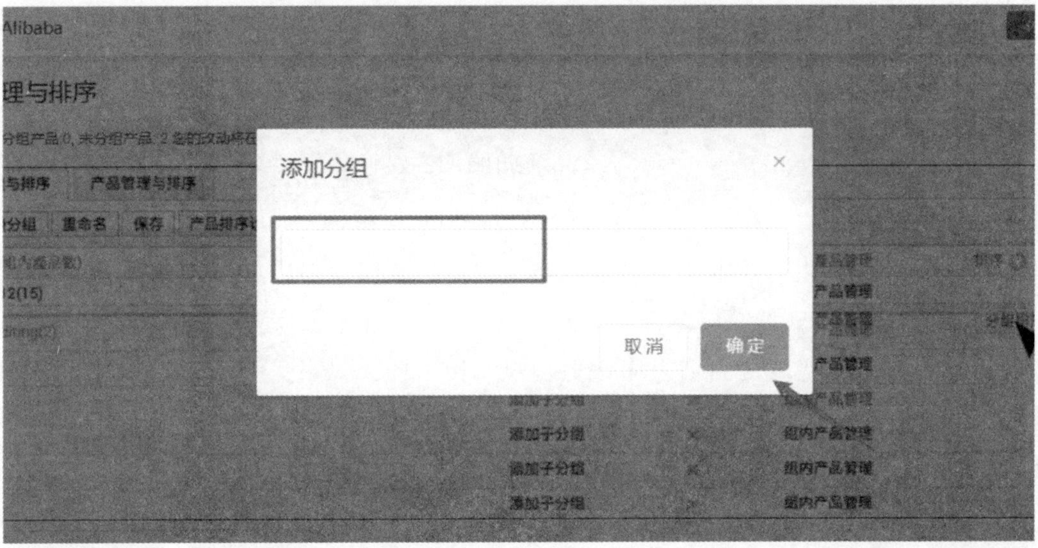

图 4－106　输入分组名称

图 4－107　添加二级子分组

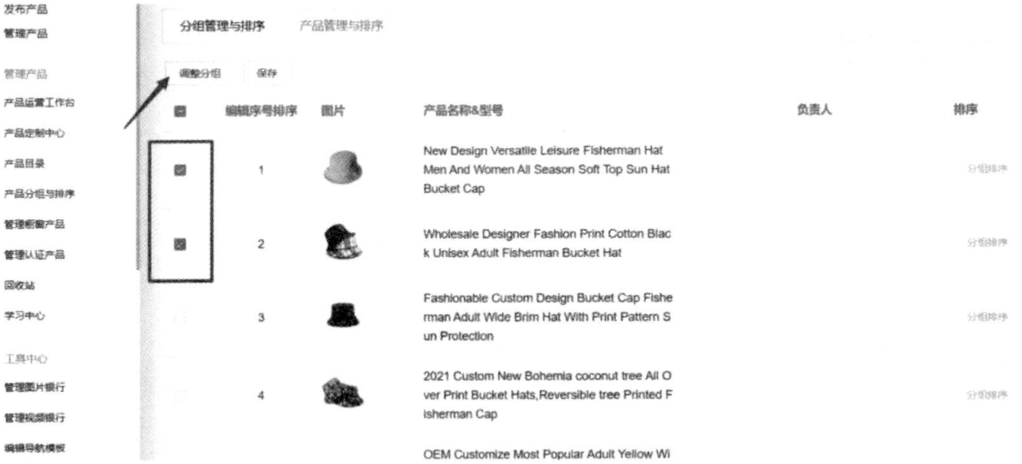

图 4－108　调整分组页面

（5）可根据分组需要，将选中的产品调整至新建的一级分组或其下的子分组中。调整分组如图 4－109 所示。

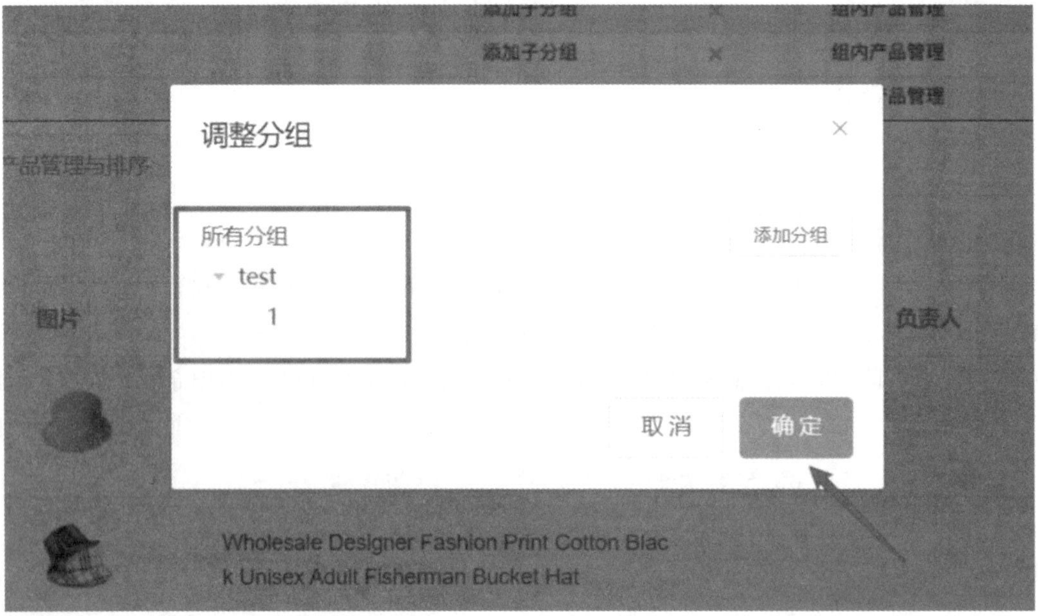

图 4－109　调整产品分组

（6）点击商家后台左侧导航栏的“产品管理”—“管理产品”。管理产品页面如图 4－110 所示。

图 4－110　管理产品页面

（7）可以在管理产品中勾选产品，对产品进行移动操作，设置分组。管理产品中设置分组如图 4－111 所示。

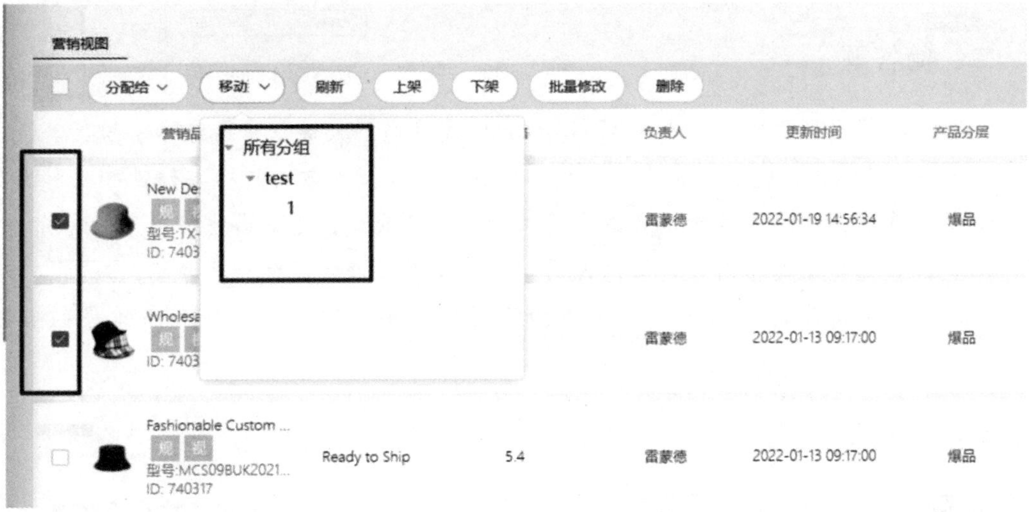

图 4－111　管理产品中设置分组

课后习题

一、选择题

1. 在阿里巴巴国际站发布 Customization 产品时，以下哪个步骤是不必要的？（　　）

A. 选择产品类目　　B. 填写产品基本信息

C. 直接上传产品图片无需编辑　　D. 设置产品交易信息

2. Ready to Ship 产品发布与 Customization 产品发布的主要区别在于（　　）。

A. 产品类目选择不同　　B. 交易信息填写方式不同

C. 产品图片要求不同　　D. 对产品库存和发货时效的规定不同

3. 产品详情页中，以下哪种元素对提升产品可信度帮助最小？（　　）

A. 详细准确的产品参数　　B. 模糊不清的产品图片

C. 真实的客户评价截图　　D. 企业生产资质认证展示

4. 产品分组的主要目的不包括（　　）。

A. 方便卖家管理产品　　B. 提高产品搜索排名

C. 提升客户购物体验　　D. 使店铺产品布局更清晰

5. 在阿里巴巴国际站对产品进行排序时，以下哪种因素通常不会直接影响排序结

果？（　　）

A. 产品销量　　B. 产品更新时间

C. 卖家店铺装修风格　　D. 产品关键词优化程度

二、简答题

1. 简述在阿里巴巴国际站发布 Customization 产品的关键步骤及注意事项。

2. 在 Ready to Ship 产品发布过程中，如何确保发货时效信息的准确性和吸引力？

3. 简述在产品详情页编辑中产品描述的撰写要点及如何通过描述突出产品优势。

4. 简述产品分组的原则，并举例说明如何根据产品特点进行合理分组。

5. 分析产品排序对店铺流量和销售的重要性，并分享一些提升产品排序的有效方法。

三、案例分析题

1. 某家具企业计划在阿里巴巴国际站发布一系列 Customization 产品，请根据其产品特点，制定一个完整的产品发布方案，包括类目选择、信息填写、详情页设计等方面。

2. 一家服装企业在阿里巴巴国际站主要销售 Ready to Ship 服装产品，但近期发现产品发货时效方面的投诉较多。请分析可能存在的问题，并提出改进措施，包括如何在产品发布和管理过程中优化发货时效相关信息。

3. 某电子产品企业在阿里巴巴国际站的产品详情页转化率较低。请分析详情页可能存在的问题，如产品描述、图片展示、评价管理等方面，并提出优化方案。

4. 假设你是一家玩具企业的电商运营人员，店铺中有多种类型的玩具产品。请设计一个合理的产品分组方案，并说明排序策略，以提高店铺整体的销售效果。

四、实操题

1. 在阿里巴巴国际站实际发布一款 Customization 产品，记录发布过程中遇到的问题及解决方法，并对最终发布的产品页面进行评估和优化建议。

2. 选择一款已有的 Ready to Ship 产品，修改其发货时效信息，使其更具竞争力，并观察修改后的产品流量和咨询量变化（至少观察一周）。

3. 优化某一产品详情页的描述内容，突出产品的独特卖点，然后对比优化前后的产品转化率（可通过模拟客户咨询或数据分析工具）。

4. 对阿里巴巴国际站店铺中的产品进行重新分组和排序，记录分组依据和排序规则，观察店铺流量和客户购买路径的变化情况（持续观察两周）。

项目5
B2B营销策略

学习目标

> **知识目标**

1. 了解营销活动的相关概念。
2. 学习为店铺开展营销活动。
3. 掌握为店铺设置优惠券的基础操作。
4. 了解店铺优惠券的概念，熟悉优惠券的规则。
5. 了解外贸直通车常规营销推广的概念、作用、优势及分类。
6. 掌握橱窗产品的选择依据。

> **技能目标**

1. 掌握平台频道活动报名的流程，以及活动营销的策划与执行。
2. 学会利用优惠券为店铺开展营销活动。
3. 了解外贸直通车搜索推广的相关类型，提升店内的自然搜索量。
4. 掌握外贸直通车关键词推广的操作。
5. 掌握购买商品橱窗的流程。
6. 掌握添加橱窗产品的流程。

项目导入

在全球化浪潮汹涌澎湃的今天，企业间的国际贸易往来日益密切，B2B贸易已然成为推动全球经济一体化的重要力量。它打破了地域界限，让不同国家和地区的企业得以相互合作，实现资源的优化配置和优势互补。本项目将围绕跨境B2B营销展开深入探讨，为企业在这一广阔领域的发展提供全面的指导和实用的策略。

我们首先会剖析跨境B2B营销的多种渠道，包括传统营销渠道和数字化营销渠道。传统营销渠道如参加贸易展览会、与海外代理商合作等，虽历史悠久但仍具实效；数字化营销渠道则借助互联网技术，涵盖搜索引擎优化、社交媒体营销等新兴方式，为企业带来更广阔的市场覆盖和精准的客户触达。同时，我们将深入研究全球领先的跨境 B2B 平台——阿里巴巴国际站，其丰富的资源和完善的服务体系，为企业提供了便捷的交易平台和强大的业务支持。此外，我们还关注了新兴趋势，如人工智能、虚拟现实等技术在跨境 B2B 营销中的应用，展现科技如何重塑行业格局。

在营销活动方面，我们将详细介绍阿里巴巴国际站的各类官方活动，包括营销活动的报名流程、线上展会的参与方式及 WEEKLY DEALS 等活动的营销实操技巧。企业可以通过这些活动，快速提升品牌知名度、增加产品销量。同时，优惠券营销作为一种有效的促销手段，我们将深入讲解其概念、规则及创建满减优惠券的具体操作，帮助企业吸引客户、提高客户忠诚度。此外，我们将深入阐述外贸直通车的概念与原理，介绍搜索推广类型，如新品成长、测品测款等，以及关键词推广和定向推广的操作方法，充分发挥其在跨境 B2B 营销中的重要作用，助力企业提升产品曝光率和转化率。最后，商品橱窗管理也是不容忽视的环节，我们将明确其概念、优化技巧、管理要点和操作步骤，让企业充分利用橱窗展示的优势，吸引更多潜在客户，提升店铺整体竞争力。通过本项目的学习，学生将能够更好地适应跨境 B2B 市场的变化，熟练掌握 B2B 营销策略，从而帮助企业实现可持续发展。

任务一　跨境 B2B 营销渠道

一、传统营销渠道

在跨境 B2B 营销中，企业可以通过多种渠道来接触潜在客户并扩大市场份额。参加国内外行业相关的贸易展览会与博览会不仅能让企业直接与潜在客户面对面交流，还能展示最新的产品和技术，提升品牌知名度。同时，选择合适的海外代理商与分销商是另一种有效的市场进入策略，利用当地合作伙伴的市场经验和丰富的网络资源能帮助企业迅速打入新市场。对于那些重视维护关键客户关系及希望更深入地了解目标市场需求的企业来说，建立自己的国际销售队伍也是一种可行的选择，尽管这种做法的成本相对较高。最后，虽然数字营销已经成为主流趋势，但在一些特定的行业和地区，使用印刷品广告及目录等传统宣传方式仍然能够有效地触及特定受众群体。通过综合运用这些营销手段，企业可以在全球范围内构建强大的市场地位。

二、数字化营销渠道

（一）数字化营销渠道概览

在数字化时代，企业可以利用多种在线工具来增强其跨境B2B营销效果。首先，搜索引擎优化（SEO）与搜索广告（PPC）是提升在线可见性的两大利器。通过优化网站内容和结构，SEO能够帮助企业提高其在自然搜索结果中的排名，从而吸引更多有机流量。与此同时，通过设置精确的关键字竞价广告，企业能够更加精准地定位潜在客户，确保广告预算得到高效利用。这种双管齐下的方法不仅提高了品牌的在线曝光率，还促进了潜在客户的转化。

（二）社交媒体与内容营销的力量

社交媒体营销已成为构建品牌形象和与潜在客户建立联系的重要途径。借助Linkedin等社交平台，企业不仅可以分享行业洞见、展示企业文化，还能直接与受众进行互动，增进彼此之间的理解和信任。此外，内容营销在企业营销活动中也发挥了不可替代的作用。通过撰写高质量的博客文章、发布详尽的白皮书等方式，企业能够以教育性的视角向读者提供有价值的信息，从而树立行业专家的形象，进而增强品牌的影响力。这种方式不仅有助于吸引新客户，也有利于巩固现有客户关系。

（三）多元化的线上推广策略

除了上述方法外，电子邮件营销也是维持与客户长期关系的有效手段之一。通过定期向订阅用户发送包含最新资讯、优惠信息等内容的电子报，企业能够在保持客户沟通的同时促进销售转化。另外，加入像阿里巴巴国际站、Global Sources这样的在线B2B交易平台，则可以让企业更容易地触达世界各地的买家。最后，视频营销凭借其直观性和吸引力，成为传递复杂信息的理想选择。无论是制作详细的产品演示视频还是富有创意的品牌故事短片，将其发布在各大视频分享平台上都能显著提升用户的参与度和记忆点，从而进一步推动品牌成长。通过这些多元化的线上推广策略，企业能够在全球市场上占据更有利的位置。

三、阿里巴巴国际站

（一）丰富的商品资源

阿里巴巴国际站作为中国首屈一指的B2B电商平台，拥有海量且丰富多样的商品资源，涵盖了各个行业和领域。无论用户是寻求独特原材料的制造商，还是追逐时尚潮流商品的零售商，抑或是精挑细选各类货品的批发商，在这里都能找到心仪之选。

（二）强大的供应链支持

阿里巴巴国际站背后有着强大的供应链支持系统，从货物的源头把控，到运输配送的精心安排，每一个流程都有条不紊，确保商品能够以最快的速度、最优的质量送达买家手中。这种强大的供应链体系，为企业间的跨境交易提供了坚实的保障，让商业合作更加顺畅无阻。

（三）精准的企业级用户定位

阿里巴巴国际站精准定位企业级用户，这一独特的定位使其成为众多企业跨境B2B 交易的不二之选。中小企业可以借助平台的力量，突破地域和资源的限制，与全球供应商对接。无论是寻找高端电子元件的新兴科技企业，还是采购基础生产资料的传统制造业企业，它们都能轻松找到合适的合作伙伴。

（四）灵活的合作模式

阿里巴巴国际站提供了多种灵活的合作模式。企业可以根据自身的需求和市场变化，选择最适合自己的交易方式，无论是长期稳定的批量采购，还是小试牛刀的样品订单，都能得到满足。这种灵活性为企业创造了更多的发展机遇，让它们在激烈的市场竞争中抢占先机。

（五）便捷的交易体验

便捷的交易体验是阿里巴巴国际站的又一亮点。从搜索商品、询盘报价到下单支付，整个流程简洁明了。企业无须烦琐的手续和复杂的流程，即可轻松完成交易。通过充分利用这一平台优势，企业能够显著降低采购成本，提高运营效率，将节省下来的时间和资源投入更有价值的业务拓展和创新中，最终推动业务实现稳健而持续的增长。

四、新兴趋势

（一）人工智能（AI）技术的应用

人工智能技术正在重塑跨境 B2B 营销的面貌。通过先进的数据分析能力，AI 能够处理和解析来自多个来源的海量数据，帮助企业准确预测市场趋势和发展动向。不仅如此，AI 还在客户服务领域大放异彩，如通过聊天机器人提供 24/7 全天候的支持服务，自动解答常见问题，甚至根据历史交互记录提供个性化的建议。这种智能化的服务不仅提升了客户满意度，也极大地减轻了人工客服的工作负担，使企业能够更专注于核心业务的发展。

（二）虚拟现实（VR）与增强现实（AR）的创新体验

虚拟现实（VR）和增强现实（AR）技术为跨境 B2B 营销带来了全新的展示方式。对于那些难以通过传统图片或文字描述清楚的复杂产品，VR/AR 能够提供一种沉浸式的体验，使潜在客户身临其境般地感受产品的特性和功能。例如，机械设备制造商可以利用VR技术为客户创建一个虚拟的工厂环境，让他们在购买前就能直观地看到设备的实际运行情况。这种方式不仅增强了客户的参与感，也大大提高了成交的可能性。

（三）大数据分析与区块链技术的结合

大数据分析是现代营销不可或缺的一部分，它通过对用户行为、偏好等数据的深度挖掘，帮助企业制定更加精准的营销策略。与此同时，区块链技术以其去中心化、不可篡改的特点，在保障交易透明度和安全性方面展现出巨大潜力。尤其是在跨境供应链管理中，区块链可以追踪产品的每一个环节，确保信息的真实性和完整性，从而增强买家的信心。当大数据分析与区块链技术相结合时，企业不仅能更好地理解客户需求，还能确保整个交易过程的安全可靠，从而建立起更加稳固的商业合作关系。这种技术组合不仅提升了交易效率，也为跨境B2B交易注入了新的活力。

任务二　官方活动报名

一、营销活动简介

阿里巴巴国际站的流量来源渠道包括自然流量、付费流量和活动场景流量，其中活动场景流量是能够最快获得流量的渠道，也是打造爆款效果最快的渠道。参与阿里巴巴国际站活动的商家一般在短时间内就可以通过活动流量快速地聚集客户，带动店铺销量，然后再反馈到自然排名的获取，从而形成以活动促营销的良性循环。

营销活动是指以营销为目的而开展的活动，以此为载体，使企业获得品牌的提升或销量的增长。在阿里巴巴国际站运营场景下，营销活动主要由商家围绕国际站活动而展开，一般包含行业活动、主题活动、区域活动、特殊产品活动、特色活动等。

阿里巴巴国际站作为全球重要的跨境电商平台，每年都有众多活动，2023年阿里巴巴国际站的活动见表5-1所列。了解这些活动对商家拓展业务、提升竞争力至关重要。本节将详细介绍2023年阿里巴巴国际站的各类活动，常规活动包含WEEKLY DEALS，即每周交易活动，以及3月新贸节和9月采购节。

WEEKLY DEALS作为全球批发的一个重要场景，是阿里巴巴国际站面向全球B类（Business，企业）客户推出的具有极致性价比的限时采购现货场景。它针对RTS产品（Ready to Ship，现货并且可以下单即发货的产品），最大限度地实现海外买家流量与不同品类商品、供应商之间的精准匹配、快速成单，能高效实现海外买家在线交易转化、留存和复购。

表 5-1　2023 年阿里巴巴国际站活动一览表

时间	活动类型	活动名称	建议参与指数	备注
1 月	行业活动	电子行业峰会（2023）	4 颗星	除 3 月新贸节、9 月采购节外，其余活动的日期均不确定
2 月	特殊商家活动	精英卖家计划（2023）	4 颗星	
3 月	大促活动	3 月新贸节	5 颗星	
5 月	主题活动	全球物流节（2023）	4 颗星	
6 月	区域活动	广东大区专享——优质商家加速计划（2023）	4 颗星	
7 月	主题活动	直播带货狂欢（2023）	5 颗星	
8 月	区域活动	上海跨境电商展（2023）	3 颗星	
9 月	大促活动	9 月采购节	5 颗星	
10 月	特殊产品活动	热门新品活动（2023）	3 颗星	
11 月	主题活动	跨境电商狂欢月（2023）	4 颗星	
12 月	主题活动	年末感恩回馈（2023）	3 颗星	
全年	特色活动	WEEKLY DEALS	5 颗星	

阿里巴巴国际站每年有两次大型官方活动，即 3 月新贸节和 9 月采购节。3 月新贸节通常在 1 月初开始报名，活动时间为整个 3 月。例如，2023 年的 3 月新贸节于 1 月 5 日开启商家报名，报名一直持续到 1 月 18 日。活动期间，阿里巴巴国际站会推出众多举措，如 3 万场新品跨境直播、40 场品牌新品发布会；近千家行业领袖商家将拥有专属的视频化专属模板定制，买家可全方位在线视频探厂、看品；面向有品牌出海意愿和运营能力的商家打造线上新品发布会，给予专家团指导、直播特训、广告优化师等 1V1 服务；在线下推出德国杜塞尔多夫美容美发联名展等。9 月采购节一般在 7 月底开始报名，活动时间为整个 9 月。例如，2023 年的于 9 月 1 日正式开启。这是全年最大的外贸采购季，汇聚了全球大量买家和卖家。2023 年的 9 月采购节活动具有以下特色：针对美国、欧洲、东南亚等不同市场设置专门的线上展馆，如在美国市场推出全新的“美国认证”产品馆；推出“线上+线下”数字化混合展新模式，国内外贸企业可与阿里巴巴国际站一起参加全球顶级展会，在线下参展的同时线上会同步展示；使用 PayPal 支付的新客户可获得额外折扣；购物者享受“生意保”服务和“轻松退”服务的退款保障，退款期限延长。

商家若要参加活动，需提前确保星级达标，一般要求商家星等级为 2 星及以上或者金品诚企会员 1 星及以上。活动内容通常包括对买家的包邮、折扣等，很多活动针对 RTS 产品。另外，商家报名专场活动时只能在自己平台所在的一级类目下报名，报名的商品会展示在对应的会场中。

二、线上展会

（一）阿里巴巴国际站线上展会结构及圈品规则

阿里巴巴国际站线上展会分为三大类：综合展，以阿里巴巴网交会和9月采购节为代表；行业展，如线上家居健康展、线上工业展；政府联合展，包括广东、江苏、福建和浙江义乌等地的云展会，涵盖了中国绝大多数出口大省。线上展会主要涉及行业主题场景和特色主题场景。

（二）活动营销策划与执行

活动营销是为了在短时间内达成目标而开展的具有爆发性的营销手段，完整的活动营销包含活动策划、方案执行、复盘总结等环节。从时间的角度来说，活动营销的策划与执行包括准备期、策划期、执行期、传播期、复盘期等阶段，每个阶段的任务及要点见表5-2所示列。

表5-2 活动营销策划与执行各阶段任务及要点表

阶段	任务	要点
准备期	明确目标用户和活动目的	活动目标：拉新、促单、转化、品牌；花费多少：成本、投入产出比；目标用户：是谁、在哪、特征、喜好；怎么做：短期、长期
策划期	准备一份完整的策划案	活动形式：关联度、吸引力、可执行性；策划案内容：主题、时间、背景、目的、描述、规则、传播计划、预期效果、成本、风险控制；活动文案：活动页文案、活动传播文案
执行期	根据数据及时调整活动方案	执行案：项目拆解、负责人、时间节点、完成标准；内部结构：产品、设计、开发；外部结构：合作商、合作渠道
传播期	预热、引爆、收尾	预热：海报、客户通知；引爆：全渠道传播、数据监控、用户反馈收集；收尾：二次传播、奖励发放、返场活动
复盘期	回顾、对比、总结	回顾活动目标；呈现活动效果；差异对比分析；导出经验总结

活动营销的重点主要包括以下几个方面。

1. 明确活动目的

明确活动目的是活动策划的第一步，活动目的是之后一切决策的指导方针。活动目的的确定需要综合考虑企业的发展阶段、市场环境、目标受众等因素。

常见的活动目的包括唤醒、召回、促单、品宣、拉新、促活。唤醒指针对那些曾经对产品或服务有过一定了解，但目前处于休眠状态的用户，通过活动唤醒他们的兴趣，促使他们重新关注和使用产品或服务。召回指对于已经流失的用户，设计专门的活动来吸引他们回归，重新建立与他们的联系。促单旨在推动潜在客户进行购买决策，提高销售转化率，可以通过提供优惠、限时折扣、赠品等方式激励用户下单。品宣是为了提高品牌知名度和美誉度，树立良好的品牌形象。可以通过举办品牌发布会、赞助活动、公益活动等方式来实现。拉新指吸引新用户关注和使用产品或服务，可以通过线上线下推广、社交媒体营销、合作推广等方式来扩大用户群体。促活指提高现有用户的活跃度，增加用户对产品或服务的使用频率和时长，可以通过举办用户互动活动、推出新功能、提供个性化服务等方式来实现。

2. 选择合适的时间节点和活动主题

开展活动要有理由，不说明理由而送福利，用户会难以接受，因此必须找到适当理由，然后把这个理由与产品结合起来。这个理由是商家与用户的第一个“触点”，是活动策划中的核心。

（1）时间节点的选择至关重要，可以结合节日、纪念日、季节变化等具有特殊意义的时间点来策划活动。例如，春节期间可以推出“新春特惠”活动；情人节可以举办“浪漫之约”主题活动。这样的时间节点能够增加活动的吸引力和参与度，让用户更容易接受和参与。

（2）活动主题的确定要紧密围绕活动目的和时间节点，同时要具有吸引力和创新性。一个好的活动主题能够快速吸引用户的注意力，激发他们的参与热情。例如，如果活动目的是拉新，可以选择“新用户专享，惊喜不断”这样的主题；如果是促活，可以设计“老用户回馈，精彩不停”的主题。

（3）在确定活动理由时，要充分考虑用户的需求和痛点。例如，如果产品是一款健身 App，可以结合“夏日减肥季”这个时间节点，推出“燃烧卡路里，赢取健身大奖”的活动理由，鼓励用户在夏天积极健身，同时通过活动获得奖励。

（4）活动理由与产品的结合要自然流畅，不能生硬牵强，可以通过产品的特点、功能、优势等方面来寻找结合点。比如，如果产品是一款美食推荐 App，可以以“美食之旅，探索舌尖上的美味”为活动理由，结合 App 的美食推荐功能，引导用户发现更多美食，提高用户对产品的使用频率和满意度。

3. 活动策划因素

策划活动应考虑的因素包括：

（1）与产品、用户相关性：活动内容必须与产品的定位、功能、目标用户群体紧密相关。例如，如果是一款音乐播放软件，活动可以围绕音乐推荐、歌手演唱会门票抽奖、音乐创作比赛等方面展开，这样既能吸引目标用户的参与，又能强化产品在音乐领域的专业性和特色。

（2）参与门槛与流程规则设置：参与门槛不宜过高，要确保大多数用户都能够轻松参与；流程规则要简单明了，避免过于复杂的操作步骤，以免让用户感到困惑和厌烦。例如，可以设置一键参与的方式，或者通过简单的任务完成来获得活动奖励；同时要明确活动的时间限制、奖励发放方式等规则，让用户心中有数。

（3）给用户带来的感受：活动要注重用户体验，给用户带来积极、愉悦的感受。可以通过提供有价值的奖励、个性化的服务、互动性强的环节等方式来提升用户的参与感和满意度。例如，在活动中设置用户投票、评论、分享等互动环节，让用户感受到自己的参与是有价值的，同时也能增加活动的传播度。

（4）活动营造的氛围：通过活动的主题、宣传文案、视觉设计等方面营造出与活动目的相符合的氛围。例如，如果是一场促销活动，可以采用红色、金色等鲜艳的色彩，搭配“限时抢购”“超值优惠”等富有紧迫感的宣传文案，营造出热烈的购物氛围；如果是一场品牌宣传活动，可以采用简洁、大气的设计风格，搭配富有感染力的品牌故事和价值观宣传文案，营造出高端、专业的品牌形象。

三、WEEKLY DEALS 活动营销实操

（1）点击“营销中心”—“官方活动报名”。营销中心页面如图 5-1 所示。

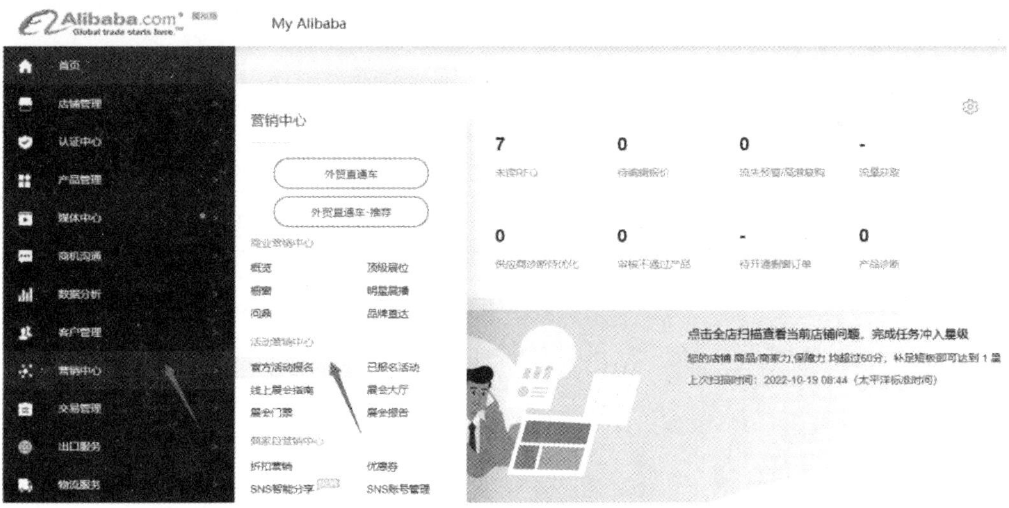

图 5-1　营销中心页面

（2）点击“WEEKLY DEALS 活动”，进入活动报名页面。活动报名页面如图 5-2 所示。

（3）选择日期与报名类目，点击“下一步”。选择日期与报名类目如图 5-3 所示。

图 5 - 2　活动报名页面

图 5 - 3　选择日期与报名类目

（4）资质预审，满足资质要求可点击“下一步”，然后点击“添加商品”。资质预审页面如图 5 - 4 所示。

（5）勾选报名的商品，点击“确认”。选择报名的商品如图 5 - 5 所示。

图 5 - 4　资质预审页面

图 5 - 5　选择报名的商品

（6）完善适用渠道、发货地、活动库存量、折扣设置等信息，点击“下一步”。完善商品信息如图 5 - 6 所示。

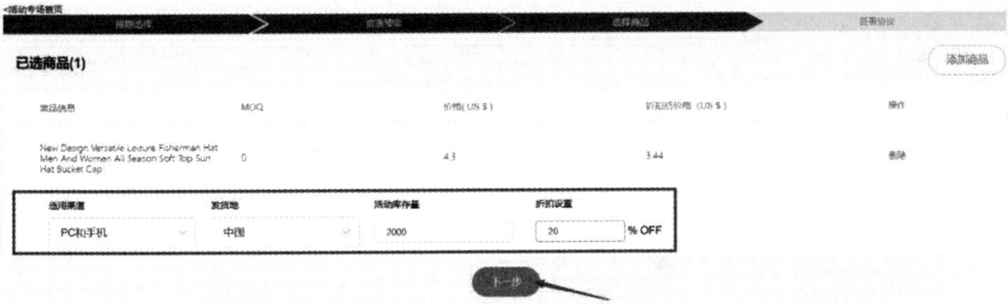

图 5 - 6　完善商品信息

（7）勾选协议，点击“提交报名”。提交报名如图 5－7 所示。

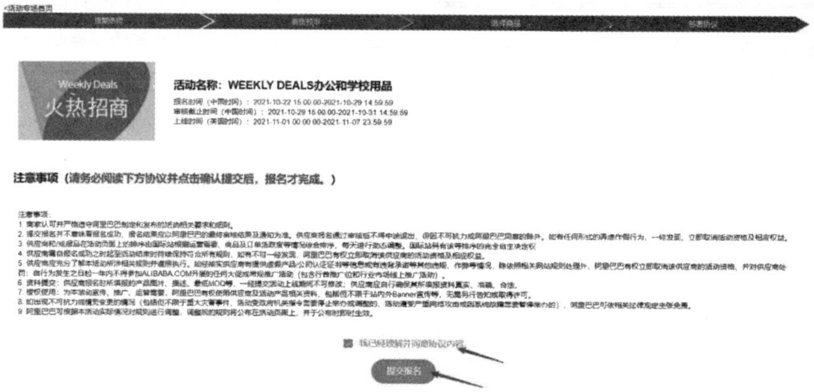

图 5－7　提交报名

四、产业带新品折扣活动营销实操

（1）点击“营销中心”—“官方活动报名”。营销中心页面如图 5－8 所示。

图 5－8　营销中心页面

（2）点击“我要报名”。活动报名页面如图 5－9 所示。

图 5－9　活动报名页面

(3) 资质预审，满足资质要求可点击“下一步”。资质预审页面如图 5－10 所示。

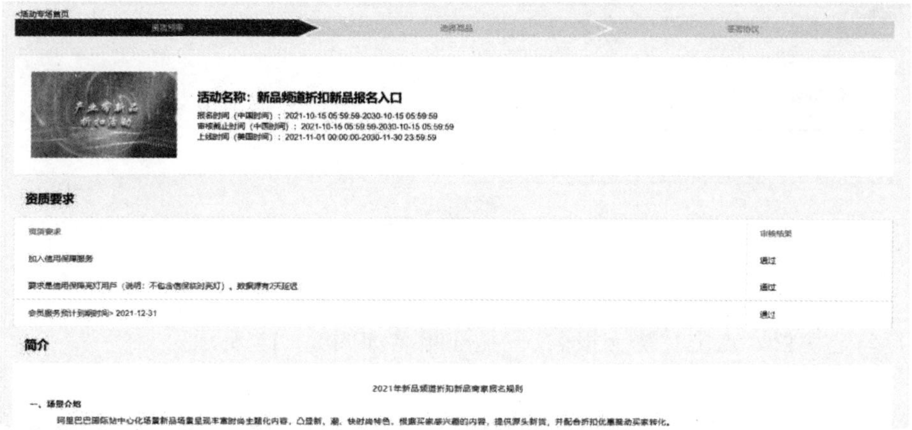

图 5－10　资质预审页面

(4) 点击“添加商品”。添加商品如图 5－11 所示。

图 5－11　添加商品

(5) 勾选报名的商品，点击“确认”。选择报名的商品如图 5－12 所示。

图 5－12　选择报名的商品

(6) 完善适用渠道、发货地、活动库存量、折扣设置等信息，点击“下一步”。完善商品信息如图 5－13 所示。

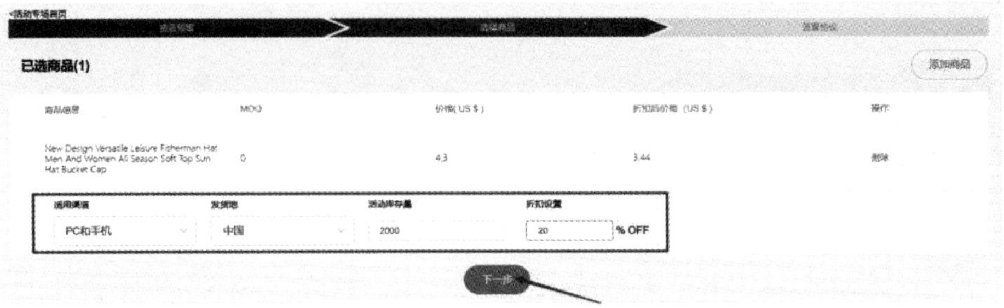

图 5 - 13　完善商品信息

(7) 勾选协议，点击“提交报名”。提交报名如图 5 - 14 所示。

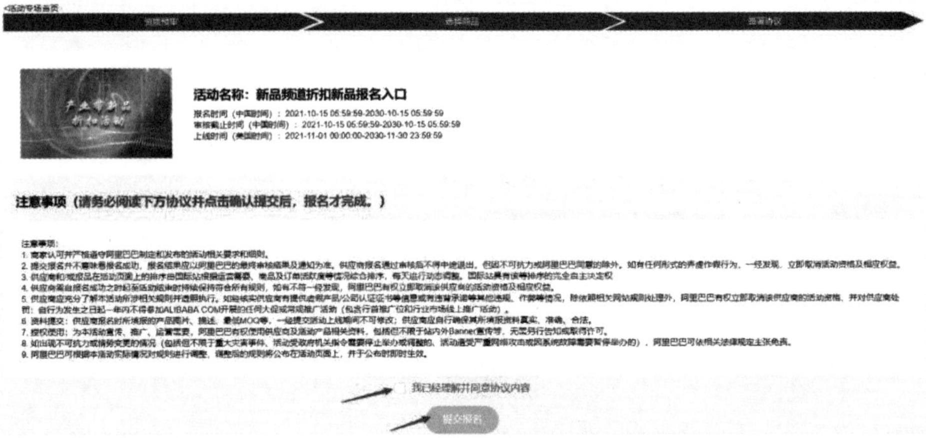

图 5 - 14　提交报名

任务三　优惠券营销

一、优惠券概念

优惠券是商家给予潜在客户的优惠凭证。在阿里巴巴国际站，优惠券是商家常态化自营销的工具，商家通过优惠券的设置、发布和推广，打造更丰富的营销场景以吸引客户，根据营销数据沉淀了解客户信息，从而更精准、更有效地进行推广营销活动。

具体而言，商家通过精心设置优惠券的类型、优惠额度、使用条件等参数，然后将其发布出去，并且运用各种推广手段，让更多潜在客户知晓并获取这些优惠券。如此一来，商家便能够打造出更为丰富多样的营销场景，吸引来自不同地区、有着不同需求的客户。而更为重要的是，在整个优惠券的营销过程中，商家可以依据所沉淀下来的营销数据，深入了解客户的各类信息，比如客户的消费偏好、购买频率、消费金额区间等。基于这些精准的客户信息，商家后续能够更有针对性、更精准且更有效地开展一系列推广营销活动，进一步提升营销效果，实现商业目标。

通过对阿里巴巴国际站优惠券概念的了解，我们可以清晰地看到优惠券在电商营销体系中的重要地位和作用，它不仅是吸引客户的手段，更是深入了解客户、优化营销活动的关键要素。

二、优惠券规则

在阿里巴巴国际站中，优惠券规则主要包括优惠券使用规则、优惠券核销规则和优惠券设置规则三个方面。

（一）优惠券使用规则

优惠券抵扣的是订单金额中商品货款部分，不包括物流费用。优惠券有特定使用条件，即1张优惠券仅限于单笔订单消费抵用，不可拆分，过期作废。优惠券具有使用门槛，即订单货款金额必须大于优惠面额，且当订单货款金额（不含运费）满足优惠券抵扣标准时，买家才能使用优惠券进行抵扣。买家无法在样品订单中使用优惠券。如果订单中没有包含优惠券适用范围的商品，则买家无法使用优惠券。

（二）优惠券核销规则

买家领取优惠券后，在下单对应商品时，系统会自动判断出符合使用条件的优惠券供买家选择，直接限时折扣和优惠券能在同一订单上叠加抵扣。因此，最终订单金额为：最终订单金额＝订单金额（不含运费）×直接限时折扣百分比—优惠券券面金额（满减券）或最终订单金额＝订单金额（不含运费）×直接限时折扣百分比×满折券折扣百分比。

当订单货款金额（不含运费）满足优惠券抵扣标准时，买家才能使用优惠券进行抵扣。下单后，订单价格会锁定为优惠券减扣后价格，买家需要在优惠券有效期内进行支付使用。如果订单被取消，优惠券还在有效期内，被冻结的优惠券会被释放，供买家继续使用；若优惠券已过期，则优惠券失效。

当买家使用优惠券时，优惠券会优先抵扣尾款，如尾款金额不足抵扣优惠券金额，则会优先抵扣首付款。含优惠券订单支付成功后视为优惠券已使用，发生退款行为时，退款金额不包括优惠券金额。

（三）优惠券设置规则

优惠券目前有满减券和满折券两种。优惠券的标题设置须在60个字符以内，有效期不得超过62天。商家同时可发10张优惠券，1张优惠券最多可以发售1万张。优惠券可以设置为全店铺商品和特定商品适用，特定商品上限为 50 款，当优惠券设置适用范围为全店铺商品时，直接下单品和非直接下单品均适用；当优惠券设置适用范围为特定商品时，只适用于直接下单品。优惠面额最低设置 5 美元，可设置 5 的倍数。发放中优惠券可以增加数量，如要减少优惠券数量需要停止使用优惠券后再进行设置。当设置多张优惠券时，商品详情页会按照以下展示顺序展示多张优惠券：平台券优先于店铺券，即优先展示平台券，再展示店铺券；如果券的类型一致，则优惠力度越大的券排序越靠前。

三、创建满减优惠券实操

（1）在后台选择“营销中心”—“优惠券”，选择“创建优惠券”。优惠券页面如图 5－15 所示。

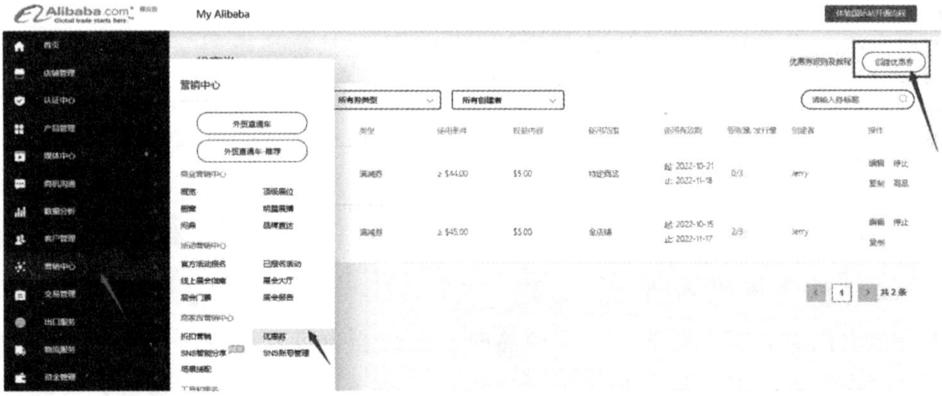

图 5－15　优惠券页面

（2）在创建优惠券界面中，首先填写券标题、使用场景和有效期等基本信息。创建优惠券如图 5－16 所示。

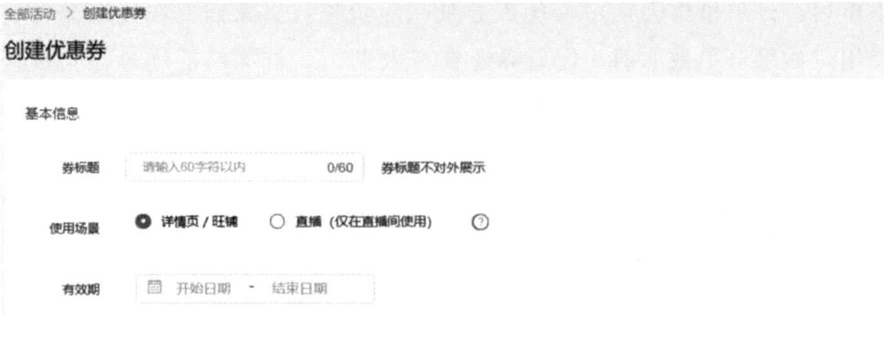

图 5－16　创建优惠券

（3）创建券类型为“满减券”的优惠券，设置券数量、优惠面额和使用门槛。设置数量、面额等信息如图5-17所示。

图5-17 设置数量、面额等信息

（4）设置产品信息。选择适用范围，确定使用人群，并设置发布时间，点击“创建”完成操作。设置产品信息如图5-18所示。

图5-18 设置产品信息

任务四 外贸直通车搜索推广类型

一、外贸直通车概念与原理

外贸直通车是一种按点击付费的国际营销推广工具，涵盖关键词推广、定向推广、测品测款等多种形式。它既可以用于推广外贸店铺，也可以针对单个商品进行推广。

由卖家设置关键词出价，当国际买家搜索关键词时，系统会匹配精准流量，为店铺带来潜在的成交机会，这就是外贸直通车的原理。若要在外贸直通车开展推广，需为商品设置相应的关键词及推广标题。倘若国际买家通过关键词搜索，并在直通车推广位点击后进入商品详情页，系统将依据设定的关键词进行扣费。这一机制能有效帮助外贸企业将自己的商品和店铺精准地展示给目标国际客户，提高国际市场推广的效率和效果。

二、外贸直通车定向推广

外贸直通车定向推广是依托平台海量且丰富的数据库，综合运用网页内容定向、国际买家人群行为习惯定向、人群基本属性定向等多样化的定向技术，精确地锁定目标国际客户，并把推广信息展示在目标客户浏览的网页中的一种付费推广模式。

外贸直通车的目标是为外贸店铺引入精准的国际流量，有效节省成本，助力店铺做好国际市场的策略规划，提高店铺在国际交易中的转化率，增强在国际搜索中的权重，进一步提升商品在国际平台上的自然搜索排名。这样可以帮助外贸商家更好地拓展海外市场，提升国际业务的竞争力，促进外贸业务的持续发展和增长。

三、外贸直通车搜索推广类型

外贸直通车搜索推广的货品营销类型包括新品成长、测品测款、爆品助推、优品抢位。

（一）新品成长

对于卖家而言，新品成长推广类型能够帮助他们聚焦于近 90 天的新发品。通过自主挑选核心关键词，卖家可以有针对性地将这些新品推向市场。这一过程就像是为刚诞生的产品开启一段市场探索之旅，利用核心关键词让产品在众多商品中崭露头角，以便更好地了解新品在市场中的竞争力和接受程度。

1. 优势分析

早期市场洞察使卖家能够在新品推出的早期阶段，就对市场反应有一个直观的认识。例如，通过观察新品在推广过程中的曝光量、点击率等数据，卖家可以判断市场对该产品的兴趣程度。

卖家自主选择关键词，有助于优化关键词策略。他们可以根据市场反馈调整关键词，使新品更容易被目标客户搜索到。比如，如果发现某个关键词带来的流量虽多但转化率低，就可以更换更精准的关键词。

2. 适用场景

新品成长适合经常推出新产品的卖家。例如，服装行业季节性新品推出频繁，利用新品成长推广可以快速测试新款服装在市场中的受欢迎程度；又如电子科技产品行业，新产品不断更新换代，通过这种推广方式能及时了解市场对新技术产品的接受度。

（二）测品测款

卖家能够根据自己的判断挑选产品进行推广测试。这就像是把产品放在一个虚拟的市场实验室中，通过外贸直通车的推广渠道，观察产品在网站上的各种表现指标。这些指标包括但不限于曝光量、点击量、询盘量等，从而挖掘出那些具有潜力成为爆款或者热卖品的商品。

1. 优势分析

在大规模投入资源生产和推广产品之前，通过测品测款可以提前发现可能不受市场欢迎的产品，从而避免库存积压等风险。例如，家居用品卖家在推出新的家居摆件系列之前，通过测品测款，发现其中某一款式的曝光和点击都很低，就可以及时调整策略，减少对该款式的生产。

精准选品有助于卖家精准定位有潜力的商品。通过对不同产品的测试，卖家可以将资源集中在市场反应良好的产品上，提高销售效率。比如，玩具制造商通过测品测款，发现某一款益智玩具的询盘率很高，就可以加大对这款玩具的生产和推广力度。

2. 适用场景

测品测款适合产品种类丰富、需要不断筛选优势产品的卖家。例如，饰品行业款式众多，通过测品测款可以找出最受市场欢迎的款式；又如礼品行业，不同节日和场合需要不同的礼品，测品测款能够帮助卖家确定每个时期的热门礼品选项。

（三）爆品助推

卖家在爆品助推中可以发挥主观能动性，挑选核心关键词和核心产品，采用爆品助推的主要目标是提升产品的询盘转化率。这意味着卖家通过对关键词和产品的精心选择，利用外贸直通车的推广力量，让核心产品在市场中获得更多关注，并且将这些关注有效地转化为实际的询盘，进而增加销售机会。

1. 优势分析

卖家可以集中精力在已经被认为是核心的产品上，通过优化关键词和推广策略，重点提升这些产品的市场表现。例如，运动器材卖家已经确定某款健身器材是核心产品，通过爆品助推，利用精准的关键词如“高端家用健身器材”等，吸引更多潜在买家并促使他们询盘。

询盘提升以询盘转化为导向，能够直接为卖家带来更多的业务机会。相比单纯的曝光，询盘更有可能转化为实际订单。例如，机械零部件供应商通过爆品助推，提高核心零部件产品的询盘转化率，从而增加与采购商的合作机会。

2. 适用场景

爆品助推适合有明确核心产品的卖家。例如，汽车配件行业，某些热门车型的关键配件就是核心产品；又如户外装备行业，一些经典的帐篷、登山鞋等产品可以作为核心产品进行爆品助推，以提高其在市场中的询盘和销售机会。

（四）优品抢位

优品抢位是一种专属推广计划，只有店铺内实力优品和爆品才有资格参与。卖家可以为计划内的商品设定抢位目标，并且通过设置投放流量来实现实时精准抢位。这就好比是一场优质产品的排位赛，卖家利用资源为自己的优质产品争取更好的展示位置，以获得更多的流量和曝光机会。

1. 优势分析

将推广资源集中在店铺的优质产品上，通过优质资源聚焦能够最大化地发挥这些产品的优势。例如，对于一家电子产品店铺，其获得好评的高端耳机和智能手表等优品和爆品参与优品抢位，能够在竞争激烈的市场中占据更有利的展示位置，吸引更多潜在买家。

通过实时精准抢位，卖家可以根据市场动态和竞争对手的情况，灵活调整投放流量，确保自己的产品在关键位置展示。比如，在购物高峰期，增加投放流量，抢夺热门搜索词下的优质展示位，可以提高产品的曝光率和点击率。

2. 适用场景

优品抢位适合店铺中有一定数量优质产品的卖家。例如，美妆店铺中有明星产品系列，或者家居品牌店中有高端设计师系列产品，这些优质产品可以通过优品抢位推广计划，在市场中获得更突出的展示效果，提高品牌知名度和产品销量。

四、外贸直通车关键词推广

对于店铺中有一定数量优质产品的外贸卖家而言，外贸直通车关键词推广是一种极为有效的推广方式。通过精准选择与产品特性、国际市场需求相匹配的关键词，这些优质产品能够在国际市场竞争中获得更显著的展示效果。这不仅有助于提高品牌在国际上的知名度，使国际消费者更容易发现和认可该品牌，而且能有效促进产品销量的提升，吸引更多国际订单，增强外贸店铺在国际市场中的竞争力，从而拓展海外业务版图。

简单来讲，外贸直通车关键词推广是一种依据关键词来寻找目标人群的推广模式，它能够精准匹配具有相应搜索行为的买家。在整个关键词推广的流程中，最为基础且至关重要的环节就是关键词的选择。合适的关键词就像是打开宝藏的钥匙，能让卖家的商品在海量的信息中脱颖而出，精准地呈现在潜在买家面前。直通车关键词添加可以细分为以下几个关键步骤。

（一）产品分析

这是整个关键词添加过程的起始点。卖家需要全面且深入地了解自己的产品，包括产品的功能、特性、优势、适用人群、使用场景等各个方面。比如，如果是一款新型的户外运动背包，卖家就要分析它的容量大小、背负系统的舒适性、材质的防水耐磨性能、有哪些独特的设计（如多个便捷的收纳口袋、可调节的肩带等）、适合哪些运动场景（是徒步、登山还是骑行），以及适合哪类户外运动爱好者（是专业驴友还是休闲运动者）。只有对产品有清晰透彻的理解，才能为后续选择合适的关键词奠定坚实的基础。

（二）选词

在完成产品分析后，就进入了选词阶段。选词需要综合考虑多方面因素，既要从产品本身出发，选取能够准确描述产品特点的词汇，如上述户外运动背包的“大容量”“防水耐磨”“人体工学背负系统”等；又要结合市场情况和买家的搜索习惯，比如了解国际户外运动爱好者常用的搜索词汇，可能包括“hiking backpack（徒步背包）”“mountaineering bag（登山包）”等热门搜索词；还可以参考竞争对手的关键词选择，分析他们使用的高频有效词汇。同时，要注意关键词的热度和竞争程度，尽量选择既有一定搜索量又竞争相对较小的“蓝海”关键词，以提高推广效果。

（三）加词

当筛选出合适的关键词后，就需要将它们添加到直通车系统中。在加词过程中，要注意设置合理的匹配方式，如精准匹配或广泛匹配，还要根据关键词的表现和预算情况，合理调整出价，确保关键词能够在合适的时机展示给目标买家，发挥最大的推广价值，为店铺带来更多有价值的流量和潜在订单。

五、外贸直通车定向推广操作步骤

（1）进入跨境电商数字营销系统，找到平台广告营销下的外贸直通车页面，点击“新建推广计划”。外贸直通车页面如图 5 - 19 所示。

图 5 - 19　外贸直通车页面

（2）选择营销目的，并添加计划名称。推广营销设置页面如图 5－20 所示。

图 5－20　推广营销设置页面

（3）点击添加商品，勾选可报名商品，点击“提交”。选择报名商品如图 5－21 所示。

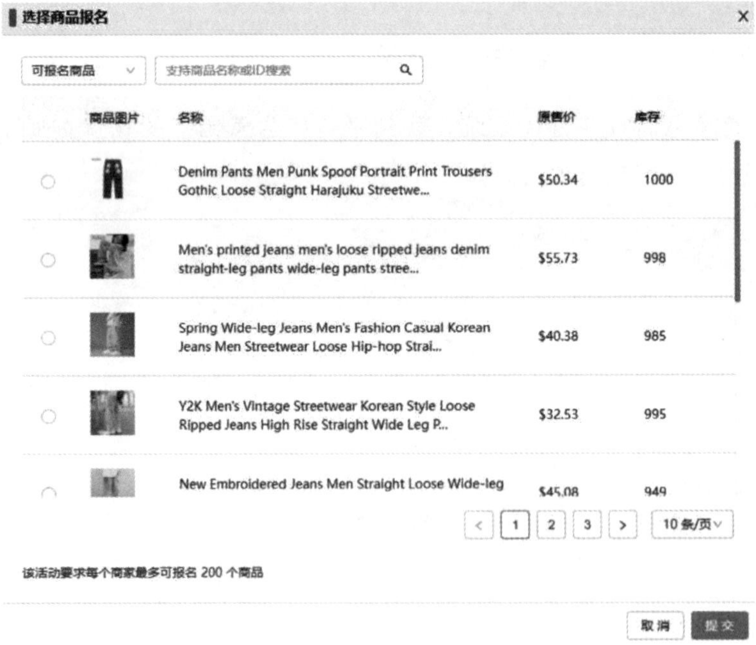

图 5－21　选择报名商品

（4）单击“添加关键词”，选择关键词偏好。添加关键词如图 5－22 所示。

图 5－22　添加关键词

根据推广评分与推荐理由筛选关键词。筛选关键词如图 5－23 所示。

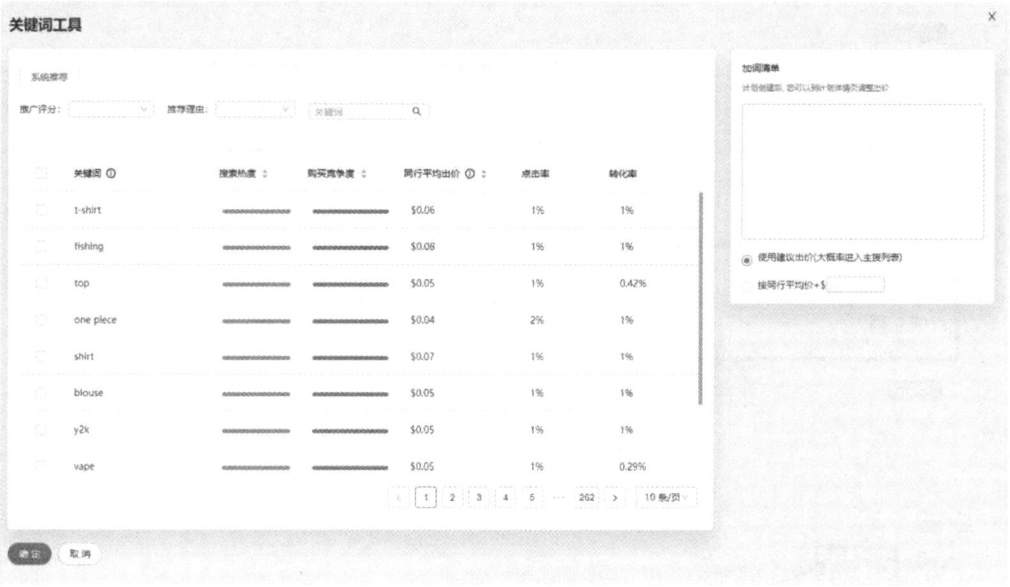

图 5－23　筛选关键词

将关键词添加到加词清单，并设置出价。设置出价如图 5－24 所示。

（5）填写投放设置，包括填写计划日预算，选择出价方式。填写投放设置如图 5－25所示。

（6）在推广管理中可以查看创建的推广计划，支持启动、暂停或删除计划。查看推广管理如图 5－26 所示。

（7）点击推广计划，可以查看具体计划的数据详情，并进行产品替换、关键词增删等操作。查看具体计划如图 5－27 所示。

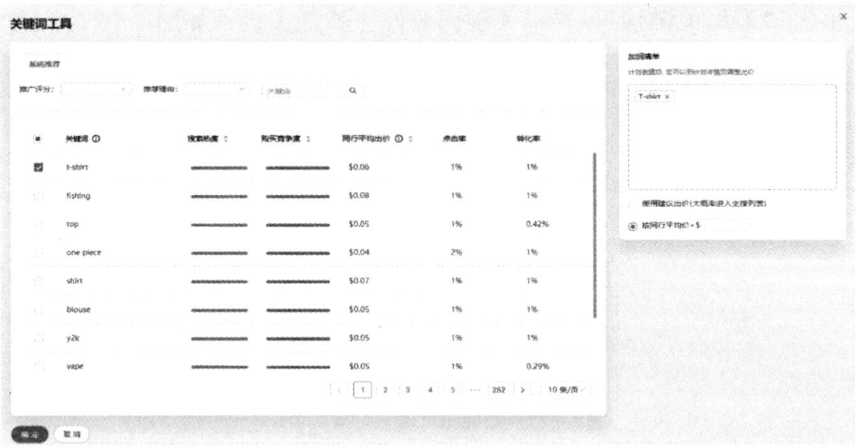

图 5-24 设置出价

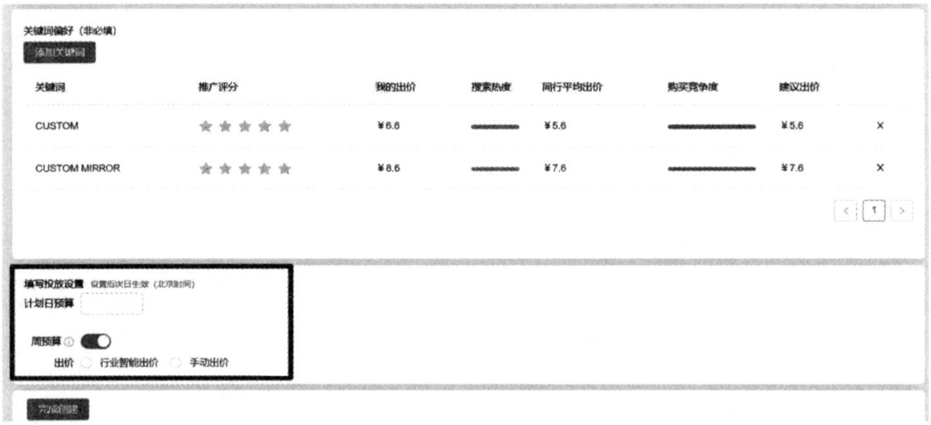

图 5-25 填写投放设置

图 5-26 查看推广管理

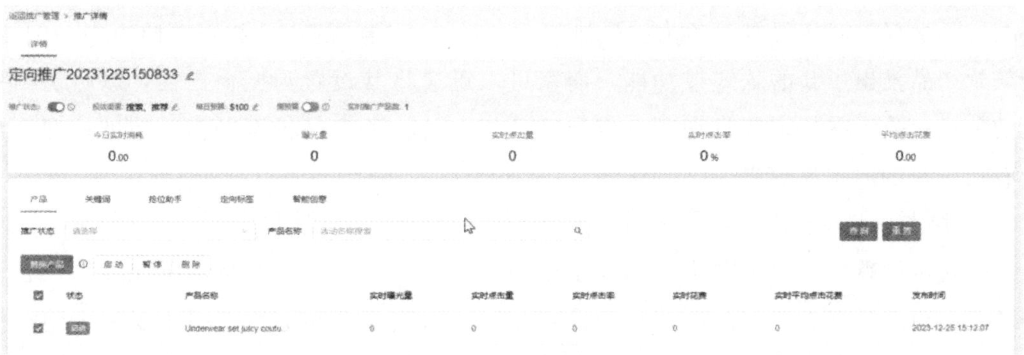

图 5-27 查看具体计划

任务五 橱窗管理

一、商品橱窗的概念

商品橱窗是用来展示商品的，在电商行业，首页展示的好位置一般作为窗口产品位置，也就是窗口推荐。阿里巴巴国际站和速卖通都提供商品橱窗展示位。

阿里巴巴国际站的橱窗就像平时逛街看到的商品玻璃展示窗口或展示区域，这个位置拥有绝佳的曝光机会。产品推广运营可以将自己店铺的主打产品设置成橱窗产品，在旺铺首页进行展示。在同等情况下橱窗产品排名优于普通产品。一般会员（出口通）有 10 个橱窗位，金品诚企有 40 个。如果觉得橱窗数量不够，商家可以额外购买。

（一）商品橱窗的优势

橱窗产品具有多方面的显著优势，具体包括以下几点。

1. 排名优先

在各种商业平台的搜索展示规则中，排名对于产品的曝光度和流量获取至关重要。橱窗产品在这方面拥有得天独厚的优势，即在同等条件下，其排名会显著地排在非橱窗产品之前。这种排名优势就像是在激烈的商业竞争中为橱窗产品开辟了一条专属的“快车道”。当消费者进行搜索时，橱窗产品能够更进入他们的视野，极大地增加了被选中的可能性，从而提高了产品的点击率和购买转化率。

2. 自主设置橱窗

商家在经营过程中，需要根据市场动态、产品库存、销售策略，以及不同季节或活动主题等多种因素来灵活调整主打产品的推广。橱窗产品正好满足了这一需求，商家能够自主更换橱窗展示产品。这意味着商家可以轻松掌握主打产品推广的主动权，根据实际情况随时将最具竞争力、最热门或者最希望推广的产品放置在橱窗中。例如，当某款产品推出了新的款式或功能，商家可以迅速将其设置为橱窗产品，以吸引消费者的关注；或者在特定节日期间，将与节日相关的特色产品推至橱窗，精准地迎合消费者在该时期的购物需求。

3. 拥有公司网站首页推广专区

公司网站首页是整个网络营销体系中的核心展示区域，其流量和关注度往往是最高的。橱窗产品拥有公司网站首页的推广专区，这就为产品的推广提供了一个绝佳的舞台。通过在首页的展示，主打产品能够获得更高的曝光量和更广泛的传播范围。这不仅有助于提升产品在消费者心中的知名度和品牌形象，而且能够有力地增强主打产品的推广力度，吸引更多潜在客户的关注，将产品信息更深入地传达给目标受众，进而促进产品的销售和品牌的发展。

（二）国际站商品橱窗规则

1. 橱窗数量

在阿里巴巴国际站等相关外贸平台中，橱窗数量会因会员类型而有所不同。对于出口通会员而言，其自带 2 组橱窗，总计 10 个。这是出口通会员在平台上推广产品的重要资源，新注册的店铺系统还会额外赠送橱窗产品，助力新商家起步。而金品诚企会员则拥有更多的橱窗资源，有多达 40 个橱窗。这些橱窗能够帮助企业更好地展示自己的主打产品，提高产品的曝光度和竞争力。如果企业觉得现有的橱窗数量无法满足自身的推广需求，还可以联系平台客户经理单独购买更多的橱窗，从而进一步扩大产品推广的覆盖面。

2. 橱窗开通

（1）待开通订单

在平台的后台管理系统中，商家可以方便地查看未开通的橱窗订单。这一功能为商家提供了灵活安排橱窗开通时间的机会，商家可以根据自身的运营计划和市场策略，选择合适的设置日期来开通橱窗。需要特别注意的是，对于平台赠送的橱窗订单，商家务必在签约后的 90 天内完成开通时间的设置。如果商家未能提前设置开通时间，系统将按照默认规则自动为其开通。这是为了确保商家能够及时利用橱窗资源开展产品推广，避免因疏忽而造成资源浪费。

（2）待投放订单

这一概念涉及已经设置了开通时间，但尚未开始服务的橱窗组数。商家可以通过平台清晰地了解这部分橱窗的情况。这一阶段是橱窗服务启动前的准备时期，商家可以在这个时间段内再次核对相关信息，确保橱窗开通后能够顺利发挥作用，比如检查产品信息是否准确无误地与橱窗绑定，推广策略是否已经准备就绪等。

（3）服务中订单

商家可以通过此功能查看目前正在服务中的订单的到期日。这对于商家的长期运营规划至关重要。通过知晓到期日，商家可以提前准备续签新订单，以保证橱窗推广服务的连续性，避免因订单到期而出现推广中断的情况。同时，商家还可以到“橱窗产品设置”页面调整产品的排序。根据不同时期的市场反馈和销售数据，灵活调整橱窗内产品的排序，能够更好地突出重点产品，优化推广效果，使橱窗资源得到更合理的利用，最大程度地增加产品的曝光和销售机会。

二、商品橱窗优化技巧

（一）调整关键词组合，优化橱窗关键词的搭配

在电商运营中，关键词的选择和组合对于橱窗产品的展示效果有着至关重要的作用。橱窗关键词的优化就像是为产品打造一把精准的“钥匙”，能够打开更多流量入口的大门。商家需要深入分析目标市场和客户搜索习惯，对现有关键词进行细致梳理，比如将产品的功能、特性、适用场景等相关关键词进行多样化组合。商家不能仅仅局限于简单的产品名称，而是要拓展出更丰富、更具针对性的关键词表述。例如，对于一款时尚运动鞋，除了“运动鞋”这个基本关键词外，还可以结合“轻便透气运动鞋”“户外运动时尚跑鞋”等组合。这种方式可以增加产品在搜索结果中被匹配到的概率，使橱窗产品能够在众多同类产品中脱颖而出，吸引更多潜在买家的目光。

（二）关键词竞争大，难以推送，可选择橱窗竞争数较低但热度相对较高的关键词做主关键词

在竞争激烈的电商市场中，某些热门关键词往往被大量商家使用，导致竞争异常激烈。如果继续围绕这些竞争大的关键词来推送橱窗产品，很难让产品获得足够的曝光机会。此时，商家需要转变策略，精心筛选那些橱窗竞争数较低但热度相对较高的关键词作为主关键词。这需要商家运用数据分析工具和市场调研来挖掘这些“潜力关键词”。比如，一些新兴的行业趋势词汇或者特定细分领域的高需求词汇，它们虽然尚未被广泛应用于橱窗关键词竞争中，但却有着较高的搜索热度。通过选择这样的关键词，能够让橱窗产品在相对较小的竞争环境中获得更多的展示机会，从而吸引那些对特定领域或新趋势有兴趣的买家，提高产品推送的精准度和效果。

（三）可借助P4P付费点击，优先推广橱窗产品，迅速丰富橱窗产品的数据积淀，从而提高买家喜好度

P4P（Pay for Performance）付费点击是一种高效的推广手段，在橱窗产品推广中具有独特的优势。商家可以利用P4P平台，将橱窗产品设置为优先推广对象。当买家

在搜索相关关键词时，橱窗产品通过付费点击机制能够获得更靠前的展示位置，从而增加被点击的概率。随着点击量的增加，橱窗产品的数据积淀会迅速丰富起来。这些数据包括点击率、浏览时长、转化率等多种指标，它们是衡量买家对产品喜好程度的重要依据。例如，更多的点击量意味着更多的买家对产品产生了兴趣，而较长的浏览时长则反映出产品对买家的吸引力。丰富的数据积淀能够让平台算法更准确地识别出产品的优势和受欢迎程度，进而将产品推荐给更多具有相似购买倾向的买家，形成一个良性循环，不断提高买家对橱窗产品的喜好度。

（四）旺铺首页多放橱窗产品，利用旺铺访客来丰厚数据沉淀

旺铺首页是店铺流量的核心汇聚点，这里汇聚了来自各个渠道的访客。将更多的橱窗产品放置在旺铺首页，就像是在店铺最显眼的位置展示最优质的商品，能够最大限度地吸引访客的注意力。当访客浏览旺铺首页时，橱窗产品就有更多机会被浏览和点击。每一次的浏览和点击都会产生有价值的数据，这些数据会不断积累，形成丰富的数据沉淀。例如，不同地区的访客对橱窗产品的浏览偏好、不同时间段的访问量变化等数据，都可以为商家后续的运营决策提供有力支持。商家可以根据这些数据优化橱窗产品的展示顺序、调整产品种类或改进产品描述，进一步提高橱窗产品对访客的吸引力，从而使旺铺首页成为一个强大的数据收集和产品推广平台。

（五）橱窗产品设置超链接，互相带动，用效果好的橱窗做引流

在橱窗产品的运营中，巧妙设置超链接是一种非常有效的策略。通过在不同的橱窗产品之间建立超链接，可以实现产品之间的相互带动。当一个效果好的橱窗产品吸引了大量买家访问时，这些买家可以通过超链接轻松访问其他相关的橱窗产品。例如，对于一家销售服装的店铺，如果一款连衣裙的橱窗展示效果非常好，获得了较高的点击率和购买率，商家可以在这款连衣裙的产品页面设置超链接，引导买家浏览店铺内的其他服装产品，如搭配的外套、配饰等橱窗产品。这样，就可以充分利用效果好的橱窗产品的流量优势，为其他橱窗产品引流，实现整个橱窗产品系列的协同推广，提高店铺内所有橱窗产品的整体曝光度和销售量。

三、商品橱窗管理要点

（一）关键词与产品精准匹配

关键词与产品的精准匹配是电商运营的基石，其重要性不言而喻。其是一项基础工作，因为它是整个搜索和展示机制的核心环节。只有当关键词准确地描述了产品的特性、功能、用途、材质等关键信息，买家在搜索时才能够快速、精准地找到目标产品；同时，其也是重点工作，精准匹配的关键词能够提高产品在搜索结果中的相关性得分，使产品在众多竞争对手中脱颖而出。例如，对于一款具有智能语音控制功能、

适合小户型使用的空气净化器，关键词就应包含“智能语音空气净化器”“小户型空气净化器”等，而不能仅仅是宽泛的“空气净化器”。商家需要深入了解产品的每一个细节，通过市场调研和数据分析，找出最能代表产品的关键词组合，以确保每一个搜索这些关键词的潜在买家都能看到与之匹配的产品。

（二）热门搜索词与橱窗产品相结合

在电商运营中，热门搜索词对于橱窗产品的推广至关重要。由于橱窗产品本身具有排名优势，将热门搜索词应用于橱窗产品，就像是为精锐部队配备了最先进的武器，能够让其在电商推广中发挥最大的作用。热门搜索词往往代表着当前市场上消费者最关注的需求和趋势，选择这些词汇作为橱窗产品的关键词，可以使产品更容易被大量潜在买家搜索到。这样一来，不仅能够充分发挥橱窗排名优先的作用，增加产品的曝光量，还能吸引更多的流量，进而创造更多的商业价值。例如，在某个特定季节，当“夏季清凉防晒衣”成为热门搜索词时，如果将其应用于橱窗中防晒衣产品的关键词设置，就有机会让该产品在众多防晒衣中获得更多关注，从而提高销量。

（三）不同橱窗覆盖不同关键词

为了实现更全面、更精准的推广效果，每个橱窗都应覆盖不同的关键词。不同的关键词代表着不同的搜索意图和用户群体，通过为每个橱窗分配独特的关键词，可以扩大产品的覆盖范围，吸引更多类型的潜在买家。例如，对于一家销售电子产品的店铺，一个橱窗可以针对“高端游戏笔记本电脑”这一关键词，吸引游戏玩家；另一个橱窗则可以围绕“轻薄便携办公笔记本电脑”，面向商务人士。这样，通过多样化的关键词布局，店铺能够满足不同客户群体的需求，提高整个橱窗产品系列的吸引力和竞争力。

（四）产品方面要选择主推产品/实力优品/打爆产品

在选择放入橱窗的产品时，需要有针对性地挑选那些具有核心竞争力的产品，即主推产品、实力优品或打爆产品。主推产品通常是商家希望重点推广、具有一定特色和优势的产品，它们往往代表了店铺的品牌形象和核心业务。实力优品则是经过市场验证，在品质、性能、口碑等方面表现出色的产品，这些产品已经获得了一定的客户认可，放入橱窗能够进一步巩固其优势地位。而打爆产品则是具有巨大销售潜力和市场需求的产品，它们有可能在短时间内成为店铺的爆款。例如，一款新推出的、拥有独特设计和创新功能的手机可以作为主推产品；一款长期以来用户评价极高、销量稳定的经典手机型号则是实力优品；而一款在市场上刚刚流行起来、受到广泛关注且性价比极高的手机就有成为打爆产品的潜力。将这些类型的产品放入橱窗，可以最大限度地发挥橱窗的推广作用，提高产品的销量和店铺的知名度。

（五）谨慎考虑自然排名和直通车推广的关系

在电商平台的推广策略中，需要谨慎考虑自然排名和直通车推广的关系，特别是对于那些自然排名已经相当靠前的橱窗产品。当一个橱窗产品在自然排名中表现优异，如已经进入前 10 名时，从成本效益的角度来看，可以选择暂不将其加入直通车推广。这是因为自然排名已经为产品带来了可观的流量和曝光度，此时再加入直通车可能会增加推广成本，但收益提升可能并不明显。然而，这并非绝对的操作方式，因为直通车产品确实有其独特的优势，即能够获取更多的流量。直通车通过付费推广的方式，可以在搜索结果中获得更突出的展示位置，进一步提高产品的曝光量和点击率。所以，对于是否加入直通车，商家需要根据产品的具体情况、市场竞争状况及预算等因素来综合判断。如果产品所在市场的竞争非常激烈，或者商家有足够的预算且希望进一步扩大产品的优势，即使自然排名靠前，也可以考虑同时使用直通车进行推广。

（六）产品详情中“推荐模块”尽可能多选择橱窗产品

在产品详情页面的“推荐模块”中，合理选择橱窗产品具有重要意义。这一举措主要有两方面的作用；一方面，通过在推荐模块中展示橱窗产品，可以让更多的客户看到店铺的优势产品。当客户浏览某一款产品的详情时，推荐模块中的内容能够吸引他们进一步了解店铺内的其他相关产品。由于橱窗产品本身就是经过挑选的优质产品，将其展示在推荐模块中，能够增加这些优势产品的曝光机会，提高客户发现并购买其他产品的可能性。另一方面，这也为店铺的主推产品创造了更多数据积累的机会。客户对推荐模块中橱窗产品的浏览、点击等行为都会产生数据，这些数据对于分析客户行为、产品偏好及优化推广策略至关重要。例如，通过分析推荐模块中不同橱窗产品的数据，商家可以了解哪些产品更受客户关注，哪些产品的推荐组合效果更好，从而对产品的推荐顺序、展示内容等进行调整，进一步提高主推产品的推广效果和销售转化率。

四、商品橱窗管理操作步骤

（1）进入平台，找到“平台广告营销”—“商品橱窗”，若推广中的橱窗和未使用橱窗的数量都为 0，需要先进入橱窗订单管理中购买橱窗。商品橱窗页面如图 5－28 所示。

（2）购买橱窗数量后，需要开通已购买的橱窗，点击操作中的“设置”。设置橱窗如图 5－29 所示。

（3）选择橱窗开通的时间，点击确定。橱窗开通如图 5－30 所示。

（4）回到橱窗产品管理界面，点击添加产品。添加产品如图 5－31 所示。

图 5-28　商品橱窗页面

图 5-29　设置橱窗

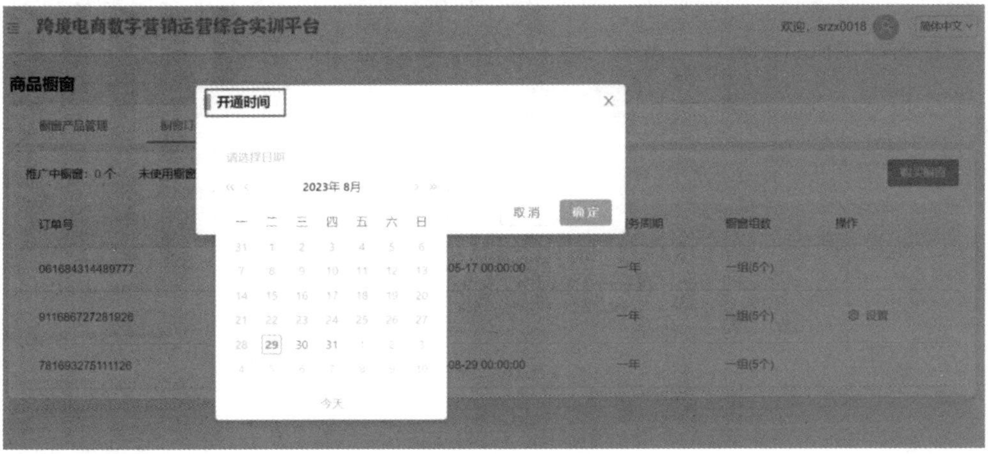

图 5-30　橱窗开通

图 5－31　添加产品

（5）勾选商品，点击“提交”，将产品放入橱窗展示位。勾选商品如图 5－32 所示。

图 5－32　勾选商品

（6）在“橱窗产品管理”中，对于推广中的橱窗商品，可以进行查看效果趋势，以及替换和优化产品的操作。管理产品如图 5－33 所示。

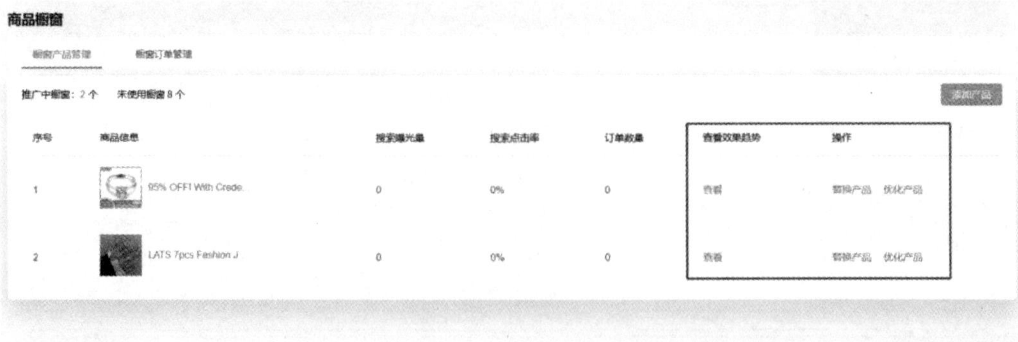

图 5－33　管理产品

（7）点击替换产品，可以选择商品进行替换。替换产品如图 5－34 所示。

图 5－34　替换产品

（8）点击优化产品，可以对效果不佳的产品进行再次编辑，完成产品信息的优化。优化商品信息如图 5－35 所示。

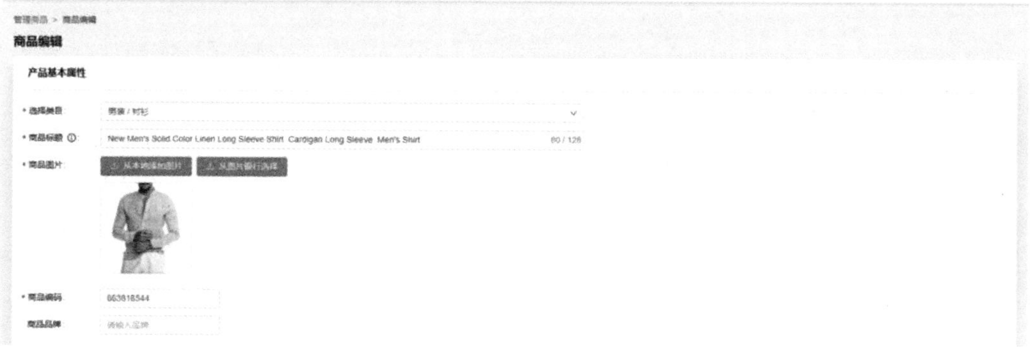

图 5－35　优化产品信息

课后习题

一、选择题

1. 以下属于传统营销渠道的是（　　）。

A. 搜索引擎营销　　　　B. 参加贸易展览会

C. 社交媒体营销　　D. 直播短视频营销

2. 阿里巴巴国际站在跨境B2B交易中扮演着重要角色，其主要优势不包括(　　)。

A. 庞大的用户基础　　B. 精准的企业级用户定位

C. 仅提供免费服务　　D. 便捷流畅的交易体验

3. 在优惠券营销中，满减优惠券的设置能够起到很多作用，除了(　　)。

A. 吸引新客户　　B. 提高客单价

C. 降低产品成本　　D. 促进客户复购

4. 外贸直通车定向推广的操作步骤不包括(　　)。

A. 选择推广计划类型　　B. 进行产品关键词筛选

C. 设置定向推广人群　　D. 优化推广出价

5. 在商品橱窗管理中，优化橱窗商品的要点不包括(　　)。

A. 选择热门但低质量商品　　B. 定期更新橱窗商品

C. 优化商品标题和描述　　D. 提高商品图片质量

二、简答题

1. 简要阐述数字化营销渠道相比传统营销渠道的优势有哪些。

2. 简述阿里巴巴国际站的主要功能，并举例说明如何利用这些功能进行跨境B2B营销。

3. 说明参加线上展会这种官方活动对企业跨境B2B营销的意义，以及企业应如何做好线上展会营销。

4. 解释外贸直通车关键词推广中，关键词选择和出价优化的重要性及方法。

5. 分析商品橱窗管理对提升店铺整体竞争力的作用，并分享一些提升橱窗商品点击率的技巧。

三、案例分析题

1. 某跨境B2B企业主要从事电子产品出口业务，过去主要依赖传统营销渠道，但推广效果逐渐不理想。请你结合本章节所学内容，为该企业制定一份数字化营销渠道转型方案，要求包括渠道选择、营销策略制定等方面。

2. 一家新入驻阿里巴巴国际站的服装企业，希望通过平台的营销活动提升知名度和销量。请你为其设计一个参与WEEKLY DEALS活动的营销方案，要求包括活动前准备、活动中执行和活动后跟进等环节。

3. 某企业在使用外贸直通车进行推广时，发现关键词推广的效果不佳，转化率较低。请你分析可能存在的问题，并提出改进措施，要求包括如何优化关键词选择、调整出价策略及优化推广页面等方面。

4. 假设你是一家家居用品企业的电商运营人员，负责管理企业在阿里巴巴国际站的商品橱窗。请举例说明如何根据不同季节和市场需求优化橱窗商品展示，以提高商品的曝光率和销售量。

四、实操题

1. 在阿里巴巴国际站上，完成一次线上展会的报名流程，并记录关键步骤和注意事项。

2. 根据所学优惠券营销知识，创建一个针对某类产品（自定）的满减优惠券，设置合理的规则和使用条件，并模拟分析其可能对销售产生的影响。

3. 选择一款产品，在阿里巴巴国际站外贸直通车中进行关键词推广设置，要求包括选择关键词、设定出价、撰写推广标题和描述等操作，然后观察推广效果并记录数据。

4. 对阿里巴巴国际站店铺中的商品橱窗进行优化管理，选择至少三款商品进行调整，要求包括更换图片、优化标题和描述等操作，对比优化前后的数据变化（如曝光量、点击量等）。

项目 6

B2B 客户管理

学习目标

➢ 知识目标

1. 了解电子商务客户服务的基本概念、分类及能力要求。

2. 掌握 B2B 客户沟通技巧，以及客户信息管理、信用评价及管理、退货处理、纠纷处理等。

3. 掌握售前、售中、售后服务策略，以及 B2B 平台发出或回复的站内信模板设置。

4. 认识维护客户和妥善处理其争议与纠纷的重要性，熟悉平台纠纷处理流程，掌握维护客户、处理争议与解决纠纷的方法。

➢ 技能目标

1. 能准确进行在线沟通交流，针对客户的不同需求进行回复和发布站内信。能够在电商平台设置站内信模板，在服务客户时灵活选择预先设置好的站内信模板。

2. 能做好售前、售中、售后服务。针对顾客提出的异议和平台纠纷，能根据电商平台规则，及时跟进并处理。

3. 能够恰当处理中差评及买家未收到货引起的纠纷。

4. 能够妥善解决产品质量引起的纠纷问题。

5. 能够对买家进行二次营销。

项目导入

维护好客户关系能够帮助店铺吸引更多的回头客、降低营销成本、提升客单利润率、保持店铺运营活力。但是交易过程中，难免也会产生差评和交易纠纷，此时就需要卖家巧妙处理，既能减少自身损失，还能最大限度地提升客户满意度。

客户是生意之本，是店铺能否经营下去的关键。从这个意义上来说，卖家应该把客户的体验放在首位，针对不同客户的特征进行分层管理和维护，为其提供更好的服务，最终提升新老客户转化率和复购率，提升店铺业绩。

本章通过对客户服务工具的认识、客户服务工具应用技巧、客户整理与分层、客户服务的特点及存在的误区等的阐释，讲述如何更好地进行B2B客户管理。

任务一 电子商务客服

客户服务（简称客服）主要体现了一种以客户为导向的价值观，它整合及管理预先设定的最优成本——服务组合中客户界面的所有要素。换言之，任何能提高客户满意度的服务内容都属于客户服务的范围。客户满意度是指客户体会到的他实际所“感知”的待遇和“期望”的待遇之间的差距。

一、电商客服的含义

电商客服是指在开设电商网店的新型商业活动中，充分利用各种网络通信工具，为买家提供全方位客户服务的岗位或人员。其在网店的推广、产品的销售及售后客户维护方面均起着极为重要的作用。

电商客服是承载着客户投诉、订单业务受理（新增、补单、调换货、撤单等）、通过各种沟通渠道获取并参与客户调查、与客户直接联系的一线业务受理人员。作为承上启下的信息传递者，客服还肩负着及时将客户的建议传递给其他部门的重任，如客户对于产品的建议、线上下单操作修改反馈等。

二、电商客服的分类

客服基本可分为人工客服和电子客服，其中电子客服又可细分为文字客服、视频客服和语音客服三类。文字客服是指主要以打字聊天或者电子邮件、站内信的形式进行的客户服务；视频客服是指主要以语音视频的形式进行的客户服务；语音客服是指主要以移动电话的形式进行的客户服务。

基于互联网的快速发展，电子通信工具越来越发达，电商客服作为一种全新的客户服务方式，出现在电商平台。电商客服依托网络、平台精湛的技术条件，综合了文字客服、视频客服和语音客服的全部功能，具有无可比拟的优势。

三、电商客服流程

在商业实践中客户服务一般分为三类，即售前服务、售中服务、售后服务。售前服务一般是指企业在销售产品之前为顾客提供的一系列服务，如市场调查、产品设计、提供使用说明书、提供咨询服务等。售中服务则指在产品交易过程中销售者向购买者提供的服务，如接待服务、商品包装服务等。售后服务是指凡与所销售的产品有连带关系的服务。

电商客服在服务过程中，综合了商业实践中的客服内容，表现为解决客人的疑问（关于商品、快递、售后、价格、网站活动、支付方式等疑问）、处理交易中的纠纷、售后服务，以及在订单出现异常或者无货等情况时与客户进行沟通协调，了解客户的实际需求。

四、电商客服工作内容

（一）解决疑问，促进销售

售前客服通常需要解答客户对产品的咨询、对售后服务和物流的咨询。售前客服应从专业角度为客户提供关于产品的信息，针对客户的需求推荐合适的商品，促使客户及时下单、付款，尽量提高转化率和客单价。

售前客服应该具备专业的商品知识，了解每件商品的特点，熟悉买家端下单的操作流程，以及面对客户讨价还价时需要的谈判技巧。针对客户经常提出的问题，建立一个完整、全面地常用话术文档，可以提高客服的日常回复效率。

（二）提升买家体验，安抚买家情绪

售中客服的任务主要是为买家提供物流信息，在发货之后第一时间给买家发一封提醒邮件，将物流服务商和物流跟踪单号，以及预计可以送达的时间告知买家。如遇特殊情况导致物流延迟，客服应及时、主动地联系买家，说明情况并尽量协助买家查询物流信息，安抚买家情绪。

（三）解决售后问题，降低纠纷率

售后客服的任务是处理买家收到货之后的事宜，在买家对商品没有意见的情况下，引导买家给商品留下好评，这对店铺评分及缩短资金回款周期都有好处。如果买家对收到的商品有使用方面的疑问，那么客服要指导买家掌握使用方法。如果出现商品质量问题，或者买家对商品不满意想要退货退款，就要求客服有一定的应变能力，一般情况可适当给予优惠或部分退款，既要让买家满意，又要权衡利弊，尽量减少损失。有时候可能会遇到恶意差评骗取好处的买家，不给好处就给差评，客服在处理这些恶意买家的差评时，可以在差评下面进行合理的解释，让后面的买家在下单时不受此差评影响。另外，客服还要筛选出这些恶意买家，建立黑名单，做好记录和防范。

售后客服需要经常面对买家情绪不好的情况，这就需要其具备危机处理能力，善于安抚买家情绪，积极解决纠纷，引导买家留下正面评价。

五、电商客服工作原则

（一）积极主动，主导沟通

客服不只是机械应对客户提问，当客户提出一个问题时，作为客服应尝试理解客

户问题背后的动机。比如，当客户提出问题："这件衣服除了白色以外有黑色吗?"客服可以尝试了解客户为什么想要黑色的衣服，客户提出这个问题背后的原因可能有：客户不喜欢白色；客户体形丰满穿黑色显瘦；客户所处地区排斥白色的衣服；客户因要参加某活动需要黑色衣服等。如果客服机械性回答客户没有黑色，这个客户很可能就会流失，但是如果客服了解了客户问题背后的动机，完全可以针对客户需求推荐其他商品供客户选择。

客服应尽量做到以下几点：

(1) 提供解决方案，让买家可以选择。无论是售前推荐商品，还是售后解决问题，客服都应主动为客户提供解决方案，并且尽可能提供一套以上的解决方案供客户选择。

(2) 话语柔和，善解人意。语气柔和亲切，让客户感觉到是在与人当面沟通，而不是与机器沟通。网络沟通因没有语气语调和面部表情，信息传达会部分损失，客服可以用笑脸表情和英文流行网络用语来弥补，拉近和客户的距离。

(3) 多做一些，让客户安心。如果物流延迟，客服可以主动告知客户物流运输情况，客服主动提供必要的信息可以让客户在购物和等待的过程中更有安全感，从而降低纠纷发生率，提高好评率。

(二) 实事求是，控制期望值

客服不能为了达到销售目做出过度营销，也不能为了暂时敷衍客户提问做出过度承诺。客服话术应以实事求是为原则，客户会对客服做出的承诺产生不同程度的期望值，客服应控制客户的期望值在可兑现的范围内。

(三) 承担责任，安抚情绪

客户发起售后咨询通常是因为某些原因造成这次交易不愉快，客服在接待售后咨询时应以安抚客户情绪为第一要素。

交易过程出现问题可能是卖家的责任，也可能是物流责任，甚至可能是客户自己的责任，客服面对客户提问应第一时间安抚情绪，再分辨责任。如果是卖家的责任，客服应第一时间承担责任，补偿客户损失；如果不是卖家责任，客服可以表示对客户困扰的理解，并且积极主动帮助客户解决问题。

六、电商客服工作意义

(一) 塑造公司形象

对于一个电商公司而言，客户看到的商品都是一张张的图片和文字描述，既看不到商家本人，也看不到产品本身，无法了解各种实际情况，因此往往会产生距离感和怀疑感。这个时候，客服就显得尤为重要。客户通过与客服的交流，可以逐步了解商家的服务和态度，从而在心目中树立起公司的良好形象。

（二）提高成交率

通过客服良好的引导与服务，客户可以更加顺利地完成订单，提高订单的成交率。

（三）提高客户回头率

当买家在客服的热情服务下，完成了一次愉快的交易后，买家不仅了解了卖家的服务态度，也对卖家的商品、物流等有了切身的体会。当买家需要再次购买同样商品的时候，就会倾向于选择他所熟悉和了解的卖家，从而提高了客户再次购买的概率。

（四）更好的用户体验

电商客服可以成为用户在网上购物过程中的保险丝，当用户线上购物出现疑惑和问题的时候，客服的存在会给用户带来更好的整体体验。

任务二　客户服务工具的认识

网上客户服务的主要工具包括常见问题解答（FAQ）、客户电子邮件、网络论坛和即时信息。充分利用这些网络工具，可以使客户服务工作的效率大幅提高，从而为企业整体营销活动的成功提供可靠的保证。

一、常见问题解答

网上客户服务的重要内容之一是为客户提供有关公司产品和服务等方面的信息。如何集合众多的公司能够提供的及客户可能需要的信息，最好的方法就是在网站上建立客户常见问题解答（Frequently Asked Questions，FAQ）网页。FAQ 页面主要为客户提供有关产品、公司等常见问题的现成答案，既能引发那些随意浏览者的兴趣，也能够帮助有目的的浏览者迅速找到他们所需要的信息，一个设计完善的 FAQ 系统应该可以解答客户 80％的问题。FAQ 最初产生在 Usenet 的新闻组中。在对某个议题进行一段时间的争论与研究后，大家对于一些基本问题形成了共同的认识，把这些问题和答案列在一起就形成了 FAQ。FAQ 一方面可以为客户遇到的常见性问题提供直接的解答，免去客户花费额外的时间和费用专门写信或发电子邮件咨询；另一方面也可以给企业减少大量重复性工作，从而节省人力与物力资源。

创建 FAQ 的第一步是列出哪些是常见问题。企业可以通过召集客服部门人员，尤其是一线的客服人员，让其通过充分回想和讨论列出常见问题，再通过对问题进行认真分析，得出相应的解答。若企业保存有详细的客服资料，则只需对资料进行认真分析就可得到答案。第二步是对问题进行组织、编排。对问题进行精心的组织和合理的编排，可以方便客户查找使用，进而有效地提高 FAQ 的资源利用率。问题的编排可以按字母排序，也可按出现的频率排序，如果能两种都提供的话，效果会更好。对问题解答的详尽及难易程度要以客户理解、够用为标准。第三步是对FAQ进行及时、必要的更新，进一步发挥网络优势。一定要避免FAQ流于形式，例如，有些网页不仅内容匮乏，甚至存在答非所问、查找不便等弊端，不仅解决不了客户的问题，而且浪费其时间和精力，也在一定程度上损害了公司的形象。

二、客户电子邮件

电子邮件在网络沟通中发挥着重要作用，已经成为企业进行客户服务的有力工具。来自客户的电子邮件十分重要，因为它代表了客户的心声，所以电子邮件是企业提高客户满意度最为宝贵的资源之一。

（一）电子邮件的特点

电子邮件的特点表现在三个方面：一是对客户而言，电子邮件没有任何时间上的限制；二是用电子邮件答复客户具有正式性；三是电子邮件是一种快捷的沟通方式。

（二）利用电子邮件开展客户服务

（1）对电子邮件进行分类管理。可按部门分类，让对应的部门来回答相关问题，也可按紧急程度进行分类。

（2）设置自动应答。对客户的来信应首先使用自动应答器发出一封事先设置好的回信，传达给客户一个信息——邮件已接收，并已引起公司的关注。

（3）根据客户所提问题的紧急程度在不同时限给予相应的回答。一般情况下，对大多数邮件应在24小时内给予答复，紧急邮件应尽快答复，对给企业提出宝贵意见的应专门致谢。

（4）利用电子邮件与客户建立主动的服务关系。例如，向客户发送企业最新产品、服务的促销信息，以征求客户意见，获得最新的客户需求动态，为企业市场调查与决策提供依据。

三、网络论坛

（一）网络论坛的定义

伴随着互联网的发展，网络论坛如今已成为草根进行信息发布的重要平台，网络论坛的包容性和随意性促进了网络交流的快速发展。网络论坛，又称BBS，即电子公告牌或电子公告栏，是用计算机及软件建立的一种电子数据库，用户可以自由访问，上传写好的文章，也可以阅读其他用户的文章并发表评论。与任何一种传统媒介相比，BBS依托强大的网络技术支持，成为参与者更广泛、互动性更强、讨论更自由的新型交流空间，显示出巨大的传播力量。

（二）网络论坛的特点

根据传播学理论，网络论坛可以归属人际传播、群体传播和大众传播，也就是说网络论坛具有以上三种传播形式的特点。结合网络技术来说，网络技术的自由性、交互性和开放性，使网络论坛的准入条件为零，也就是说任何人或者群体都可以在网络论坛上自由地发布信息，自由性是网络论坛的第一个特点；网络论坛只用注册，不收费，使用非常方便，能够迅速将网友的信息发布出去，方便、快捷是网络论坛的第二个特点；网络论坛是跟各大搜索引擎链接在一起的，可以方便地找到网友需要找到的信息，所以广泛性和开放性是其第三个特点；网络论坛大多数是实行匿名登录的，所以“在法律允许的范围内，网络论坛是不可控制的”，网络论坛的不可控制性是其第四个特点；真实可信度不高，权威性不够是网络论坛的第五个特点。

客户可以在网络论坛上提出自己的问题，客服人员同样可以通过论坛回答客户的问题，有时论坛其他成员如热心的老客户也会对问题进行解答。网络论坛成员之间的相互对话、帮助和解答可以有效发挥网络优势，降低企业人力、物力成本。企业通过网络论坛开展客户服务是对 FAQ 的一种有效补充，也可将论坛上的常见问题及解答补充到 FAQ 中去，或通过邮件列表向所有注册用户发送。

使用网络论坛开展与客户之间的对话，对企业是把双刃剑。它一方面可以使客户对公司及产品的赞扬得以传播，另一方面对公司的不利言论也将得以传播。因此，公司在以积极的态度鼓励与客户对话的同时，也要对网络论坛内容进行监测，并列入重要的工作日程，如发现对公司不利的言论、问题要及时、主动地解决，尽快消除不利影响，引导有利信息传播。

四、即时信息

即时信息（Instant Messaging）是当今继电子邮件和 FAQ 之外的另一种有效的在线服务方式，主要包括各种聊天工具如 QQ、MSN 等。由于这种方式对客户服务人员的要求很高，占用服务人员也较多，使客户的服务成本提高，因此还没有被企业广泛采用。但即时信息服务因其较高的客户满意度而越来越受到客户的欢迎，已成为一种不可忽视的在线服务手段。

任务三　客户服务工具应用技巧

一、FAQ 应用技巧

在网络营销中，实际上消费者所需要了解的企业或产品的内容，以及购买产品后与产品使用相关的问题有很多都是相同的。以前，每个消费者都会通过电话、传真或邮件等方式反馈给企业，企业需要一一进行服务，并在服务时间上产生了滞后，使服务不能及时提供。在实施网络营销后，企业可以对此类问题进行讨论和研究，然后就解决方案形成FAQ，把这些问题的答案汇总整理，列在一起连成页面或栏目，就形成了现在的FAQ。

(一) 确保FAQ的效用

FAQ中最大的不足是有些企业认为顾客常见的问题不是很重要，就可能不回答，使FAQ变得较短。事实上，FAQ不能太短，否则不能满足顾客的需要。FAQ可以包括很多问题，但其问题的排列依据应是顾客提问频率的高低，这样可以节省顾客的搜索时间。

(二) FAQ的设计应易于导航

易于检索，方便顾客寻找到所提问题的答案是FAQ设计的重要原则。通常企业会在主页上设置一个空出的按钮指向FAQ，并在每一页的工具栏中都设置该按钮。要使得FAQ易于导航，则应认真研究FAQ的布局和内部链接。设计时应注意布局不是将主题的所有问题流水账似的列在同一页上，而是在其顶部设置一个高亮度的问题分类表，这个分类表链接到每一类主题常见问题及答案中，顾客根据自己的需要寻找到它所属的主题分类，单击这个分类，便可到相关页面上寻找到问题及答案了。为便于顾客从具体问题页面返回到主题分类的页面上，可在每个页面底部设置一个“return to top (table of content)”高亮度链接。

(三) 信息披露适度

FAQ为满足顾客的各类需要而设，可以向顾客提供有关企业及产品的主要信息，但不必把所有的信息都公布于众，以免给竞争对手窥探企业核心技术的机会，这会对企业不利，因此信息公布应注意不要过“度”。

二、电子邮件客户服务技巧

(一) 电子邮件客户服务的目的

电子邮件是企业服务客户的重要工具，使用其进行客户服务的目的包括成功地向客户表达你的意图；有效地促使客户采取行动；处理客户所抱怨的问题；对客户的询问作出答复；告知公司的相关事宜等。

(二) 电子邮件客户服务的技巧

随着互联网的发展，很多企业的信函都是以电子邮件的形式发送的。一般来说，企业在需要大面积宣传你的某一项服务、向所有的客户通报企业的一些服务和产品、告之一些已经改善的地方、针对客户具有代表性与典型性的投诉做出回应时使用服务信函。这些问题的标准解决方式、解决方案就是写服务信函。很多IT公司自己设有网站，网站每天收到大量邮件，这些邮件是客户发过来的，企业需要网站进行回复，如果不回复，以后就再也没有人给你写信了。网站的一个重要的工作就是发服务信函。

尽管电子邮件在形式上比较自由，是一种方便快捷的媒介，但是绝不能以草率的态度使用它。因为对方可以通过电子邮件来对企业进行评价，电子邮件同样是需要礼仪的。

第一，要有一个明确的主题。电子邮件的标题很重要，要一目了然，尤其是第一次与客户接触，最好在标题中注明自己的姓名，让对方在打开邮件前就有一个印象，便于快速地了解邮件的内容。

第二，内容简捷、语句流畅通顺。第一次给客户发送电子邮件，可以比电话沟通多一些内容，但一定不要长篇大论。要简洁紧凑，尽量写短句，不要重复。语言不要求精彩，但语句一定要流畅通顺，尤其注意不要有错别字。

第三，格式规范，内容严谨。营销沟通中的电子邮件一定要按照规范的信函格式来写，不可随意涂鸦。要多使用敬语，避免使用网络缩写文字。署名要真实，不可使用网名。在电子邮件里尽量避免讲笑话和俏皮话。

第四，经常浏览收件箱。不管对方是否经常接收电子邮件，作为客户经理要每天浏览自己的收件箱，注意及时查看对方有无回复邮件，并尽量在第一时间与其进行深入交流。

第五，不过分依赖电子邮件。电子邮件是一种较好的沟通和交流方式，但它只是营销过程中的一个辅助性交流工具，不可把它作为唯一的一种方式，也不能借电子邮件逃避一些直接交流。客户经理应更多地通过直接沟通和交流来与客户保持密切关系，倾听客户的需求，为客户解决问题。

三、网络论坛客户服务技巧

网络论坛有助于企业公共关系部门的工作。首先，积极创建企业论坛，包括企业内部论坛和公共论坛，应主动认同论坛，了解网络论坛的巨大作用和发展潜力，只有掌握网络论坛的规律，企业才能更好地利用它。其次，企业应该保持与网站编辑的密切关系，同时以论坛版主的身份关注与企业相关的信息，特别是负面信息。一方面，企业可以在论坛上做广告，树立企业形象，扩大企业知名度；另一方面，企业可以及时知道公共关系危机发生的原因，及时解决，避免出现被动局面。再次，企业应培养一些网络操盘手或者论坛员工，论坛员工即企业雇用的一些有长时间上网的网民，让他们充当企业论坛监察员，他们成为版主后（版主可以管理论坛的信息发布及编辑），为企业服务。运用网络论坛，企业可以建立一个危机预警机制。一般危机发生之前，网络上会有一些风吹草动，论坛是获得信息的最佳地方，网络操盘手或者企业论坛员工可以迅速搜集信息，立即交给公关部门以设计应对策略。如果危机已经发生，企业应该及时地在论坛上承认错误，并迅速采取补救措施，公布企业对危机的态度及解决方法，解除网友的疑惑，减轻或者消除网友的不满。企业本着诚信待人和有利他人的原则，运用问卷、答题的方式认真倾听和考虑网友意见，化解矛盾，等事件平息之后，找准机会，重新运用网络操盘手或论坛员工树立公司形象，应对得当，危机不仅不会损害企业形象，反而会提高企业的知名度。

四、即时信息客户服务技巧

（一）避免服务不好的印象

成功的第一印象会给公司带来良好的收益，而不良的第一印象所带来的危害，远比想象中的严重。当前，客户的选择较多，一般不会忍受不好的服务，而且会将对公司不好的印象向更多的人传播。所以，要提升服务质量，首先要避免给客户留下服务不好的印象。

（二）弥补服务中的不足

对服务中的不足，要及时弥补，而不是找借口推脱责任。通过服务修整，不但可以弥补服务中发生的问题，还可以使挑剔的客户感到满意，让企业和竞争者产生明显差别。

（三）制定服务修整的方案

每个企业及其员工都会犯错误，客户对这点能够理解，客户关心的是怎样改正自己的错误。对服务中出现的问题，首先是道歉，但并不能仅仅如此，还需要制定出切实可行的方案，用具体的行动来解决客户的问题。

（四）考虑客户的实际情况

在为客户提供服务的过程中，要考虑客户的实际情况，按照客户的感受来调整服务制度，也就是为客户提供个性化的、价值最高的服务。

（五）经常考察服务制度

企业制定服务制度的目的是更好地为客户服务，帮助客户解决问题，满足他们的需求，达到或超过他们的期望。如果因为制度问题影响了客户服务质量的提高，就要及时地修改制度。

（六）建立良好的服务制度

良好服务制度的含义基本上就是好事好办。良好的服务制度可以较好地让客户知道你能向他们提供什么及怎样提供。通过良好的服务制度，可以极大地提高企业内部员工的服务意识，提升服务质量。

（七）老客户和新客户

即使做不到更好，也要把为老客户服务看得与为新客户服务同等重要。很多企业把更多的精力放在争取新客户上，为新客户提供优质的服务，却忽视了对老客户的服务，这是非常错误的。因为发展新客户的成本要大大高于保持老客户的成本，等到老客户失去了再去争取就得不偿失了。所以，重视对老客户的服务可以显著地提升服务的质量。

任务四　客户整理与分层

电商客户的分类根据平台不同而有所不同，这里结合 B2B 平台客户类型、特征将电商客户分为以下几个类型。

一、电商客户分类

（一）优质客户

所谓优质客户即智能拉新客户，其他的定向客户是仅仅根据某一种行为逻辑来划分的，而智能拉新考虑的因素会更多一些，是综合分析这些因素而得出的潜在客户，所以效果最好。另外，收藏商品及加购的客户也属于这类优质客户，收藏加购了自然是有很高的购买意向了。

（二）中等客户

中等客户与智能拉新客户及收藏加购客户不同，是不能直接转化的客户。比如浏览未购买的访客，由于他已经进店了，但是没有实现购买，就表示他要么跳失，要么收藏加购。如果跳失了，那说明店铺产品没能吸引到他，即使再次将产品展现给他，也不一定能实现转化，而如果是已经收藏加购了，那为什么不直接定向收藏加购客户呢？其他客户的情况也大同小异，要么是很难转化，要么就是需要长期维护才能实现转化的，所以将这些客户归到中等客户。

（三）较差客户

关联营销主打推荐式流量，有些客户从关联营销中进入产品浏览，然后跳失，这说明这类客户都没有搜索关键词的意向，所以想要实现转化难度很高。而另一类购买过同类店铺产品的访客，则是竞店的老客户，想要转化，撬墙脚自然也没那么容易。

二、电商客户整理

1688 在客户关系管理上与淘宝有一定的区别。因为 1688 平台上的买家多数为批发类客户，这类买家的采购主要是为了销售或者用于生产，其特性是洽谈周期较长，但采购忠诚度较高。对于这类客户，将产品和服务做好，其黏性会非常高。

1688 商家在客户运营上有两个问题：要么不重视老客户的维护，要么不知道从何处入手进行维护。一旦疏于维护，就会导致大量客户流失，其实在和客户来往的过程中，一次简单的电话问候也可能让客户对你产生更强的记忆。因为大部分客户不会只有一个供应商，他们在选择供应商的时候除了考虑产品，还会考虑服务，服务维度里有一点就是“印象分”，他们更愿意与特别关心他们的供应商合作。因此 1688 业务本质上是滚雪球式积累客户的生意，老客户多了，生意自然会好，我们一定要重视客户关系管理。那么，对客户进行有效整理和分层的具体方法是什么呢？在工具的使用上，较为常见的工具是千牛和 Excel，部分商家会使用专业的 ERP 软件进行客户管理。

使用千牛时，需要对不同的客户进行分组，如图 6－1 所示。例如，已成交客户、代理商、潜在客户、已寄样客户、VIP 客户、VIP 代理商等。这是一种分类方式，不同行业的商家需要结合行业情况来分组。另外，对每位客户的千牛名称要做好备注，因为他们的 ID 不具备很强的识别度，一旦客户多了，我们会不容易辨别。在备注千牛名称时建议使用“姓氏＋先生/女士/总＋地域/客户类型”的方式。例如，对一件代发类客户可以这样备注：“李女士淘卖”；对批发定制类客户可以这样备注：“顾总定制”或者“顾先生上海”。

图 6－1　千牛客户分类管理图

除了使用千牛之外，还可以使用 Excel 进行管理，如图 6－2 所示。

这份表格的核心作用是对不同的客户进行分类管理，不仅客服人员自己可以看到，更重要的是提供给运营人员，让运营人员对客户的整体情况有清晰的了解，方便从客

批发类老客户管理工具

千牛ID	姓名	性别	电话	所在区域	批发类型	客户重要程度	历史采购总笔数	历史采购总金额	提货产品型号	最近一次联系时间
						★★★★★				

定制类老客户管理工具

千牛ID	姓名	性别	电话	所在区域	定制类型	客户重要程度	历史采购总笔数	历史采购总金额	定制产品类型	最近一次联系时间
						★★★★★				

代理类老客户管理工具

所在平台	千牛ID	姓名	性别	电话	所在区域	批发进货/一件代发	主营行业	店铺等级
DSR评分	店铺重视程度	客户重要程度	历史采购总笔数	历史采购总金额	提货产品型号	最近一次联系时间		

图 6－2　使用 Excel 进行客户分类管理

户维度对现有运营思路进行总结和优化。

当然，这份表格的最大作用还是给客服人员使用，帮助其结合客户特征做客户分层管理。而客户分层管理的关键点在于描述“人群画像”，目的是更精准地对客户开展回访和营销工作。“人群画像”的要素有姓名、性别、所在区域、历史采购总笔数、历史采购总金额等，可以对这类客户的采购实力及需求做清晰的描绘。而“最近一次联系时间”是为了提醒自己什么时间应该跟进，否则会错过最佳二次导购时间。以上是对批发定制类客户的管理思路，那么一件代发类客户的管理逻辑是什么呢？

除了以上维度外，对于淘宝卖家等代发类客户，还要增加对代理商淘宝店铺的“画像”。我们要很清晰地了解对方淘宝店铺的主营类目是什么，店铺勋章等级是什么，主营类目和商家自己店铺的类目匹配度如何，还有 DSR 评分，以及对其店铺的整体运营状态的评估。这是因为我们需要的不是无效代理或者低质量代理。从以上维度基本，我们可以判断出这个代理商运营的基本情况。

知识延伸

在拉新客户成本越来越高的今天，维护一个老客户相对的每用户平均收入值要高很多，这一点其实不仅是品牌商要注意的问题，中小卖家同样也应该把精力多转移到客户关系管理上来。快消品类目的客户关系管理重要性不用多说，所以才会出现那么多大的品牌。这里说的是对于高客单价、使用周期以年为单位的产品，客户关系管理也很重要。一个很理想化的思维方式，假如产品使用周期为一年，老客回购率当然也是以年为单位，每天都会有一个新客户，那么 365 天，就拥有 365 位客户，当第 365 位客户购买的同时，第一位客户会带来回购，之后的客户会成为一个循环，当然，这里面涉及一个回购率，但是当你的客户越来越多时，它就会变成一条河，源源不断。客户关系管理要做的事情，就是通过一些客户关系的维护手段来提升这个回购率。

客户关系维护的几个渠道：站内包括天猫会员、微淘、旺旺群、专属客服；站外包括公众号、企业微信客服、微信朋友圈、微信群、品牌 CRM 管理系统。

任务五　客户对服务的要求

网络客户服务均表现为信息的传递、处理或下载，这是网络客户服务的共性，但客户的需求却因信息本身的区别而得到了不同程度的满足。提升网络客户服务的质量以达到客户满意，以及提高客户忠诚度与企业效率，这才是我们需要关注的重点。

一、客户对服务的要求

客户对服务的要求可以分为四个层次，即单向信息服务、初步个性化信息服务、个性化互动服务及客户化服务，四个层次的服务之间有着相互促进的作用，本层次需求满足得越好就越能推动下一层次的需求。需求满足得越好，企业和客户之间的关系就越密切。整个过程是一种渐进式的上升，不仅促使企业对客户需求有更充分的理解，也会引起客户对企业期望的膨胀，最终实现“一对一”关系的建立，并且不断地巩固、强化这种关系，这个过程被称为“客户整合”。客户整合是现代客户个性化需求发展的结果，充分体现了客户个性化需求不是一个静态过程，而是一个双向、互动的过程，这就为运用网络这一优秀的客户服务工具奠定了基础。

（一）单向信息服务

在这一层次上，网站提供的主要是单向信息，为客户提供的机会很少，收集的信息也很少。网站是以产品为中心的，包括企业内部人士对企业及产品看法的陈述：一些奇怪颜色的小玩意、动画和时髦的曲线。第一层次就是“自夸”的阶段。企业可能被使用传统科技思维的信息技术部门所蒙蔽。营销小组不断提供在线的品牌、说明书和产品信息，而网站有效提供的仅有“小册子意识”和可能以其他形式得到的企业信息的标准形式。这一层次的网站包含了品牌形象的强有力要素和只有有限信息的基础客户数据库，我们说它只是有限信息，是因为它只包括新产品的详细介绍、专门的促销活动和主要的企业公告（如企业获得物公告）等，大多数只是以“小册子意识”的形式向公众展示，它们也只是企业的意见，而不是客户的看法。就客户服务来说，它所能提供的网络客户服务也只是单向信息服务，客户上网能得到的信息与离线信息没有区别。由此可见，此时的网络客户服务是传统客户服务中的信息服务的“在线版”。

这一层次所采用的网络工具主要是搜索引擎、链接和 FAQ。

这一阶段的主要任务是网站推广和信息宣传。从客户服务的角度看，网站推广便于尽可能多的目标客户知晓企业网站，便于为他们提供信息服务。在网站推广中，除去其他因素的作用，搜索引擎和链接这两大工具功不可没，它们主要是通过增加网站的点击率来达到网站推广的功效。网站推广只是第一步，在客户登录企业网站时，就客户服务而言，我们接下来所要做的是引导客户迅速找到所需要的信息，站内搜索引擎和链接都为客户寻找信息提供方便，而对于初次登录的客户来说，FAQ 则可以满足他们对一般性信息的了解。

（二）初步个性化信息服务

随着网站的成熟，企业已经采取了一些基本的互动步骤。企业已经将价格和其他详细信息展示在网站上，这促进了与客户的互动。企业开始进行客户细分，客户开始在网站上“看他们自己”，当然在互联网上他们还只是被作为一个细分群而不是作为个人对待。企业将获得客户价值作为自己的目标，网站的风格和语气也据此做了相应调整。客户的信息现在被储存在一个单独的中心数据库中。互动沟通不仅仅在互联网内进行，而且通过别的沟通渠道也成为可能。在这个层次上，互联网被用来开发品牌和培养细分市场的客户忠诚度。它像别的媒体和分销渠道一样，被整合进信息收集程序中。就客户服务而言，从这一层次开始，企业初次尝试利用网络的互动性为客户提供更好的服务。第一，信息发布更详细，便于客户的需要。第二，客户信息得到重视，企业为客户建立了独立的客户信息数据库，特别是保证客户姓名、地址、整体情况的准确性。这样在与客户的沟通和联络（如通过电子邮件的方式）中，公司能为每个客户提供个性化的“致意”，如“某某，您好”这样的话不会错误地出现在客户的面前；另外，部分数据也成为企业信息发布内容的依据。在这一阶段，表单和电子邮件成为企业初次在网上与客户互动的首选工具。

这一阶段的目标是对登录网站的客户进行初步细分，最低程度地实现个性化服务。在这一阶段，表单充分发挥了它的作用：通过用户注册，初步区分客户，同时收集客户基本资料；通过调查问卷，收集所需信息，为个性化服务提供依据；通过信息反馈，对已有客户进行调查，以便更好地为市场服务。而电子邮件则成为企业为客户提供初步个性化信息的手段，如新闻邮件、促销和直接邮件及自动应答器所发送的简单邮件。

如果你的企业正处在上述层次，那么我们可以说企业正走在一条正确的道路上。如果你对处于第二层次非常满意，接下来你应该促使你的企业向第三层次提高，并确信能满足那里的要求。

（三）个性化互动服务

网站趋近于以客户为驱动。以前的销售与交易的详情现在被存储在数据库里，并且为每个客户建立了一个个人档案，企业系统地跟踪包括购买模式在内的客户生活方式的各个方面，对客户的偏好、忌讳、兴趣、习惯、接受新思想的可能性等个性化行为都有很好的记录。这些信息被用来发现一些高度个性化形式的新销售机会。网站现在开始展示出一些电子商务（即网络销售）的能力。在这一层次上，网站被用来增加客户忠诚度和理解客户在产品开发方面的需求。就网络客户服务而言，网站应该拥有大量个性化的工具，能提供个性化的服务，同时关注客户的个性化需求，大量搜集客户个性化需求的信息。

第三层次对于企业而言是一个非常有利的阶段，甚至就目前的整体形势而言，企业在这里停留得越久越好。这一层次企业的竞争地位得到了进一步的加强。首先，网络社区工具和新闻组不仅为客户交流提供了方便，也成为企业收集一手信息的主要来源；其次，对于一些棘手的客户问题和请求，即时信息服务成为对客户而言高效率的解决方案；最后，我们的企业应该朝集各种联系方式于一体的客户联络中心努力，这样，客户可以选择任何自己方便的形式与企业取得联系，以协助客户个性化需求的完成。

第三层次是相当先进的，如果你发现你的公司正处在这个层次，那么向第四层次前进的时候就到了。

（四）客户化服务

在这一层次，发展客户关系的利益开始增加。企业提供给客户的特定利益能够与他们的价值（即客户对公司的价值）、动机和兴趣相配合。企业更好地理解了个别客户的购买需要和购买周期。网站开始开通忠诚客户俱乐部，以及举办使用者讨论会和类似的以鼓励客户（正在成为企业拥护者的客户）积极参与的活动。客户参与不但促进了客户与网站的共鸣，更进一步提高了客户忠诚度，也使潜在客户觉得这是一个好的去处，并鼓励他们成为忠诚的定期访问者。这种发展标志着公司现在已经完全理解和估计到了每个客户的终生价值，客户关系的终生价值被公司充分重视。客户忠诚度通过有目的的沟通及市场和销售活动开始扩展到客户的朋友和家庭成员那里。扩展的数据库意味着产品和服务可能得到一个更加广泛的选择。客户现在希望得到一种以他们固定偏好为基础的高度个性化的服务，他们在网站上就像在自己家一样，他们拥有它，并且乐意去提些意见、发发牢骚或提供如何改善一些事情的建议。电子商务变成了销售和营销活动中一个更加重要的要素。处在这个层次上的网站可被用来创造附加收入、最大限度地获利、制订未来供应计划和保护市场地位。

二、影响客户体验的因素

良好的买家体验不仅决定是否能留住老客户，也直接影响新客户的购买决策。

（一）促使买家下单的因素

1. 图片质量

漂亮、清晰的图片是说服买家下单最主要的因素，除图片是否好看外，商品细节是否展示清楚也是买家关注的重要方面。同时，有些买家喜欢没有经过美化处理的实拍图，这些实拍图让买家下单更为放心。

2. 买家评价

据调研，79%的买家在下单前都会查看购买过同类商品的买家评价，在客服工作中，引导买家留下积极、正面且带图片的评价，可以有效提高商品的转化率。

3. 类似商品的价格比较

电商平台商品的展示形式让价格比较成为一件很容易的事，不同店铺的商品之间细微的价格或功能区别被清楚地呈现在买家面前，如果商品在同平台上有其他卖家也在出售，那么要认真做好商品差别化工作，哪怕只是视觉、价格尾数等一点点微小的差别，也会带来更高的转化率。

4. 买家秀

正面的买家秀可以直接影响买家决策，反面的买家秀也会让一个潜在的买家放弃下单，要收集更多优秀买家照片、视频，可以开展一系列的征集活动，通过给予礼品、优惠券等形式让更多买家提供照片。

5. 商品视频说明

大部分电商平台都提供视频展示功能，视频展示可以更清楚地展示商品功能或细节，也是影响买家直接下单的因素。

6. 及时有效的沟通

第一时间解决客户疑问，客户就可以尽快下单购买，延后的回复虽然也解决了疑问，但是在客户等待的时间里什么都有可能发生，客户可能找到了新的卖家，也可能改变了购买决定。如果不能在第一时间回复信息，可以向客户解释。

（二）阻碍买家下单的因素

1. 需要付运费

虽然包邮的运费都是包含在商品总价里的，但是买家对包邮和需要买家付运费两者的感受有很大的区别，而且参加平台活动时也会要求卖家包邮，所以一般情况下，在制定商品价格时就把运费算入成本。

2. 退货流程麻烦

一般买家偏爱有退货服务的商品，若收到的商品不喜欢，就可以轻松退货。但是有些大件商品退货成本很高，如果没有运费险，买家将商品退回去的运费比较高，也会影响买家下单。因此应尽量降低退货成本，减少买家的下单顾虑。

3. 物流速度慢

物流配送速度的问题同样也会影响买家下单，因此要合理选择物流公司以提高物流速度，尤其是平台活动、大促大卖期间容易爆仓，这时如果选择信誉度高、网点分布广、供应链完善等的物流公司就可以很好的提高物流配送速度，提高买家体验和增加好评。

4. 支付遇到困难

有些买家并不熟悉电子支付，有些地区的网络速度比较慢，有些银行支付系统不好用，有很多原因可能导致买家最终无法成功付款。客服要尽可能了解买家端的使用流程，如果客户下单后没有及时付款，要及时询问买家遇到了什么问题，是不是支付困难等，尽可能为客户提供帮助。

（三）可能导致中差评的因素

1. 商品图片与实物有差异

有时为了使自己的商品看起来比较吸引买家，卖家会在图片处理上或多或少添加一些商品本身没有的效果，这样会使买家有一个美好的心理预期，提高了买家对商品的期望值。然而，一旦买家收到的商品与图片差异很大，就会非常失望，会在第一时间内询问为什么颜色或形状有那么大的差别。

卖家对于这类投诉要积极主动地向买家解释，并提供原有的图片。如果只是因为小部分修图处理造成的色差，合理的解释还能赢得买家的信任。在处理过程中要表现出自己对买家的重视，并适当地给予一定的优惠或返券、折扣，用真诚的态度解决买家的问题，然后不要放弃向买家争取好评。为了避免这类投诉和差评，卖家在上传商品图片时，可以展示多角度的细节，也可以用没有处理过的图片，尽量让买家对商品有真实、全面的视觉印象。

2. 买家不会使用商品

有些电子产品的功能比较复杂，买家使用时不愿意耐心研究，与客户沟通时买卖双方的语言表达可能不好，导致沟通不畅，这种情况在3C卖家中比较常见。建议买家在选品时就选择功能和操作简单的商品，同时说明书上的使用方法要简单直观、图文并茂。最重要的一点是，卖家要把商品状态设置在买家收到货后可以立刻打开使用，不需要再让买家进行充电或其他操作，等待使用，否则会使其对商品的体验感变差，从而产生负面影响。如果买家已经提交了差评，通过沟通发现是因为买家使用不当造成的，则可以请买家在差评下方进行补充评价，卖家也可以在买家评价下方做出说明。

3. 商品质量问题

若买家提出的问题单纯是商品质量问题，则卖家可以要求买家提供相应的照片，根据照片反映的质量问题，及时和买家沟通，给予买家适度补偿。此外，卖家还应到自己的出货记录中查找相同时间范围内其他商品的反馈，分析库存中其他货物质量，如果买家反馈的质量问题是普遍存在的情况，则应从供应链端优化商品质量，严格做好品控管理。

4. 买家在下单前提出的细节要求没有得到满足

有些买家在下单时会备注特别需求，比如，“这是为我的生日准备的，请不要让我失望”，遇到这样的订单，要请出货的人员特别注意该订单的质量和包装。另外，如果这个买家买了一个非常便宜的商品，从咨询的态度、问题上可以看出他对商品的期望值很高，这种情况下为了避免差评，可以考虑多花一点成本去满足买家的心理预期，或事先予以说明。在发货前尽量揣摩一下买家的心理需求，避免一些不必要的差评。

三、如何解决纠纷

纠纷类型主要有买家未收到货物、只收到部分商品、承诺时间内未按时发货、商品描述不符、产品破损等，具体解决措施如下：

1. 买家未收到货物类纠纷

当物流状态显示货物还在途中暂未到达时，卖家可以和买家沟通先关闭纠纷通道，并且帮其延长收货时间。因为很多买家害怕自己的利益得不到保障而提起纠纷，只要买家的货物还未确认收货，买家就会耐心等待收货并且确信资金的安全。

2. 对货物短装的纠纷

此类纠纷的原因可能是因为订单包含多件商品，卖家使用两个包裹发货，其中一个包裹已妥投，而另一个包裹仍在途中，买家以未收到货为由提起纠纷，并要求退货退款。在处理此类纠纷时，卖家可以拒绝纠纷，并向买家强调另一个包裹仍在运送途中，并提供在途包裹的运单号给买家，同时帮助买家延长收货时间，等待在途包裹的到达。此类纠纷在平台介入后会通过邮件告知双方情况。

3. 包裹原件被退回

交易订单中的货物因为买家收货地址有误、不完整无法妥投，或者因买家原因长时间未提货，导致包裹被退回。卖家需提供因买家原因导致包裹不能正常妥投的证明，证明的形式可以是物流公司的查单、物流公司发出的邮件证明、与买家的聊天记录等。

包裹被寄往或妥投在非买家地址，是由于卖家填写了错误的买家收货地址，或者物流公司误将包裹寄往了非买家地址，导致买家无法正常签收包裹的，平台一般自卖家举证开始 3 天内，卖家提供发货底单及买家要求修改收货地址的沟通记录。若底单上的地址与买家收货地址不一致，且卖家无法提供证据证明买家要求修改收货地址，即可判定卖家发错地址。若最终判定为卖家发错地址，卖家可先尝试与物流公司联系，更改买家收货地址，若更改后买家收到货物，则全额付款；若无法更改或更改后买家还是未收到货物，建议卖家联系物流公司取回包裹。

4. 买家拒签

买家拒签包括有理由拒签和无理由拒签。有理由拒签指当货物递送至买家时，买家发现货物存在肉眼可见的损坏或与订单不符的情况，如货物破损、短装、严重货不对版等，买家可以当场拒绝签收。无理由拒签指货物寄送到买家时，买家无任何理由拒绝签收。卖家可提供相应的聊天记录和发货物流底单。

5. 货物途中丢失

若发生货物途中丢失，卖家需要跟买家解释纠纷对自己店铺的影响。此外，可定货物丢失的情况下卖家可重新发货，并及时发给买家新的运单号。

6. 买家收到货物与约定不符

（1）质量问题。及时查找真正的原因，如果是质量问题，可以让买家选择退货退款或保留货物退部分货款，由于没有纠纷率的顾虑，只要买家接受方案，就可以解决纠纷。

（2）与描述不符。买家收到的货物与卖家在平台店铺商品详情页上的描述存在颜色、尺寸、商品包装、品牌、款式、型号等方面的差异。这种情况下，界定商品的标准以店铺商品详情页上描述的为准。卖家需要保证商品的描述信息前后一致，若出现信息矛盾或误导倾向，则平台保留最终的纠纷裁决权。

若买家在下单之前卖家已经明确提示买家，商品可能存在颜色的偏差，或者尺码存在一定的误差，并明确了误差大小，一般平台自发出通知起 3 天内卖家需提供有关提示的沟通记录作为证明。

任务六 客户服务的特点及存在的误区

一、客户服务的特点

（一）降低客户服务的成本

利用网络开展客户服务最直接的价值就是成本费用的降低。通过网络传递商品和服务的存在、性能、功效及特征等信息，可以缩短渠道流通环节，并降低促销费用；网上购物为企业和客户提供了更为便利、有效的购买途径；电子邮件等为企业提供了更高效、低成本的调查方式。这些都为企业在向客户提供服务的同时降低了企业和客户的成本，从而提升了产品的价格竞争优势。例如，戴尔公司主页服务的推出，使客户的系统维护成本大大降低。

（二）提高客户服务的效率

客户通过网站留言或发送电子邮件等方式可以快速地将问题传递给企业，企业在了解到客户的疑问后也可通过相同的方式快速解答客户的各种问题。有些问题甚至可以通过网络由企业直接解决，如软件开发商可以通过网络直接解决客户的软件问题等。即时信息、聊天室等作为即时客户服务的手段不断推出，既缩短了客户服务的时间，又提高了客户的满意度。当然受客户服务人员素质及服务成本等因素的影响，其广泛应用尚需时日。

（三）促进服务手段的多样化

传统的客户服务手段主要有电话和信函咨询、工作人员上门服务、设立服务网点等。在网络环境下，客户服务的方式日趋多样，除传统方式以外，常用的网上客户服务手段有 FAQ、网络论坛、电子邮件、即时信息等。在线服务作为网上客户服务的一种常见形式，其服务手段还在不断发展中，而网上客户服务在网上零售、网上银行等领域已经取得了重要进展。

二、客户服务存在的误区

（一）不倾听客户的需求

网络客服经常在没有完全理解客户需求的情况下急于对客户的反馈给予解答，使得客户无法完整有效地进行反馈。网络客户服务的基本出发点是满足客户需求，它们的站点设计的共同特点之一就是便于客户使用，这使客户能够直接向企业反馈信息。客户能告诉企业某种产品何时适应市场的需求，或他们要求产品做哪些具体的改进等。很多企业发现客户直接反馈系统能激发工作人员的创新思想，促使质量的提高。供应商、零售商、客户应是整个营销过程的重要参与角色，由此可形成一个互动的系统。

（二）很少做到循序渐进

网络客户服务人员应将每一种服务和产品都视为一个多步骤、循序渐进的过程，而不是一蹴而就的事。这要求每天都要对站点进行不断的改进，比如更换图形、修补破损的链接、改正拼写错误等。从这些小事做起，使站点精益求精。由此，客户也会赞赏企业所做的这些持续的努力。

（三）疏忽客户的变化

客户经过吸取网络站点的信息，对服务的要求与以前相比已大大不同——他们的产品知识基础、信息需求的水平都大大提高了。公司要适应这种变化，无疑也应不断地积累、增长自身的知识。

（四）缺乏灵活性

网络媒体允许企业不断地完善和扩展客户服务的内容，企业可以一步一步地扩展，不必也不可能一下子就尽善尽美，网络客户服务有很大的灵活性。

（五）无完善的应急支持计划和系统

应将开发、运送、培训的部门都囊括到网络客户服务支持小组中来。如果他们都不知道网络服务是怎样运用的，就无法通过网络工具帮助客户。同时还要考虑某种灾难性事件发生的可能性：如果每天有10000个客户利用站点寻求帮助，可是有一天系统突然出现故障。所以，所有企业都要保证有一个应急的支持系统或其他解决问题的方法。

三、客户维护策略

按照客户的要货模式，我们可以把客户分为批发类、定制类和一件代发类。一般情况下，对于批发类、定制类客户，使用电话进行沟通更有利于提升回购率；对于一件代发类客户，使用群管理更合适。

（一）回访注意事项

对于批发类和定制类客户，有以下回访注意事项：

（1）最好用电话或手机沟通。

（2）沟通前了解对方的历史采购情况。

（3）尽可能避开休息时间，如中午13：00至14：00。

（4）一开始就表明身份，并明确对方是否方便接电话。

（5）让对方感觉到被关心，顺便询问补货事宜，别让对方感觉自己是来推销产品的。

（6）沟通前准备好书面稿，做好演练。

（二）群管理核心内容

对于一件代发类客户，通常使用群管理，群内管理的核心内容如下：

（1）新品告知。当有产品上新或者准备上新时，可以在群里做告知和“预热”，上新频率也很重要，需要控制好，上新频率是优质代理商选择供应商的重要标准。

（2）优惠政策告知。在店铺参加平台活动或者有店内自营销活动时，可以将优惠政策在群内公布，甚至可以和代理商做联营，让代理商也同步做活动，为他们做好产品供应与服务支撑。

（3）库存告知。代理商很担心供应商货源不稳定，更担心这种不稳定的情况无法预知，所以我们需要及时在群内做库存情况告知。

（4）统一培训。针对代理商做好培训工作，让他们感受到差异化服务，提高认可度和黏性，同时提升自身运营能力，让业绩越来越好。代理商卖得好，我们才能卖得更好。

（三）客户关怀

提到客户关怀，很多商家并不陌生，即使做传统生意，也需要做大量的客户关怀工作。建议在逢年过节时，给予老客户尤其是核心客户真诚的问候，可以结合商务送礼，具体做法如下：

（1）问候重在真诚，必须“点对点”带称谓问候。

（2）中秋、元旦、春节等节日为客户关怀的重点时间。

（3）选择合适的特产进行商务送礼。

（4）打电话问候重点客户。

知识延伸

电商客户服务中，售后出现问题，无外乎三个问题：产品问题、物流问题、客服问题。这些问题出现之后，电商客服应该做的不是逃避或者是推卸责任，而是要勇于面对自己的问题和承担相应的责任。以下是关于售后纠纷处理流程的七大要点：

1. 快

面对客户提出的售后问题或者投诉，要反应快速且态度好，不要让客户因为等待而更加急躁，使问题被无限扩大。

2. 听

倾听是最好的一种沟通方式，面对客户提出的问题，我们要学会认真倾听，也许买家只是发发牢骚并没有其他重要的问题，但是他要是发现你对他的问题置之不理或者态度冷淡，情况就可能会发生变化。

3. 释

听完之后，我们要针对客户提出的问题给予相应的回答，当然不要只站在自己角度去解答客户的问题。

4. 歉

要学会诚恳道歉，求得客户的谅解。

5. 选

道歉之后，我们应向客户提供解决方案，但是我们最好多准备几个方案给客户，让客户自己选择，这是对客户的一种尊重。

6. 及

要及时，确定解决方案之后，要快速行动起来，千万不要拖延时间，以免刚刚建立的好感，因拖延时间而消散。

7. 馈

行动之后，要及时从客户那里得到回馈。

售后纠纷处理最简单的方式就是按照流程走，每步走到位，一般都不会出现什么大问题。

任务七 客户服务语言规范

电商客服代表着一个店铺甚至平台的形象，同时其也是产品专家和形象专家。在与买家的沟通中，其对了解需求、引导话题、促进成交起着非常重要的作用。电商客服有着严格的规范。

一、最高标准

微笑服务（在屏幕上展现）、有效解决。

二、最高原则

让顾客舒心、满意而归。

三、服务基本要求

（一）反应及时（反应快、训练有素）。

顾客首次到访，打招呼的时间不能超过15秒。打字速度要快，至少要达到50字/分钟，且不能有错别字；每次回答顾客问题，顾客等待时间不能超过20秒，如回答太长，宜分次回答。

（二）热情亲切（赞美、热情、亲昵的称呼、自然、真诚）

用语规范，礼貌问候，让顾客感觉热情，不使用生硬的话语，做到称呼亲昵，自然亲切。

（三）了解需求（细心、耐心、有问必答、准确、找话题）

对顾客的咨询和需求给予准确的回应，并快速提供顾客满意的答复，需求不明确时应引导顾客产生需求。

（四）专业销售（自信、随需应变、舒服）

以专业的言语、专业的知识、专业的技能，回答顾客异议，让顾客感觉我们是专家并感受极佳的服务。

（五）主动推荐和关联销售

善于向顾客推荐公司主推款，并给予关联推荐，从而达成更高的客单价。

（六）建立信任（建立好感、交朋友）。

通过经验，找到和顾客共鸣的话题，想顾客所想，给顾客适当建议，建立信任关系。

（七）转移话题，促成交易

碰到顾客刁难、啰唆或抓住产品缺点不放时，应迅速转移话题，引导销售，促成交易。

（八）体验愉悦（解决问题、强化优势、欢送）

在服务过程中为顾客找准记忆点，强化顾客记忆，给顾客良好的体验并留下愉悦的回忆。

四、客户服务语言示例

（一）关心品质

对于关心品质的问题的服务语言示例见表 6-1 所列。

表 6-1　关心品质服务语言示例

问题	提问背景	解答参考	掌握和技巧
你家卖的是正品吗？	(1) 网络假货泛滥，怕遇上。 (2) 无网购经历，顾客怕上当。 (3) 第一次到店铺的顾客。 (4) 对商城不了解顾客。	(1) 我家××店铺是以公司名义开设的，工商局有备案，所销售产品均为全国销售规模前十的××代理机构直接供应的正品，您可以放心购买的。 (2) 反问：您也许是第一次到商城或到我家店铺查看商品吧？我们是经官方商城评估验证后批准的第一批元老店铺，您可以放心。	(1) 强调是经官方商城评估验证后批准的第一批元老店铺。 (2) 工商局备案，具有公信力。
怎么辨别呢？	还是不相信客服。	全国已经有好几万顾客成为我们××店铺的顾客了，您可以随意看一下，需要我帮您简单介绍一下吗？	(1) 证据说话：我家已经有好几万的老顾客了，打消疑虑。 (2) 撇开这个话题，提出问题，了解顾客需求。

（二）希望价格优惠

对于希望价格优惠的问题的服务语言示例见表 6-2 所列。

表6-2 希望价格优惠服务语言示例

问题	提问背景	解答参考	掌握和技巧
价格能再少点吗？ 能再打个折吗？	（1）顾客的习惯问法。 （2）碰到较贵的商品。 （3）顾客讨价还价心理。	（1）我家的商品是从正规渠道进货的，价格已经比线下低很多啦。 （2）售价是公司规定的，我们客服是没有权力议价的，希望您理解。	（1）语气可以随和一些，缓和气氛。 （2）告知网络购物已经比线下专卖店便宜很多了。
有没有礼品赠送呀？	（1）习惯性问法。 （2）爱好此类优惠方法。	（1）直接法：不好意思，公司只有在节假日搞促销活动时才会有礼品。 （2）提醒法：公司在节假日都会有一些促销活动回馈新老顾客，但促销类型也很多，不一定就是送礼品，届时您可以积极关注一下。	回复后提醒顾客积极关注节假日活动，必要时可以告知他最近一次促销活动的情况，提早单独告知，让顾客感觉受到礼遇。

（三）关心商品其他信息（发货包装、发票）

对于关心商品其他信息的问题的服务语言示例见表6-3所列。

表6-3 关心商品其他信息服务语言示例

问题	提问背景	解答参考	掌握和技巧
包装是不是和专柜的一样？	（1）希望和线下专柜一样。 （2）想要踏实感。	我们的货品是与线下专卖店同步上市的，都是相同的供应商，产品包装也都是一样的（每个店铺情况不同，按实际情况回答即可）。	正常解答就可以。
有专柜发票吗？	用于报销或者随便问问。	我们是正规的公司，可以给您开正式发票，不过需要您在下单时候给我们留言，不要忘记了哦。	正常解答就可以。

（四）退换货

对于退换货的问题的服务语言示例见表6-4所列。

表 6－4　退换货服务语言示例

问题	提问背景	解答参考	掌握和技巧
尺码不对可不可以换?	担心尺码不合适。	我们的服务政策：7 天无条件退货，15 天无理由换货，只要在规定时间内提出，寄回商品不影响二次销售，都是允许的。	（1）阐明政策并解释。 （2）提醒换货费用由对方支付。
买了不喜欢可以换其他款式吗?	担心图片与实物有差异。	（1）15 天内可以换同款的不同颜色或尺码。 （2）如果超过 7 天，要换其他款式是不行的。 （3）为避免不必要的退换货，您在下单之前，请慎重考虑，想好了再下单并完成付款。	（1）说明政策。 （2）提醒仔细、慎重选款下单。
退换货都有什么流程?	不了解退换货流程。	（1）亲，可以看看我们这里的“退换货须知”。 （2）有退换货需求，您要及时告知我们，说明情况，我们会按合理的流程为您办理的。 （3）如果是质量问题，您需要发图片给我们审核。	提醒对方详细阅读退换货条款。

（五）发货速度、快递单号

对于发货速度、快递单号的问题的服务语言示例见表 6－5 所列。

表 6－5　发货速度、快递单号服务语言示例

问题	提问背景	解答参考	掌握和技巧
用什么快递? 什么时候能到?	老买家了。	（1）我们以××快递为主，这个主要看仓库安排，很灵活的。 （2）正常情况下，到您那里应该需××工作日吧，不过不排除快递公司那边有什么突发变化，造成延误。 （3）不管用什么快递，我们会让货品以最快速度安全到达您的家门口，您放心吧。	交代顾客货品会及时、安全送达。

（六）欢迎和欢送

对于欢迎和欢送的服务语言示例见表6-6所列。

表6-6 欢迎和欢送服务语言示例

问题	提问背景	解答参考	掌握和技巧
顾客刚进店铺时的欢迎词。		(1) 您好，我是××店铺客服，工号××，很高兴为您服务。 (2) ××店××号客服，很高兴为您服务，看中什么款式了吗？ (3) 欢迎光临××店，我是××号客服。	
中间忙的时候。		(1) 及时发微笑表情或“不好意思，稍等”之类的话语。 (2) 亲，您有问题可以先留言给我，我稍后马上为您服务哦。	
解答顾客问题后。		亲，要不您再了解一下，有不清楚的地方欢迎随时咨询，祝您购物愉快啊。	
欢送词。		(1) 感谢您的惠顾，欢迎下次光临。 (2) 祝您生活更美好等客气话。	

课后习题

一、选择题

1. 站内信售后中最重要的内容是(　　)。

A. 即时的回复　　B. 诚恳的态度　　C. 倾听顾客　　D. 要求好评

2. 影响订单评价的因素有(　　)。

A. 售后的跟踪　　B. 发货的速度　　C. 产品质量　　D. 与图片的吻合度

3. 客户对服务的需求包含(　　)层次。

A. 单向信息服务　　B. 初步个性化信息服务

C. 个性化互动服务　　D. 客户化服务

4. 电商客服工作的原则有(　　)。

A. 积极主动，主导沟通　　B. 实事求是

C. 控制期望值　　D. 承担责任，安抚情绪

5. 电商客服工作对客户的意义是(　　)。

A. 满足需求　　B. 获得尊重　　C. 激发需求　　D. 降低投诉

6. 在寻找潜在客户的过程中，可使用“MAN”原则，即(　　)。

A. 金钱　　B. 购买决定权　　C. 需求　　D. 迫切性

二、案例分析题

1. 案例一：非凡女装服饰店

买家：好喜欢这件衣服，但是我不知道穿什么尺码。

客服：我们家都是标准尺码。

买家：我 160 cm，55 kg，穿什么合适啊？

客服：那我帮你查查吧。你可以考虑 M 号或 L 号。

买家：那到底是 M 还是 L?

问：客服的做法对吗？如果你是客服，会怎么做？

2. 案例二：亮眼化妆品店

买家：粉底液的生产日期是哪一天？

客服：22 年最新的日期哦。

买家：22 年几月份的？

买家：具体的月份确定不了呢，亲，商品都在库房。

问：客服的做法对吗？如果你是客服，会怎么做？

三、操作题

1. 利用阿里旺旺以买家身份向在线客户咨询产品，并谈谈对在线客服的感受。

2. 以客服的身份发一封回复客户要求的电子邮件，内容自拟。

项目7

店铺数据分析与优化

学习目标

> 知识目标

1. 掌握店铺运营过程中数据分析的思路。
2. 了解熟悉数据分析的工具。
3. 掌握数据分析及监控的指标。
4. 了解数据报告撰写的思路。

> 技能目标

1. 掌握数据分析的工具和方法。
2. 了解店铺数据优化的方法。
3. 学会撰写数据分析报告。

项目导入

新千年以后，人类商务活动在经过漫长的自然经济和原始的商品经济发展后，进入了互联网经济的快车道。在第三次工业革命的催动下，信息技术逐步被各界认可，并成为社会发展、经济腾飞的中坚力量。从微软、谷歌、亚马逊到国内的阿里、腾讯等互联网巨头，再到国内门类齐全的流通消费领域企业，这些互联网企业发展迅速、手段新颖、体量巨大、竞争激烈，科学管理、运营效率高是其主要特点。从管理与运营的角度来看，从事互联网运营流通的企业，为了在激烈的同行竞争中求生存、求发展，一直把科学、准确、高效的数据分析作为企业管理决策的重要依据。众所周知，千百年来，企业运营的灵魂是管理，管理的主要过程是决策，而决策的重点是有科学的依据。科学的依据之所以重要，是因为其来源于事实的采集和证明，也就是常说的用数据说话。商品经济发展到今天，企业竞争更加激烈，社会分工更加精细，商品同质化更加严重，而在电子商务的环境下，数据化运营就显得尤为重要，数据分析是电子商务运营和决策的重要手段和依据，也是电子商务运营的核心。

任务一　数据化营销及数据分析概述

一、数据化营销的概念和价值

（一）数据化运营的概念

数据化运营是指依托行业数据，通过数据化的工具、技术和方法，对数据进行抓取并进行分析、挖掘和应用，通过对运营过程中的各个环节进行科学的分析，为数据使用者提供专业、准确的行业数据解决方案，从而达到优化运营效果和效率、降低运营成本、提高效益的目的。

网店中的数据化运营指的是网店商家在做每一个决策之前，先对网店中的相关数据进行分析，并利用这些数据对公司的发展方向进行指导。对于网店来说，数据化运营是极其重要的，通过数据驱动的方法判断趋势，从而展开有效行动，帮助自己发现问题，推动创新或解决方案的出现。

店铺数据反映了店铺在过去的一个周期（月、周、日）的经营状况，它能给店铺的未来成长指明方向。店铺的日常操作，如爆品打造、客户维护等都离不开数据。所以，数据分析是店铺运营的一项非常重要的内容。本章将通过对生意参谋、阿里指数等工具的讲解，帮助商家做店铺各项数据的采集、分析与优化，从而让运营的方向更加明确。

（二）数据化运营的价值

1. 高效获取数字化信息

随着互联网技术的飞速发展，计算机在数据采集方面的效率与能力已显著超越人工。阿里巴巴平台特别推出了诸如生意参谋、旺参谋、数据银行等一系列数据产品，旨在助力商家进行运营决策的深入分析。企业商家能够依托这些数据化运营工具，轻松获取详尽的产品信息及行业洞察，再结合自身的实战经验，从而制定出更为精准有效的决策策略。

如在传统实体店，想知道每天门店来了多少顾客，需要怎么做呢？一般需要销售推广人员在店门口对每天的来访人员进行不停地计数，但如果有一个人一天来了店里三四次，又如何计算呢？而来访的人员当中假如有送快递的、收废品的，这些人是否会算进去呢？由此可知，线下的人工算法可能会有遗漏和缺失。如果使用计算机进行网络信息采集和统计，则会进行有效的人群过滤和筛选，使信息统计变得更精准。

2. 理性分析“人”“货”“场”

数据化营销以企业数据为基础，通过对“人”“货”“物”等方面数据理性地进行联结分析，形成自己的营销思路，从而进一步指导和支持运营、推广、设计的工作。

第一，什么是“人”。这里的“人”就是指网络店铺中的消费对象。企业商家要弄明白自己的产品面向的是哪一类消费者是非常重要的。有时候商家认为自己的产品很好，应当面向的是高端市场，但实际在营销过程中并没有吸引高端用户，此时商家就需要通过各种营销手段将产品推广到高端用户面前。如“双十一”即将到来，商家就要提前将活动产品的海报、视频等信息投放到各大营销渠道。又如一些高端化妆品等则可通过支付定金、再付尾款的抢购形式，让消费者感受到产品的定制优势。

第二，什么是“货”。这里的“货”是指企业商家在网络店铺中所投放的产品。企业商家必须了解哪些产品在网络市场中具有较好的投放前景。随着互联网信息的透明化，网购市场的竞争越来越激烈，企业商家要想脱颖而出，最好是基于用户的需求去生产或者销售一些相对小众化的产品或服务。同时，商家要能够通过一些有效的营销活动推广产品或服务，从而触及消费者的需求。例如，在消费者选择西装时，商家可能根据消费者的不同年龄、不同场合等需求生产不同的西装类型。

第三，什么是“场”。这里的“场”就是指商家在哪里进行卖货。传统的线下实体店，销售“场”也是有多种多样的，如可口可乐，其售卖场所可能是连锁超市，也可能是便利店、小卖部，而每一种销售渠道的采购、销售、结算体系都各有不同。网络营销的“场”主要是网络销售平台，流量来源不同所带来的“场”也不同。如活动页面的产品，流量自然是较高的，没有参与活动的产品，流量自然会稍低一些。

二、数据分析及数据化运营的发展现状和趋势

在当今社会，企业发展的显著趋势是各企业间的竞争日益加剧。为了实现企业更快、更好的发展，提升企业竞争力成为首要任务。与此趋势相伴随的是电子商务的蓬勃发展。为了紧跟这一潮流，数据的重要性日益凸显。数据的价值在于其明确的目的性，最终为网络营销决策提供有力支持。因此，作为网店商家，必须深入洞悉用户需求，进行宏观预测，并实施数据化运营管理策略。

（一）数据化运营的发展现状和趋势

1. 全球数据化运营发展规模剧增

随着信息科技的多年发展，数据化信息已经渗透到人类生活的方方面面，政治、经济中的很大一部分活动都与数据的创造、采集、传输和使用相关。随着网络应用日益深化，大数据应用的影响日益扩大。

随着物联网、电子商务、社会化网络的快速发展，全球数据总量迅猛增长，成为数据中心行业发展的基础。国家互联网信息办公室发布的《数字中国发展报告（2020年）》中披露，我国数字经济总量跃居世界第二，数字经济核心产业增加值占 GDP 的

比重达到 7.8%，至 2025 年该比重将提高到 10%。2020 年全球数据储量达 51 ZB，同比增长 24.4%。2015～2020 年全球数据总量及增速情况如图 7-1 所示，

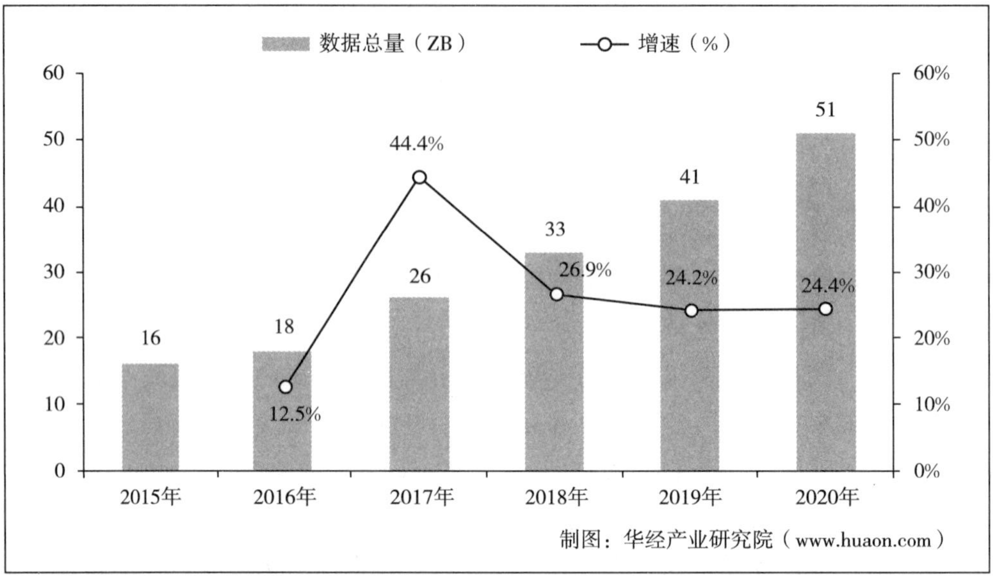

图 7-1　2015～2020 年全球数据总量及增速情况

随着全球互联网的迅速发展，数据量巨量增长，推动了全球数据中心行业的发展。2022 年全球数据中心市场收入为 746.5 亿美元，同比增长 9.9%。2017～2022 年全球数据中心市场规模情况如图 7-2 所示。

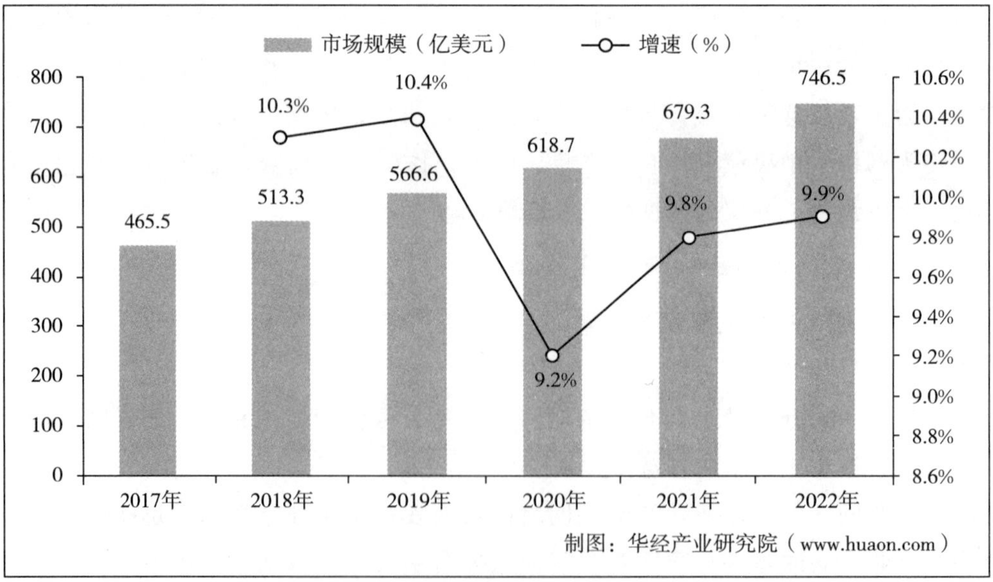

图 7-2　2017～2022 年全球数据中心市场规模情况

目前，我国31个省（区、市）（不包括港澳台）均有各类数据中心部署，但整体分布呈现“东热西冷”的态势，主要集中在北京、上海、广州等东部一线城市及其周边地区，中、西部地区分布较少。截至2019年底，北京、上海、广州及周边等东部数据中心机架数量占比分别为26.5%、25.3%、13.5%，合计65.3%，中部、西部及东北地区占比分别为12.2%、18.7%和3.8%。中国数据中心区域分布情况如图7－3所示。

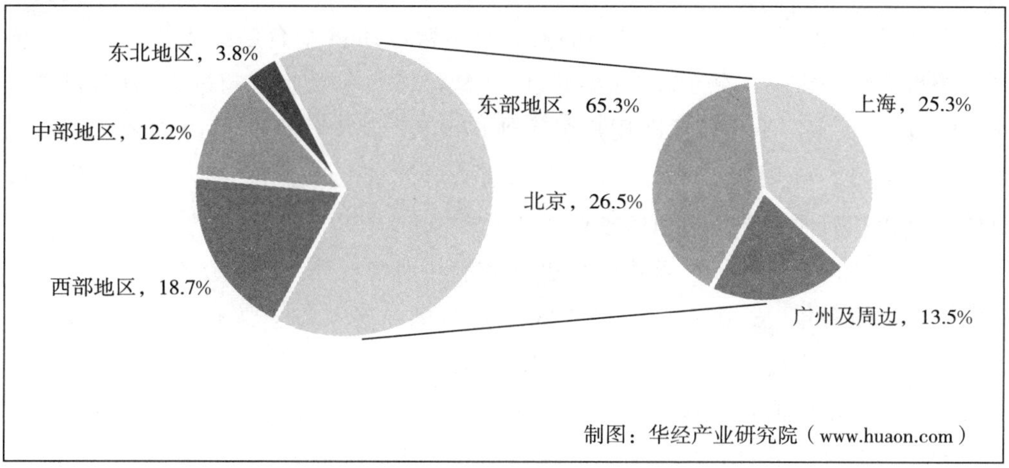

资料来源：《能源数字化转型白皮书》，华经产业研究院整理

图7－3　中国数据中心区域分布情况

中国数字经济的迅猛发展，孕育了全新的商业模式与经济格局。数字化作为产业升级转型的关键驱动力，被视作创新驱动发展的核心引擎。随着数字化转型的深入，企业常规工作与运营管理日益实现自动化，同时对数据化运营研究型人才的需求也愈发迫切。

众多行业不仅积极投身于数字化运营的实践，运用数字技术和工具来提升运营自动化水平，更主动出击，积极应对变化，充分利用数字化运营的便捷性来发掘潜在需求。它们深入探索如何将数字技术融入业务，期待通过创新业务模式为行业带来颠覆性变革。展望未来，企业数字化建设的程度将成为衡量其竞争力的核心标尺。

2. 消费需求与商业机遇的把握为数字化运营提供源动力

在目前的国内网络消费市场中，“80后、90后、00后”成为主要的消费力量，形成了对数字化、智能化、高效率科技产品的使用习惯，更享受由此带来的高效率、快捷、个性化的美好生活体验。作为当前电子商务活动中的主要消费群体，他们对于数字化服务更加依赖，需求更加多元且多变。

如何把握好消费需求与机遇，可以说是对电子商务活动及相关行业进行数字化运营的源动力。提供更好的服务体验，为电子商务活动提供数字化运营的解决方案，进行数字化运营建设，并以此树立良好的品牌口碑，无疑将成为企业长远发展的必经之径。

例如，阿里巴巴在消费需求分析上，通过对大数据进行分析，精准把握用户的兴趣爱好和个性需求，从而进行精准营销。根据商务部 2020 年发布的《产业带数字化转型报告》，1688 平台已经覆盖了 172 个一级产业带，约占全国一级产业带数量的 70%，并且拥有超过 50 万的源头工厂，5000 万的专业 B 端买家。作为阿里巴巴成立之初最早推出的 B2B 电子商务平台，经过多年的发展与运营，1688 平台已经成为中国领先的综合型内贸批发交易市场。截至 2020 年 6 月 30 日，1688 平台拥有超过 92 万名付费会员和 4100 万活跃买家，平均日活跃用户数达到 670 万，其中约 76%的用户通过 App 完成采购。据统计，2021 财年 1688.com 的诚信通会员数量上升至 99 万名，为诚信通会员提供数据分析和店面管理等增值服务收入占总收入的 50%以上。

根据以上数据分析结果，可将阿里巴巴的潜在消费者分为以下几类：

第一，小镇青年。这类人群通常是 20～30 岁的年轻人，主要生活在四线及以下城市。但是他们却“人在曹营心在汉”，紧追大都市人群的消费潮流，追求高性价比。不过与大都市人群不同的是，这部分青年，房贷压力小，可支配收入可观，休闲时间多，这意味着他们有足够的时间与财力去支配自己的生活，他们大多集中在娱乐 App 上。

第二，Z 世代。这部分人群以学生群体为主，大多是“95 后、00 后”，集中生活在一二三线城市。同大多数线下渠道担忧的那样，他们是互联网原住民，热衷于网购“剁手”，线下似乎已经没有亮点能够吸引他们到店购物。而随着“95 后”开始成为母婴消费人群，我们终将要迎合 Z 世代。他们愿意尝试新鲜的东西，喜欢彰显自我个性，追求打造专属人设，也就是说，更容易接受定制化的东西，看好颜值经济，偏二次元风格。

第三，精致妈妈。这部分人群以孕期妈妈或者孩子未满 12 岁的年轻妈妈为主，主要生活在一二三线城市，有着较强的消费能力。这部分人群生活的城市与上述的 Z 世代高度重合，所以她们也比较带有“圈子”感觉，分享消费与传播意识比较强，能够俘获这部分人群的芳心，对于门店可谓是免费的传播。这部分人群也是当下母婴店向家庭消费延伸的契机，她们关心孩子的成长，注重产品的健康与安全；爱孩子的同时也爱自己，注重自身的健康和保养；同时，由于学历较高，又是全家健康的守护者和购买的决策者。

第四，新锐白领。这部分人群主要集中在 25～35 岁的年龄段，平时生活在一二三线城市，以公司职员、公务员、金融从业者等为主，消费能力较强。他们注重品质生活，虽然高收入高消费，但属于隐性贫困人群；由于工作压力大，以及所处城市生活节奏快，愿意花钱买便利。当工作叠加育儿，整个家庭的开支压力都比较大，所以他们是“不想生”的重要代表，育儿后，也只是海淘、代购等渠道的主要消费人群。

第五，资深中产。这部分人群主要集中在35～45岁的年龄段，平时生活在一二三线城市，以公司职员、公务员、金融从业者等为主，消费能力极强。在消费过程中，他们注重体现个人品位，愿意享受线下消费带来的体验感，但同时又很理性。

第六，都市蓝领。这部分人群主要集中在25～45岁的年龄段，平时生活在一二三线城市，但是消费能力比不上新锐白领及资深中产两类消费群体。他们主要居住于城市近郊，每天通勤时间长，在线娱乐时间久，由于他们的生活成本高，消费“被迫”理性，重视产品性价比。

3. 政策支持数字经济产业发展

近年来，随着互联网、移动互联网、物联网、5G等信息通信技术及产业的不断发展，全球数据量呈爆发式增长态势。数据作为与土地、资本、劳动力、技术一样的生产要素，在数字经济不断深入发展的过程中，地位愈发凸显。

我国高度重视大数据在推进经济社会发展中的地位和作用。为此，国家陆续出台了多项政策来推动大数据产业高质量发展，如《“十四五”数字经济发展规划》等。

回溯至2014年，大数据这一概念首次被正式纳入政府工作报告，标志着它成为各级政府关注的焦点议题。随后，在2015年9月，国务院颁布了《促进大数据发展的行动纲要》，标志着大数据已上升至国家战略层面。党的十九大报告更是明确提出要深化大数据与实体经济的融合应用。而在2021年3月公布的《中华人民共和国国民经济和社会发展第十四个五年规划和2035年远景目标纲要》（以下简称《纲要》）中，完善大数据标准体系被确立为发展的关键领域。

自2015年起，我国持续出台政策措施，积极鼓励云计算、物联网等互联网信息技术与大数据的深度融合发展，并大力推动大数据在医疗、农业、金融、政府、工业等多个领域的广泛应用。据赛迪发布的数据显示，从具体行业应用层面来看，互联网、政府、金融和电信等行业在引领大数据融合产业发展方面表现尤为突出，其合计规模占比高达77.6%。此外，工业大数据与健康医疗大数据作为新兴领域，凭借其庞大的数据量和高度延展的产业链，展现出巨大的市场增长潜力。中国大数据产业政策的演变如图7-4所示。

数字化改革推动我国生产模式的变革，随着经济数字化、政府数字化、企业数字化的建设，数据已经成为我国政府和企业的核心资产。合资企业、跨境贸易、多厂商全球合作的模式变迁，数据开始在企业与企业之间、政府与企业之间，以及国与国之间流转、融合。与此同时，数据安全问题成为行业发展过程中的一大痛点。2020年全球数据泄露的平均损失成本高达1145万美元，数据泄露事件影响大、损失重。

目前全球已有近100个国家和地区制定了数据安全保护的法律，数据安全保护专项立法已成为国际惯例。我国也不断发布与数据安全相关的系列政策，为大数据行业

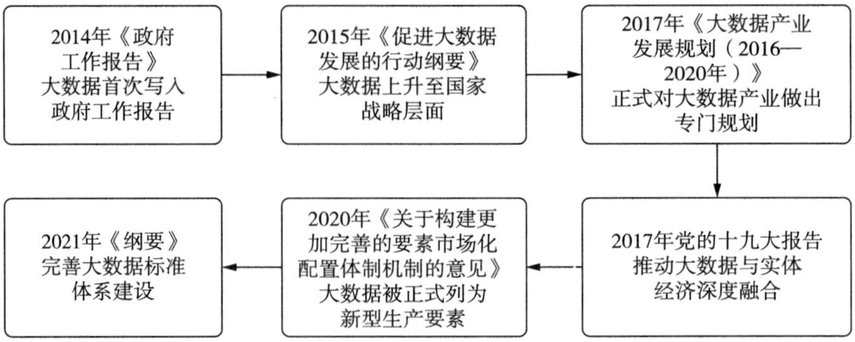

图 7 - 4　中国大数据产业政策的演变

的发展保驾护航，2021 年 6 月，我国正式发布《中华人民共和国数据安全法》，于 2021 年 9 月 1 日起正式施行。

随着中国数字经济的快速发展，大数据也在政策的带动下不断向各新兴领域延伸应用。例如，2021 年 1 月，《关于加快数字商务建设　服务构建新发展格局的通知》提出要深入推进商务大数据应用体系建设和部省电商大数据共建共享工作，持续推进部省之间商务领域数据资源互联互通、有序共享，合力完善电子商务统计监测体系，形成定期共享和双向反馈工作机制。我国国家层面的大数据行业相关政策重点内容解读（截至 2021 年 9 月）见表 7 - 1 所列。

表 7 - 1　我国国家层面的大数据行业相关政策重点内容解读（截至 2021 年 9 月）

发布时间	发布（通过）部门	文件名称	具体内容	政策性质
2021 年 6 月	全国人大常委会	《中华人民共和国数据安全法》	法案内容共 7 章 51 条，提出国家将对数据实行分级分类保护，开展数据活动必须履行数据安全保护义务、承担社会责任等。	规范类
2021 年 5 月	国家发展改革委	《全国一体化大数据中心协同创新体系算力枢纽实施方案》	按照绿色、集约原则，加强对数据中心的统筹规划布局，结合市场需求、能源供给、网络条件等实际，推动各行业领域的数据中心有序发展。	支持类
2021 年 2 月	工信部	《关于组织开展 2021 年大数据产业发展试点示范项目申报工作的通知》	本次申报围绕工业大数据应用、行业大数据应用、大数据重点产品、数据管理及服务等 4 个方向，征集并遴选一批大数据产业试点示范项目。	支持类

（续表）

发布时间	发布（通过）部门	文件名称	具体内容	政策性质
2020 年 12 月	国家发展改革委	《关于加快构建全国一体化大数据中心协同创新体系的指导意见》	到 2025 年，全国范围内数据中心形成布局合理、绿色集约的基础设施一体化格局。	支持类
2020 年 9 月	国家自然科学基金委员会	《关于发布大数据驱动的管理与决策研究重大研究计划 2021 年度项目指南的通告》	建立面向大数据的全景式管理与决策的理论和方法体系，发展针对管理与决策问题的大数据分析技术与计算方法，使得我国在大数据驱动管理与决策相关领域的研究跻身国际前列。	支持类
2020 年 5 月	工信部	《工业和信息化部关于工业大数据发展的指导意见》	提出了 6 个方面 18 项重点任务，6 个方面包括：一是加快数据汇聚，二是推动数据共享，三是深化数据应用，四是完善数据治理，五是强化数据安全，六是促进产业发展。	支持类
2019 年 11 月	工信部	《关于组织开展 2020 年大数据产业发展试点示范项目申报工作的通知》	支持方向：围绕工业大数据的融合应用、民生大数据创新应用、大数据关键技术先导应用、大数据管理能力提升 4 大类 7 个细分方向，遴选一批大数据产业发展试点示范项目，通过试点先行、示范引领，总结推广可复制的经验、做法，推进大数据产业健康有序的发展。	支持类

（二）数据分析的发展现状和趋势

数据分析是数据处理流程的核心，因为数据中所蕴藏的价值就产生于分析的过程。数据分析是指基于商业目的，有目的地进行收集、整理数据，用适当的统计方法对收集来的大量数据进行分析，将它们加以汇总、理解和消化，以求最大化地开发数据的功能，提炼有价信息的过程。这些数据包含了如性别、品牌、学历、商品质量、年龄、产品参数等内容。数据分析的目的就是把隐藏在大量看似杂乱无章的数据中的信息集中和提炼出来，从而找出所研究对象的内在规律。在实际工作中，数据分析可以帮助人们做出判断，以便业务部门能够在落地环节采取合理的行动。基于目前大数据技术的应用推广情况，总结现状如下：

1. 大数据聚集资源能力更加明显

大数据技术已经在商贸、交通、城市管理等多个领域中得到了应用，各产业领域未来的发展方向几乎都能与大数据挂钩，社会各界对大数据的未来充满信心，大数据产业正成为社会各类资源的聚集地。随着大数据产业的不断成熟，其对社会资源的吸引力将进一步增强。

各国政府均将发展大数据作为推动信息技术产业繁荣的关键，使得大数据成为“政策资源”的集中地。在发达国家如美国、日本、韩国及欧盟各国等，大数据发展已被列为国家战略的重要组成部分；而在印度、俄罗斯等国，发展大数据产业更是被视为实现经济快速增长的宝贵契机。

中小微企业和创业者对大数据的热情持续高涨，大数据俨然成为“智力资源”的汇聚之地。作为知识密集型服务业的代表，大数据产业的发展离不开智力的推动。当前，众多中小微企业和创业者正积极投身于大数据产业，希望通过新兴技术实现快速发展。

此外，大数据技术的发展与物联网、云计算、人工智能等新技术领域的联系日益紧密。物联网的普及将极大提升数据获取能力，云计算与人工智能将深度融入数据分析体系，而开源模式在新技术的演进过程中更是扮演着举足轻重的角色。

2. 数据和应用将成为驱动创新的主动力

当前，大数据的技术体系逐步完善，大数据技术的开源模式有效降低了产业技术的壁垒，基础技术在大数据创新中的作用依然存在，但其重要性将逐步降低，大数据创新将更多地依赖于数据驱动和应用驱动。

从数据来源的角度看，在能够实现数据化运营的企业中，绝大多数仅仅完成了依靠企业自身所产生的数据解决自身所面临的问题，并且是依据问题来收集所需要的数据。而仅有极少数互联网企业能够发挥出大数据分析的真正价值：同时运用企业外部和内部的数据来解决企业自身的问题，通过数据分析预测可能出现的问题，并依据数据分析的结果进行商业决策。这在一定程度上实现了由数据化运营向运营数据的转变。

3. 行业市场格局将呈现多层多样竞争态势

大数据正处在快速发展期，市场上呈现出各类企业竞相参与、共同发展的态势。随着大数据的不断成熟，市场格局也将随之变化，呈现出截然不同的态势。

在数据采集领域，互联网企业根据自身的优势展开激烈的竞争。大数据的数据源主要有三个方向：互联网数据、政府数据和企业数据。由于后两类数据的采集主体一般不变，市场相对稳定，而对于互联网数据，全球各大互联网企业已经认识到数据的价值，将在数据获取入口等方面展开激烈的竞争，小型企业在该领域很难有所作为。如我国百度、腾讯、阿里分别重点掌握着搜索、社交和电商数据。

不同行业的数据指标也不同，比如，电商行业一般有PV、UV、成交用户量、成就感看、客单价、用户基础数据、GMV等；金融行业一般有访问UV、注册/申请人数、授信人数、平均审核时间等；游戏行业一般有推广页点击量、下载/安装量、累计用户数、用户成长等；直播行业一般有登陆UV、弹幕发送UV、观看总时长等数据，主要还是用户、产品、销售、市场端的数据。

（三）数据分析与数据化运营的关系

数据化运营是基于数据去发现问题，分析问题，然后通过运营的手段找到问题的解决办法并付诸实践的工作，数据化运营是数据分析在各个管理层次的应用。而数据分析则是数据化运营的一个关键环节，是数据化运营的重要手段。

数据化运营的本质是数据驱动的业务运营，而数据分析则是数据价值的运营，也就是从数据角度出发，而非从业务运营角度出发。数据分析平时主要的工作由数据采集、数据分析、数据建模、数据可视化等组成，而数据化运营的日常工作包括用户运营、产品运营、活动运营、市场运营、渠道运营等，显而易见，两者是有很大不同的。数据化运营之所以不能算作数据分析，是因为其岗位主体是从事业务运营相关工作的人。数据分析在技术上面的要求会高出不少，要求懂得数据采集、建模和分析，会利用数据分析工具，有了解业务的必要但不是首位的，而数据化运营则首先要求对运营的领域有一定的经验，其次才是对数据分析有一定了解。现在很多人会误把数据化运营理解为数据分析的原因还是对两者的职能及岗位本质不够了解，数据化运营的核心在于用数据来分析、解决业务运营问题，完成业务运营的闭环，而数据分析则是在完成数据的闭环，从数据问题出发最后回到数据问题的解决和数据价值的评估。数据分析与数据化运营的异同见表7-2所列。

表7-2 数据分析与数据化运营的异同

异同点		数据分析	数据化运营
不同点	运营对象	运营对象是具体的数据	运营对象是具体的业务内容
	主要工作内容	分析具体的指标点	用户运营、产品运营、活动运营、市场运营等
	主体	从事数据统计及分析岗位的人，如数据分析师	从事业务运营相关岗位的人，如运营管理者
	责任分工	主导数据相关工作	主导业务运营的相关工作
	技能要求	会利用一定的分析工具进行分析，数据统计分析方面有一定的经验，对业务有一定的了解	对业务运营领域有一定的经验，对数据分析有一定的了解
共同点	二者都离不开数据； 二者都是在用数据解释业务		

三、数据分析的思维

数据分析的目的就是解决在现实工作中遇到的某个问题或者满足现实中的某种需求。从信息采集到进行数据整理、分析的整个过程中，需要一定的思维逻辑，这种思维逻辑就被称为数据分析的思维。本节内容将数据分析的思维总结为下面的过程。

（一）先总后分

先总后分就是指在拿到数据后要进行思考和深究。作为数据分析人员，在拿到数据后首先应思考：这是一个什么数据集？这个数据集当中有哪些方面的数据？这些数据当中有哪些需要关注的信息点？这些不同的信息点之间又有什么关联？

以上一系列的思考，就是按照“先总后分”的思路在进行分析，然后再着手从总体的视角进行拆解。

例如，A公司在1688平台、天猫、淘宝都有开店，那么在分析A公司的网店运营数据时，则需要考虑该公司的总体情况。作为A公司的数据分析人员，按照“先总后分”的思路进行分析时，首先要分析A公司有几家店铺，分别在什么平台，分别有哪些产品，爆款分别是什么，再根据不同平台不同店铺的情况进行拆解分析。

因此，先总后分的思路是所有数据分析工作的基础，在进行其他流程前通过此思路进行分析，有利于初步解决一个新的数据集的问题。

（二）对比拆分

在日常生活中，对比思维其实是随处可见的。比如，小明某次期末考试成绩考的不理想，英语考了50分，妈妈对小明说：“你这次考试还没有上次考得好，上次都考了70分，这次怎么才考了50分，班级平均分都有75分。”从这个例子可以看出，对比通常有两个方向，一个是纵向对比，一个是横向对比。在此例子中，纵向对比表示的是小明不同时期成绩的对比，即上次成绩和这次成绩的对比；横向对比表示的是小明与班上其他同学的成绩对比。

从“对比”一词的字面意思可以看出，单独看一个数据是不会有什么太大发现的，必须与另一个数据作对比才有新的认识，无论是上述提到的横向对比或者纵向对比，都可以通过与其他数据进行对比分析，得出数据的发展趋势及追溯到问题所在。例如，图7－5中只有店铺B在2021年6月销售额数据，没有与该店铺其他月份的销售额进行对比，也没有与其他店铺的数据进行对比。这个数据显得较为单调，同时也没有说服力。

因此，需要增加其他数据，与B店铺2021年6月的销售额进行对比分析。假设增加5月的销售额数据，发现6月的销售额相比5月下降了20%，如图7－6所示。此时，仅增加了5月的销售额一个数据，对比感就明显增加了，实际的分析过程中可能还会增加其他月份或者其他店铺的数据，那么对比感就会更强烈一些。

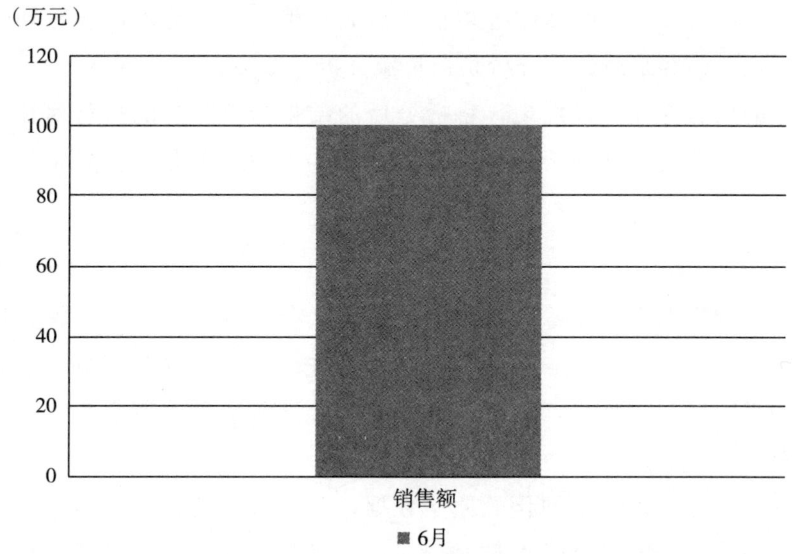

图 7-5　B 店铺 2021 年 6 月的销售额

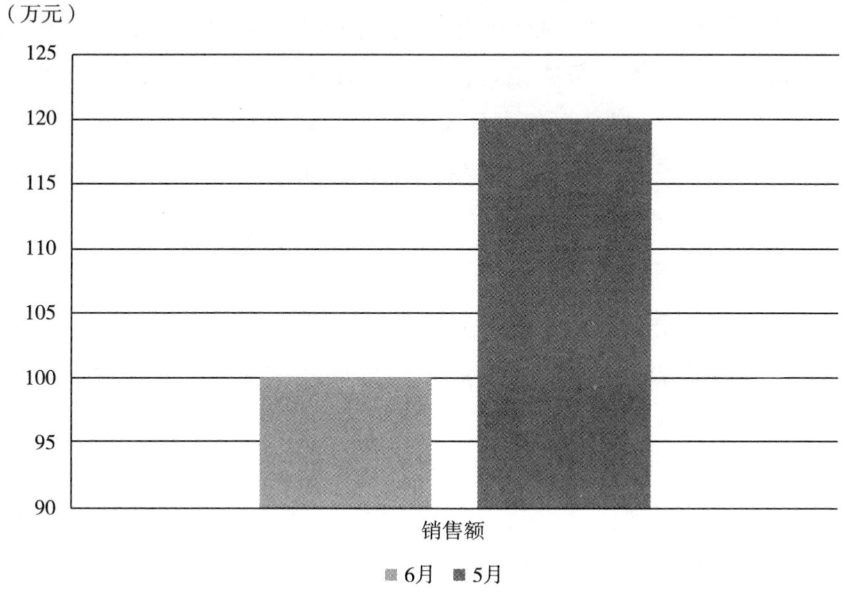

图 7-6　B 店铺 2021 年 5 月与 6 月的销售额

此时，如只对比销售额这个维度对于店铺来说意义不大，因而需要对销售额这个指标维度进行分解，也就是所谓的“拆分”。可以将销售额按以下公式进行拆分：

销售额=成交用户数 * 客单价

成交用户数=访客数 * 转化率

由以上公式可知，销售额是由成交用户数和客单价两个因素组成的，因此要对用户数进行细分，同时要分析产品的客单价。而成交用户数又是由访客数和转化率组成的，由此可见，对访客来源进行分析是销售额分析的源头。

通过以上的层层拆分可以发现，将拆分后的结果与拆分前的进行对比，会发现数据比之前清晰很多，更加有利于进行数据的分析和查找。因此，拆分是数据分析人员必备的思维之一。

（三）深层追踪

通过前面的分析思路可知，针对不同的数据，在分析时都需要了解其所在的相关范围及相关因素。深层追踪就是指对这些因素再进行拆解，寻踪问迹、顺藤摸瓜，直至找到问题的根源所在。此时，追溯到数据源背后可能蕴藏的逻辑关系，或许会有意外的洞察收获。

深层追踪需要有强大的精细化的原始数据，及对行业信息的一定了解。如果一个公司的数据不完善，且数据分析人员对行业信息不熟悉的话，在进行深层追踪时，就可能无法继续下去，也可能无法找到该问题的真正原因。

例如，C 店铺在 2021 年 9 月的销量相比 2021 年的 8 月增加了 2 倍，同时又多了很多新客户。对于店铺运营人员来说，销量增加自然是好事，但需要了解销量激增背后的具体原因。对于数据分析人员来说，需要关注任何一个小细节，所谓“细节决定成败”，任何一个小现象背后都可能蕴藏着大规律。因此，关注细节是数据分析人员必备的能力，数据分析人员需要有敏锐的洞察力，能够通过对该数据的长期跟踪分析，得出前瞻性的预测和判断。

（四）形成结论

数据分析的最后一步是形成结论，而结论则是对通过定量化的数据统计分析得出的规律进行定型化的总结。在分析总结时，需要对过去的历史数据进行提炼总结，对当前的数据进行对比，对未来的数据进行预测。

例如，尿布与啤酒的故事是一个通过相关分析形成结论的经典案例。这个故事发生于 20 世纪 90 年代的美国沃尔玛超市中，当时沃尔玛拥有世界上最大的数据仓库系统。为了能够准确了解顾客在其门店的购买习惯，沃尔玛对其顾客的购物行为进行了购物篮分析，想知道顾客经常一起购买的商品有哪些。沃尔玛数据仓库里集中了其各门店的详细原始交易数据。在这些原始交易数据的基础上，沃尔玛利用数据挖掘方法对这些数据进行了分析和挖掘，意外地发现跟尿布一起购买最多的商品竟是啤酒。

经过大量实际调查和分析，沃尔玛揭示了一个隐藏在“尿布与啤酒”背后的美国人的一种行为模式：在美国，一些年轻的父亲下班后经常要到超市去买婴儿尿布，而他们中有 30％～40％的人同时也为自己买一些啤酒。产生这一现象的原因是美国的妻子们常叮嘱她们的丈夫下班后为小孩买尿布，而丈夫们在买尿布后又随手带回了他们喜欢的啤酒。

在大多数情况下，一旦我们完成了相关的数据分析，而又不再满足于仅仅知道“是什么”的时候，我们就会继续向更深层次的方向去研究因果关系，找出背后的“为什么”。

在网店店铺运营中，也需要通过对过去的历史数据进行深挖追溯，得出相关的总结结论。店铺运营中的历史数据可能有店铺的历史退款退货数据、历史订单数据等；当前数据可能有当天的店铺访客数、当天的订单数和转化率等；未来预测数据可能有店铺的规划、销售趋势等。

例如，图7-7中的数据表示的是钱包类目在1688平台中的采购指数和供应商品数。通过数据解读可知，钱包类目在1688市场中的热门开盖方式为拉链、包盖式、磁扣、搭扣、抽带等，从数据中可以预测未来一个月的趋势可能也是拉链、包盖式、磁扣、搭扣、抽带等。

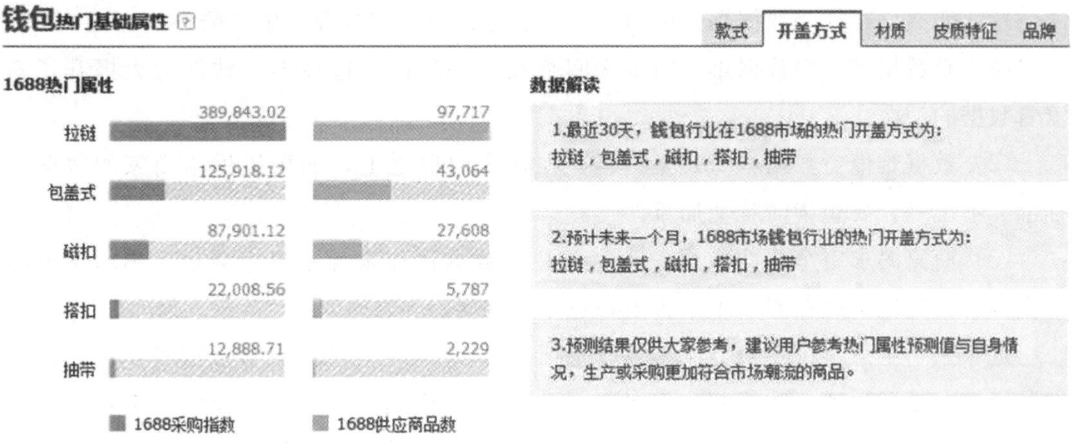

图7-7　“钱包”类目的1688热门基础属性

任务二　店铺运营数据的分析监控

数据分析在店铺运营中的应用主要是指在1688店铺经营中，可以利用分析工具和数据采集方法，提取有用的信息并得出结论，从而制定店铺的发展方向和操作理念，然后用数据化呈现的方式来验证操作正确与否，从而调整和优化运营策略。数据分析可以帮助商家做出正确的运营判断，从而运用正确的策略运营店铺。

一、店铺数据分析工具

本节将运用生意参谋、阿里指数、数字营销等工具对1688店铺自身、产品运营、行业竞争三个维度的数据进行分析，以优化店铺的运营。

（一）生意参谋

生意参谋起源于 2011 年，最初作为阿里巴巴 B2B 市场的数据分析工具而诞生。2013 年 10 月，它正式进军淘宝系平台。在接下来的两年间，即 2014 至 2015 年，生意参谋在原有规划的基础上，相继整合了量子恒道与数据魔方，最终转型为阿里巴巴商家端统一的数据产品平台。到了 2016 年，生意参谋已经累计服务超过 2000 万家商家，每月服务商家数量更是突破 500 万大关。尤为显著的是，在月成交额达到 30 万元以上的商家群体中，超过 90%的商家都在使用生意参谋；而在月成交金额超过 100 万元的商家中，同样有超过 90%的商家每月登录生意参谋的次数超过 20 次。

生意参谋不仅集成了数据作战室、市场行情、装修分析、来源分析、竞争情报等多种数据产品，更作为商家统一的数据产品平台，在大数据时代为商家提供了强有力的支持。那么，在这个数据爆炸的时代，生意参谋究竟能为商家解决哪些痛点呢？

（1）看数据难、用数据难：数据之间存在不一致性，这种不一致性大大提升了商家看数据的门槛。

（2）数据难懂：数据本身就是门槛，在这个门槛之上，如果提供给商家的数据不标准、不统一，要想读懂难上加难。

（3）商家渴求更全面的数据：商家关注的数据往往来源于多个渠道，不同渠道的数据能否较好地集成在同一个平台上，也令人困扰。

近年来，生意参谋一直致力解决上述难题。基于阿里巴巴全域数据资产层，以及在陆续整合量子恒道、数据魔方等的基础上进行增值创新，生意参谋已经逐步升级为商家端统一数据产品平台。通过生意参谋，商家可以看到口径标准统一、计算全面准确的店铺数据和行业数据，从而成为商务决策的参谋。生意参谋实时访客数据如图 7－8所示。

生意参谋的功能架构有以下几个方面：

（1）首页：全面展示店铺经营全链路的各项核心数据；专属用户的个性化首页、常见功能模块聚合入口；商家运营阵地。

（2）实时直播：以店铺实时动态数据为切入点，提供店铺实时流量交易数据、实时地域分布、流量来源分布、实时热门商品排行榜、实时催付榜单、实时客户访问等功能，还有超炫的实时数据大屏模式；洞悉实时数据，抢占生意先机。

（3）经营分析：以商家电商经营全局链路为主思路，结合大环境，对经营各个环节进行分析、诊断、建议、优化、预测，能够展现全店流量概况、流量来源及去向、访客分析及装修分析，提供店铺所有商品的详细效果数据，方便商家及时掌控店铺交易情况；同时提供资金回流行动点，可帮助商家精准营销，提升销量。

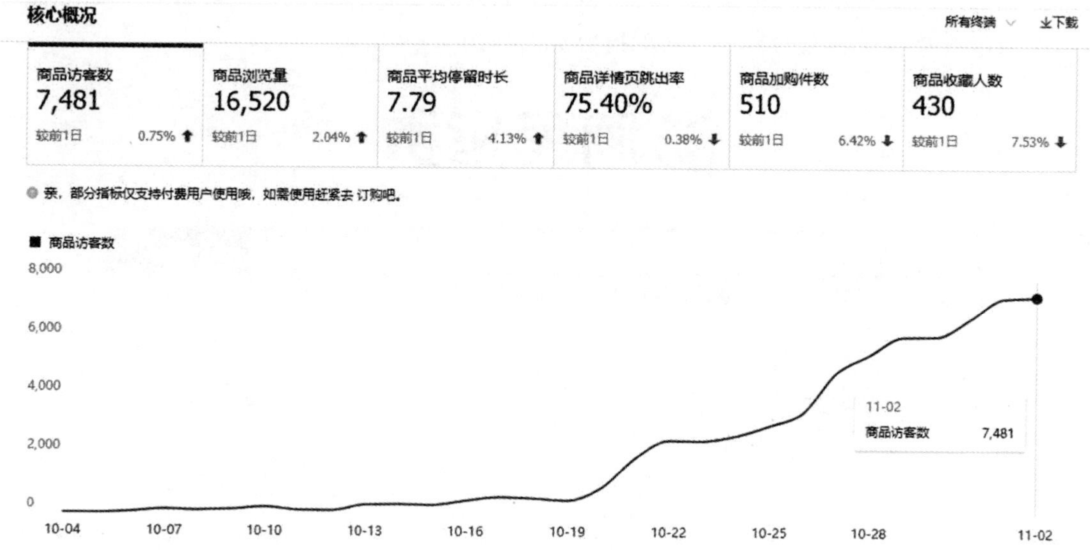

图 7－8 生意参谋实时访客数据

（4）市场行情：以行业分析、竞争情况为切入点，对市场行情进行分析，市场行情专业版目前包括三大功能，即行业洞察、搜索词分析、人群画像，市场行情的大部分指标还可自由选择时间段，包括 1 天、7 天、自然日、自然周、自然月或自定义时间；可选择的平台包括淘宝、天猫和全网，终端则包括 PC 端、无线端和全部终端。

（5）自助取数：可供商家自由提取数据的工具，可提供不同时段（如自然天、自然周、自然月）、不同维度（如店铺或商品）的数据查询服务，灵活可配置、周期可定制。

（6）专题工具：着重专题分析和一站式优化工具，含竞争情报、选词助手、行业排行、单品分析、商品温度计、销量预测等专项功能。

（7）帮助中心：门户及产品功能引导、数据答疑解惑、门户运营与推荐、用户互动学习等，内容丰富，形式多样，可帮助商家快速提升数据化运营能力。

通过利用长期积累的商业大数据，阿里巴巴平台的“生意参谋”工具可以针对不同的商家，提供定制化的服务，可以解决什么产品最受消费者欢迎、进货策略该如何制定、产品如何定位、在网站页面上如何摆放产品让消费者看上去更舒服等问题。

（二）阿里指数

阿里指数是阿里巴巴出品的基于大数据研究的社会化数据展示平台，其是了解电子商务平台市场动向的数据分析平台。2012 年 11 月 26 日，阿里指数正式上线。通过阿里指数，媒体、市场研究员及其他希望了解阿里巴巴大数据的人员可以获取以阿里电商数据为核心的分析报告及相关地区与市场信息。阿里指数还可面向媒体、机构和社会大众提供地域和行业角度指数化的数据分析、数字新闻说明、社会热点专题发现，可作为市场及行业研究的参考。阿里指数页面如图 7－9 所示。

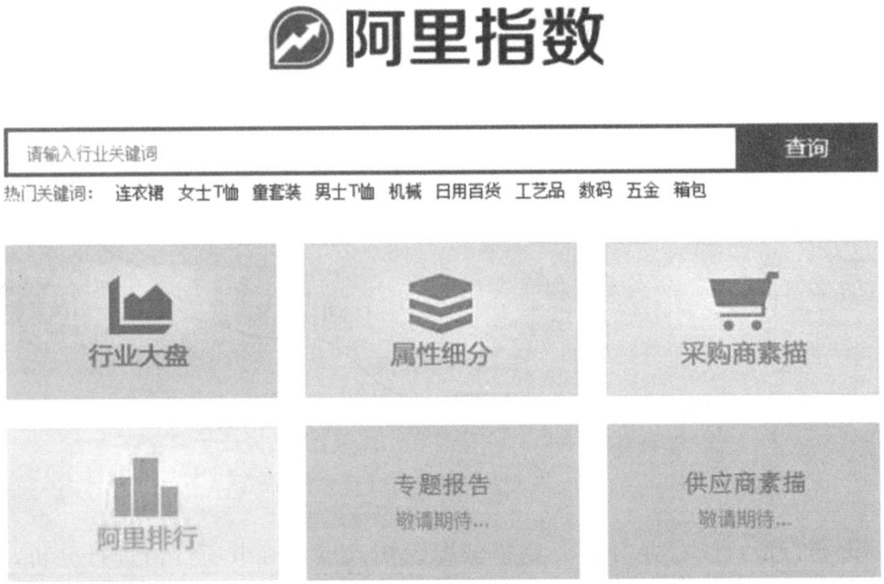

图 7－9　阿里指数页面

阿里巴巴网站每日运营的基本数据包括每天网站浏览量、每天浏览的人次、每天新增供求产品数、新增公司数和产品数五项统计指标。

阿里指数的进入方法如下：

进入到阿里商家中心，首先点击“我的阿里”，进入导航栏界面后，页面最上面有个“服务”，鼠标放在“服务”上，会有一个下拉框，下方出现很多图标，可以找到阿里指数、生意参谋、生意经、商圈等，根据自己的条件去查询即可找到阿里指数；同时，也可以在浏览器上直接搜索“阿里指数”，出现官方字样的就是阿里指数的官方网站，直接点击进入即可。

阿里指数是一种分析工具，专门用于研究行业价格、供应和采购趋势，以及淘宝平台的经营数据。它使商家能够洞察市场需求的变化和流行趋势，从而更有效地进行选品、库存管理及制定定价策略。此外，它还有助于商家充分利用大型促销活动吸引访客，进而提升店铺的销售业绩。具体而言，阿里巴巴指数的作用主要包括以下几个方面：

（1）行业市场分析：通过行业视角解读交易发展、地区发展、商品概况和人群特征，主要涵盖市场报价、热门行业和企业分析。市场报价涉及市场综合趋势、价格走势、购买与供应情况。热门行业分析涉及各热门子行业的详细分析及企业排名，企业排名则是指根据供应商和采购商的交易情况，对行业内的企业规模进行分级。

(2) 产业基地分析：主要包含产业带和企业分析。从特定地区的角度出发，产业带分析涉及对全国各县级行政区域的行业分析，以及对不同地区产业带布局的企业分析。企业分析则是指根据某地区供应商和采购商的交易情况，对他们的水平进行分级。

(3) 阿里采购指数：其是一个基于行业搜索频率计算的综合价值指标，它反映了市场上的购买需求强度。该指数越高，意味着相应行业的购买需求越旺盛，市场活跃度也越高。通过分析这一指数，企业和投资者可以把握行业趋势，做出更为精准的市场预测和决策。

(4) 阿里价格指数：其是一个基于行业在线商品价格计算的综合价值指标，指数越高表示商品价格越高。该指标综合考虑了商品的市场定位、品牌影响力、用户评价、功能特性、稀缺性及供需关系等多个因素，旨在为消费者提供一个衡量商品价值的参考标准。通过该指标，消费者可以更容易地比较不同商品的价格合理性，同时帮助商家在定价时考虑市场接受度和竞争力。

(5) 阿里供应指数：其是一个基于行业在线提供的商品数量计算的综合价值指标，指数越高表示可供商品数量越多。这个指标能够反映一个平台或市场的商品丰富程度，对于消费者而言，商品种类和数量的多样性是选择购物平台的重要影响因素之一。对于商家来说，一个高商品数量指数的平台可能意味着更大的潜在客户群体和销售机会。

(三) 数字营销

数字营销是阿里巴巴专门为诚信通会员提供的营销增值服务，通过多样场景的智能营销方案帮商家锁定更优质的买家，能帮助会员有效提升信息曝光，让推广方式变得更灵活、高效。数字营销基于大数据分析，为客户提供更好的线下广告投放推荐和服务，打造线上线下不一样的营销场景。数字营销的特点有以下几个方面：

(1) 线下线上全域覆盖：通过阿里大生态＋全域媒体合作，实现与潜在买家线上、线下全域互动。

(2) 高效协同的流量布局：沉淀买家在全域流量中的商业行为数据，高效匹配买卖家需求。

(3) 智能化营销解决方案：根据企业生意成长轨迹，基于数据、算法等为其量身定制智能化全域营销解决方案。

数字营销的产品包括营效宝、首位展示、展效宝、企业展播、品牌宝、线下展位，以及其他智能化工具如定位推广、全店管家、一键推广、站位定向等。各类数字营销产品如图 7-10 所示。

(1) 营效宝：通过对关键词进行实时竞价（或以关键词包月购买形式进行定位推广），提升产品信息排名，获得更多展现机会和精准流量。除了在 1688 平台展现，产品还有机会获得其他网站的展现机会。

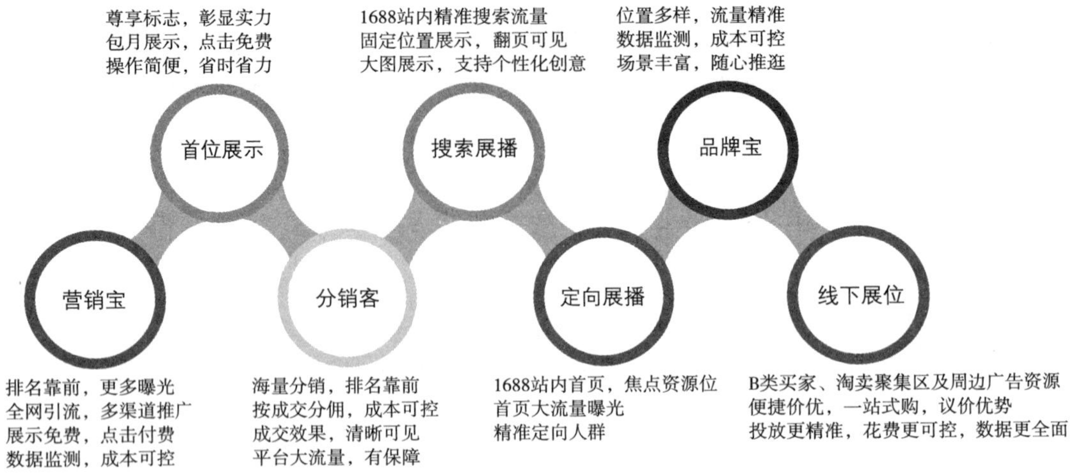

图 7-10 各类数字营销产品

(2) 首位展示：以丰富的创意样式，抢夺买家眼球；可以进行主题场景推广，承接店庆、上新、推爆、品宣等多创意营销模式，满足商家营销诉求。位于 1688 PC 端和无线端的首页核心位置，是买家搜索点击必经之地，能获取高曝光。

(3) 展效宝：不同于搜索广告的“人找货”，商家只需选择推广商品，系统将自动帮助商家寻找全站浏览场景（推荐、收藏、下单、付款等）的意向买家，从而实现“货找人”。例如，商家通过展效宝推广一款女装商品，只需要设定预算，系统将自动寻找当前在 1688 浏览商品且对女装感兴趣的买家，将商家的商品进行实时展示。

(4) 企业展播：基于 1688 平台的海量展现资源，在搜索结果页右侧核心区域为企业提供精准品牌展示的推广服务，能有效覆盖潜在买家，提升企业品牌形象。其具有个性化展示广告创意、更强的视觉冲击，助力商家在搜索结果中脱颖而出。

(5) 品牌宝：当买家在浏览 1688 网站上各类频道页面时，商家可通过实时竞价购买不同页面的广告展示位，呈现商家的创意素材，吸引买家访问您投放的店铺的任意链接。品牌宝通过 CPM 千次展现计费，点击不再收费，每次展现最低仅需 0.03 元（千次展现 30 元起），且通过每日消耗上限控制投放成本。网销宝白金及以上会员，可通过实时竞价的方式购买品牌宝广告位。

(6) 线下展位：基于阿里电商生态圈，以 B 类市场营销推广为核心，在线下投放的广告媒体，如公交候车亭资源、楼宇的 LCD 视频广告、高铁刷屏机等，阿里巴巴数字营销帮助商家实现线上线下全覆盖。

二、店铺运营数据的监控

(一) 监控店铺运营数据的目的

在日常的店铺运营过程中，店铺商家每天都会对店铺中的数据进行观察并统计，在统计的过程中可以将今日的实时数据和往日的数据进行对比分析，以便能够在第一时间找出问题所在，并且及时处理。

以连衣裙为例，通过阿里指数，我们可以看到淘宝采购指数、1688采购指数，还有1688供应指数。如图7－11所示，连衣裙在过去2个月中的采购指数位居女装行业第一名，那么证明该店铺中的连衣裙这一产品具有一定的销售潜力。

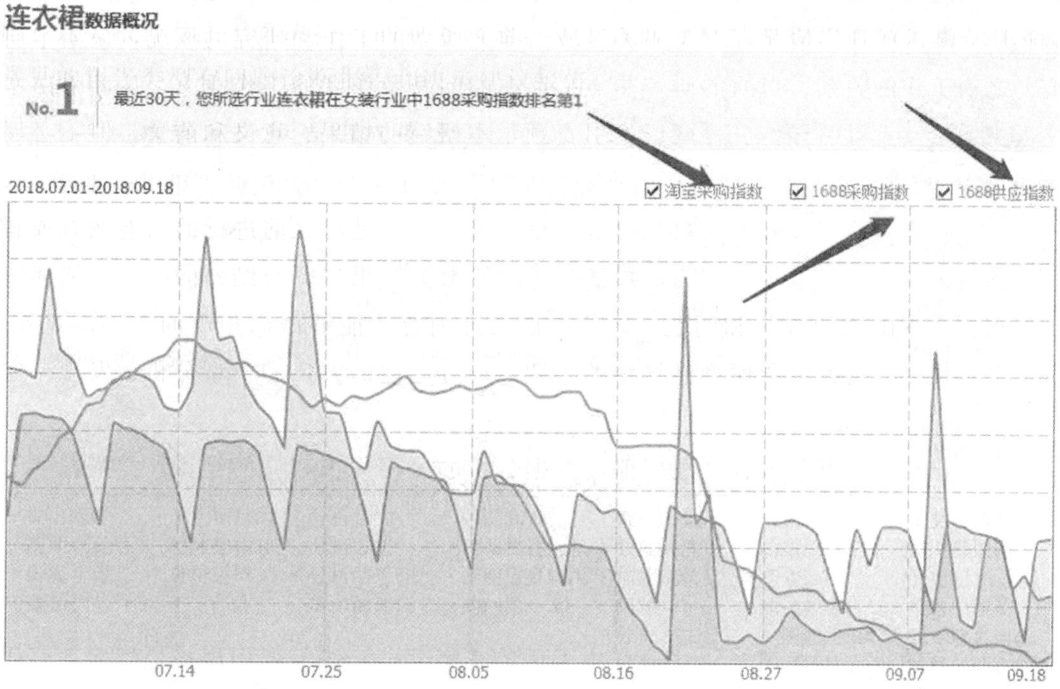

图7－11 连衣裙的1688采购数据概况

如图7－12所示，我们还可以对时间进行拉长，会发现连衣裙在进入2018年前的几个月里，指数开始下滑，然后在开春之后，连衣裙的指数又开始上升。我们还可以看出连衣裙最近30天内在女装行业中排名第一。

我们还可以参考连衣裙的相关热门行业，如图7－13所示。

我们也可以再看看连衣裙的相关潜力行业，如图7－14所示。

以上数据主要可以为店铺在所属行业中的发展和店铺优化做参考，至于具体的决策还是要根据自己的实际情况去执行。

在店铺运营过程中，我们会根据运营流程对团队成员的职责进行细致分工。当问题发生时，各员工能迅速依据分工定位问题并及时解决。鉴于各岗位涉及的数据板块有所不同，管理层难以实时监督每项工作任务，因此我们聚焦于分析运营过程中的异常数据。一旦数据出现异常，通过分工能迅速定位并联系到负责人，可以显著提升团队工作效率。

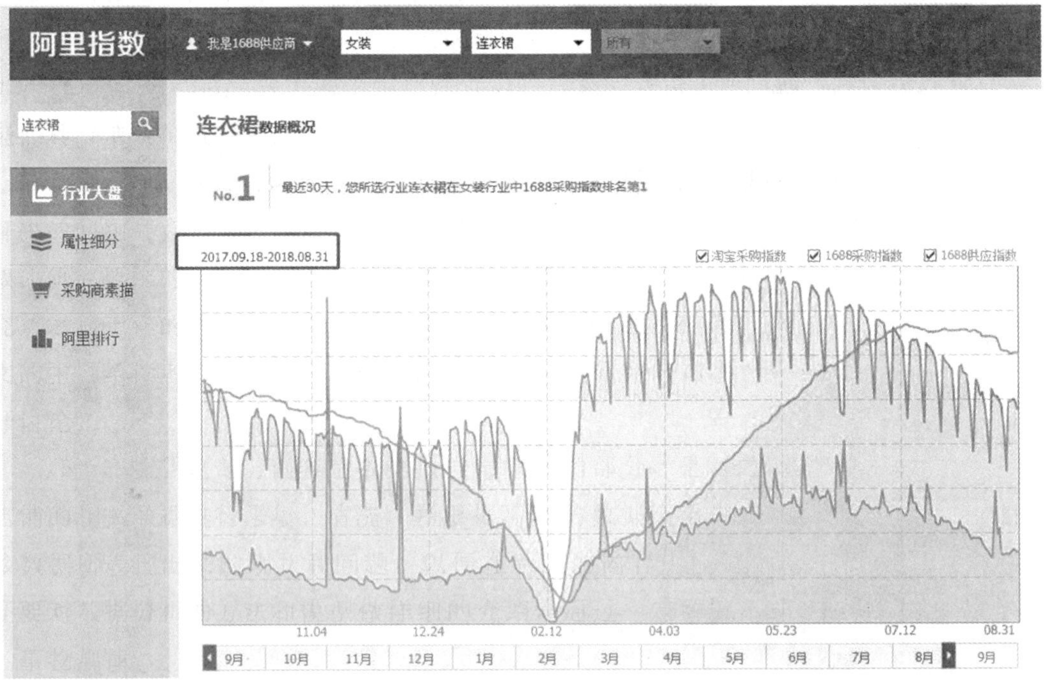

图 7－12　连衣裙 2017 年 9 月至 2018 年 9 月的销售数据概况

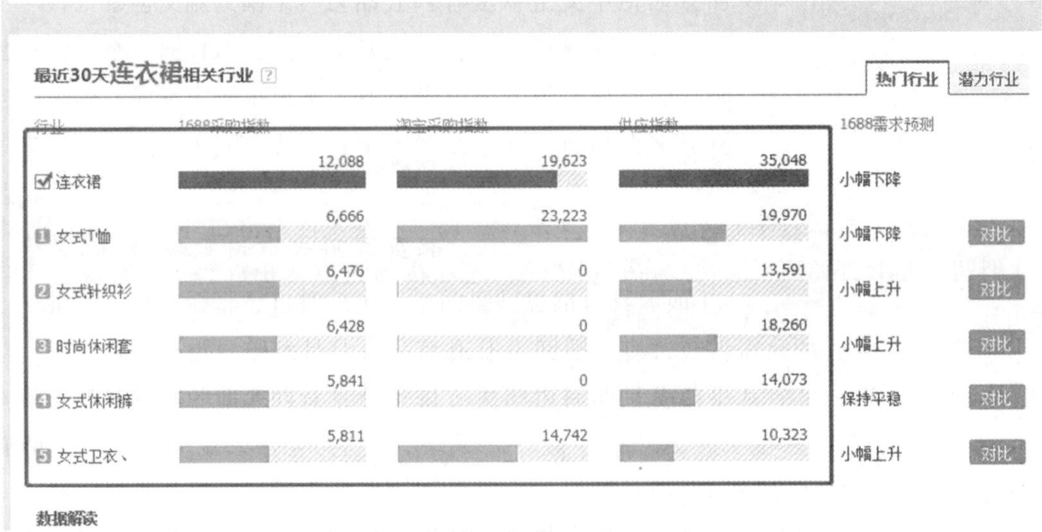

图 7－13　连衣裙的相关热门行业

作为运营人员，在店铺日常监控中，若发现访客量骤减，需立即分解分析访客减少的时间点和来源渠道，以查明原因。例如，若日常访客稳定在 20000 人次，某日骤降至 10000 人次，则需分辨是免费流量还是付费流量的减少，此时数据分析人员需深

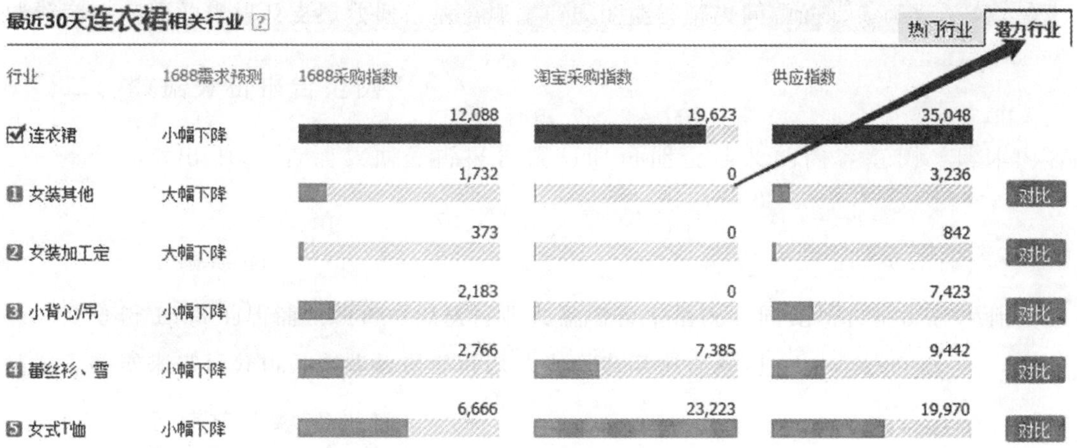

图 7-14 连衣裙的潜力行业

入追查。

因此，做好每日数据监控，商家能清晰掌握店铺的营销状况，包括销售额、访客数、转化率、客单价等关键指标。同时，根据数据波动，商家能更敏锐地察觉营销中的问题与不足，从而进行精准、快速的调整与优化。此外，数据监控还能提升团队整体效率，使各岗位人员工作更具针对性，进而提升日常工作效率，实现问题的快速解决。

（二）店铺的数据监控

1. 访客数

店铺中访客数的监控，就是对店铺中每天访客数的发展走势、不同的访客来源渠道及访客目标达成率进行记录和监控。

访客数在生意参谋、数字营销中可以查看，可以将工具中的访客数复制下来，整理成表格。生意参谋看完了，就会对店铺的访客流量有了一定的了解，知道哪方面需要改善，如应该注重无线端的运营，买展位时应侧重于无线端。

首先，我们要利用“生意参谋—商品—异常商品”查看访客下跌的产品，分析访客下跌的数据，一般一天的下跌数量在 20 以内，一周的下跌数量在 100 以内都是正常现象。如果超出这个范围，就说明我们的商品出现了异常。接着我们应在异常商品中逐个查看，若发现连续几天持续下跌的商品，应锁定这款商品，并进行分析优化。生意参谋中访客数据示例如图 7-15 所示。

在锁定了异常下跌的商品以后，我们开始进行原因的排查。一般来说，商品访客异常下跌的原因主要有市场淡旺季、店铺或单品违规及流量渠道缺失三个原因。

（1）市场淡旺季

如果整体市场处于下滑的趋势，或者商品的旺季已经过去，那么商品访客下滑属

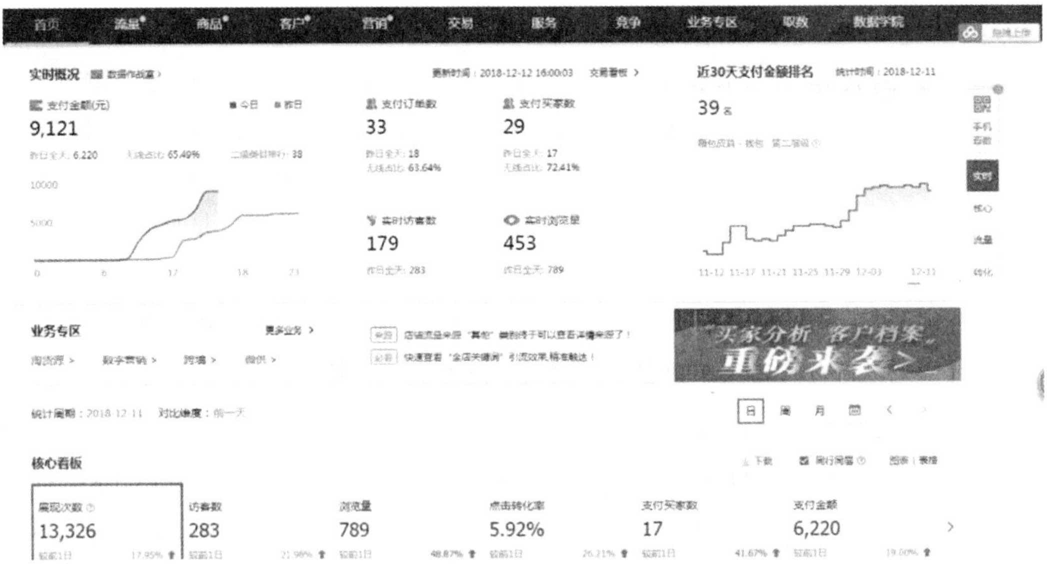

图 7-15　生意参谋中访客数据示例

于正常的现象。例如，我们的上架了一款短袖，但现在是冬天，那么商品访客下滑属于正常现象；反之，如果市场正常或者商品正处旺季，但是出现了商品访客下滑，这就属于异常的现象。

（2）店铺或单品违规

如果我们的店铺有违规现象，那么我们就要进行调整。但是如果我们店铺或者商品没有违规，却出现了商品访客下滑的现象，那么就说明不是因为产品违规导致商品访客异常。

（3）流量渠道缺失

1688 店铺的流量来源是多方面的。为了提升单品流量，我们需要详细分析各个渠道的流量贡献情况，检查是否有缺失。通过逐一排查各渠道，我们能识别出导致访客减少的具体流量板块，并针对性地进行补充。例如，若发现站内搜索板块的流量显著不足，我们应着手增加这一渠道的流量，可以通过优化自然搜索排名或增加付费推广来实现。

在明确了流量来源后，我们能更准确地分析商品访客下滑的原因。随后，根据分析结果进行调整，并密切关注调整后的数据变化。若数据显示商品表现呈上升趋势，则说明调整有效；若仍持续下滑，则需继续调整策略，直至数据恢复增长。

在调整策略前，我们需要在商品排行中观察访客数、收藏人数、加购人数、加购件数、下单买家数，如图 7-16 所示。

我们还可以查看新老客户邀约数据，针对人群调整下一次大促营销策略，如图 7-17 所示。

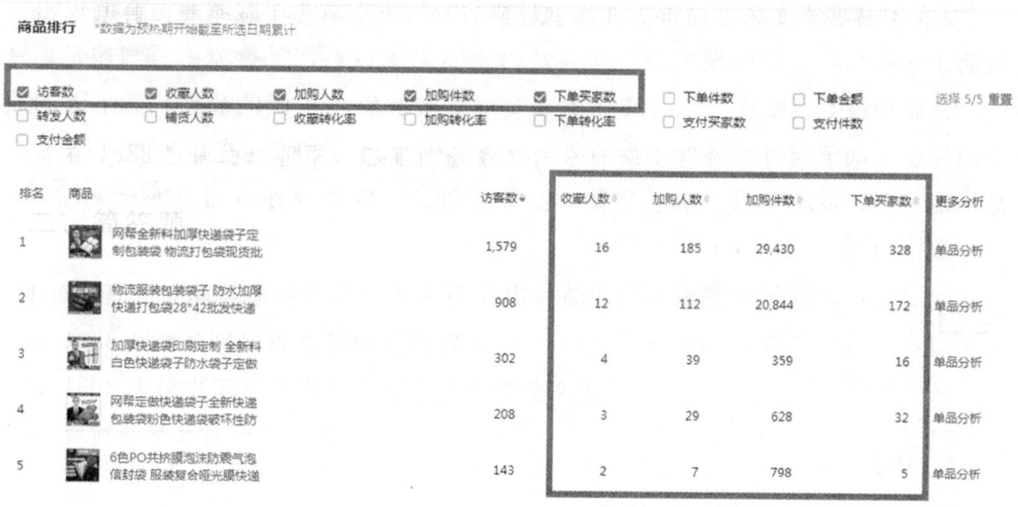

图 7－16　商品排行中的相关数据

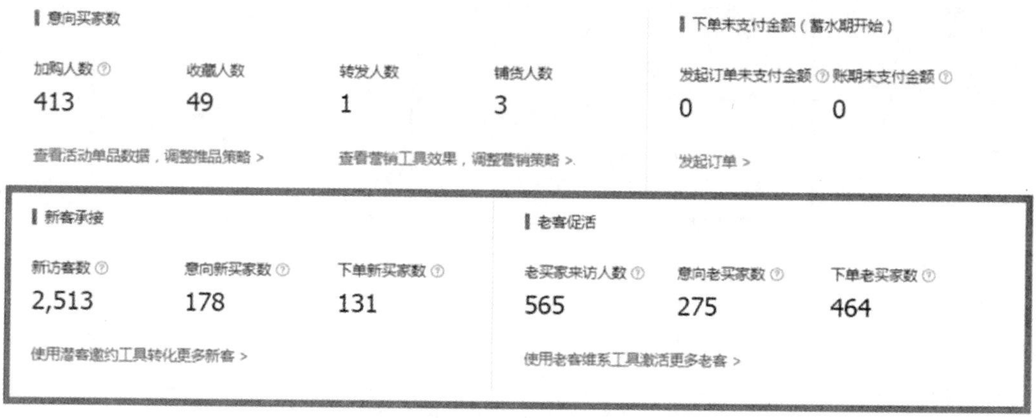

图 7－17　新老客户邀约数据

2. 转化率

转化率是统计工具统计出来的一个数据，它可以让商家更加直观地看到网站的访客从访问网站到完成咨询，再到达成交易的整个流程动作的重要数据。在 1688 平台中主要包括点击转化率和支付转化率两个方面，具体计算方法如图 7－18 所示。

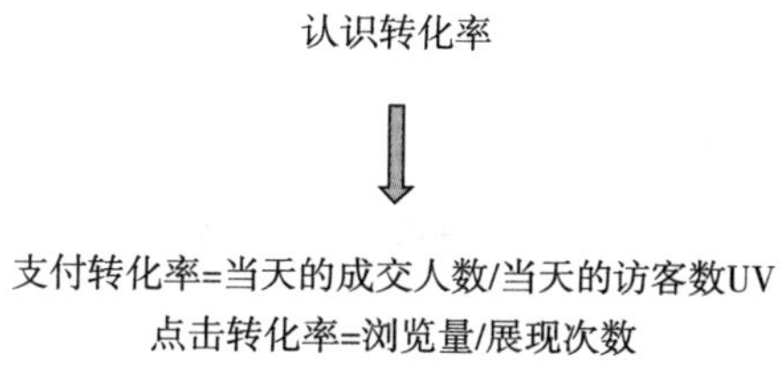

图 7－18　转化率计算公式

提升转化率是 1688 平台运营中最重要的一环，转化过程中的每个细节都很重要。1688 作为一个采购批发的 B 类平台，商家要想深耕目标客户、提升店铺的销售额，最好的办法就是先提升产品的转化率。

点击转化率就是指在一定时间内，通过站内主要来源进入店铺的访客的点击次数与店铺在这些来源处的展现次数之比，站内主要来源包括产品搜索、公司搜索、专场活动、行业频道等。要提升点击转化率，商家要参考生意参谋的数据，看自己的数据高于同行还是低于同行，另外还要参考市场竞争中 Top50 的商家数据，参考 Top50 的产品价格主图、标题，以及交易指数、流量指数、同款货源等情况。店铺排行 Top50 的相关数据如图 7-19 所示。

除此之外，还要尽可能地丰富产品详情页的构造，把产品的功能卖点、产品属性、公司实力、售后服务等展示在客户面前，增加客户的信任，提高转化率。

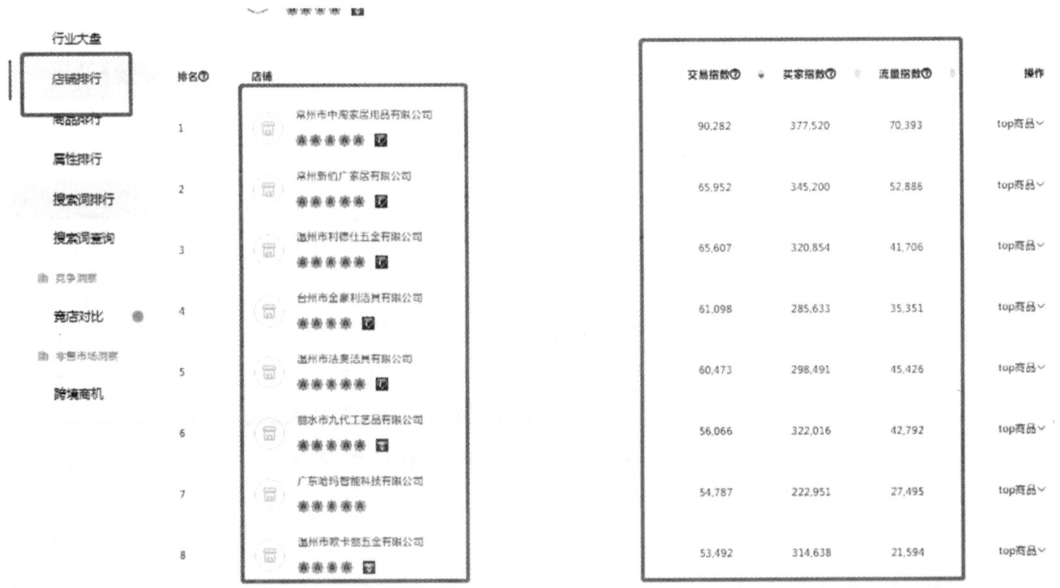

图 7-19　店铺排行 Top50 的相关数据

支付转化率是指支付下单数与到店用户的比值。提升下单转化率的核心是与客户建立信任关系，解决客户的需求。影响下单的关键在于主图是否吸引人、价格能否打动人、详情能否留住人。

具体来说，影响下单的因素包括主图、价格、买家的购物便捷度、买家的体验度、关键词的相关性及匹配度、着陆页的设计、客服接待的专业度、店铺装修情况、BSR 评分、买家评价、单品销量、付费推广投放时间及区域、是否包邮、是否支持货到付款和退换货等。

3. 客单价

“客单价”的提升主要靠商品单价和关联销售。在同样的流量下，尽可能把流量引导至“单价高”且“转化率高”的商品，并降低“单价低”且“转化率低”商品的流量，这样可以直接提高销售额和客单价。想要提升客单价，就需要优化宝贝介绍、营销活动、满赠规则、客服话术等，尽可能从顾客的需求出发吸引顾客购买更多的商品，买得越多客单价越高。

如图7－20所示，在核心看板中有客单价，还有动销商品数，如一周内有4个产品产生了销量，这里会产生一个动销率。动销率越高代表更多的商品被市场所切实需要，也代表店铺的活力更强；动销率低则代表店铺的商品可能市场需求不是那么大，需要改进。

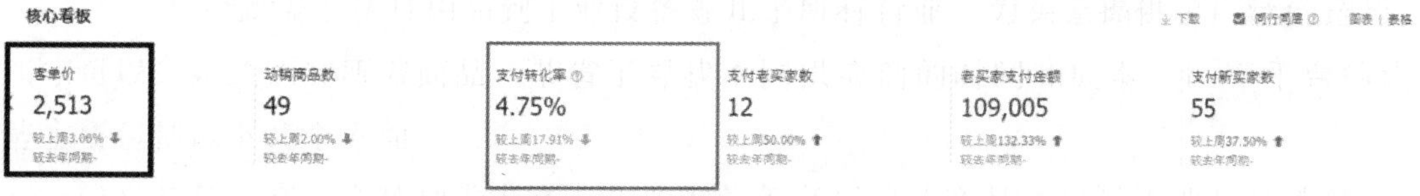

图7－20　客单价对比

4．竞争对手

商家通过店铺数据的抓取，可以了解从哪些维度来寻找自己的竞争店铺。通过店铺的相关数据对竞争对手进行抓取的方式有很多，按照关键词、目标人群、产品、价格、所在地、营销活动、视觉拍摄等维度，都可以查找出竞争店铺。

同时，商家可以通过对竞争店铺的基本数据进行分析，如竞争店铺的拍摄方式、详情页设计方式、店铺类目的分类方式、店铺的营销方案等，以找出自身的问题，从而优化自己的店铺。

另外，在使用生意参谋进行竞争店铺分析时，需要通过分析工具找到竞争店铺之间的数据差异点，然后再结合自身店铺的弱项进行数据的分析、提升和优化，具体的步骤如下：

(1) 打开店铺的生意参谋，先点击市场竞争，再点击市场看板，我们可以从图7－21中看到店铺在行业里30天的经营概况，从数据中可以看到店铺在行业中的排名，竞争店铺近7天、近30天及周期性的成交金额，以及行业的支付金的占比。

另外，商家还可以在生意参谋中的市场竞争一栏对竞争店铺进行数据匹配，通过流失竞店识别、高潜竞店识别，帮助自身店铺更精准地识别竞争店铺。流失竞店识别如图7－22所示。

流失竞店分为四类，表现为图7－22中的四个象限，即高流失高销量、高流失低销量、低流失低销量、低流失高销量四类。

这四类流失竞店对自有店铺造成损失最大的就是第一象限的高流失高销量竞店，也是需要我们去重点分析的店铺。越接近右上角的店铺越值得我们分析，点击右上角

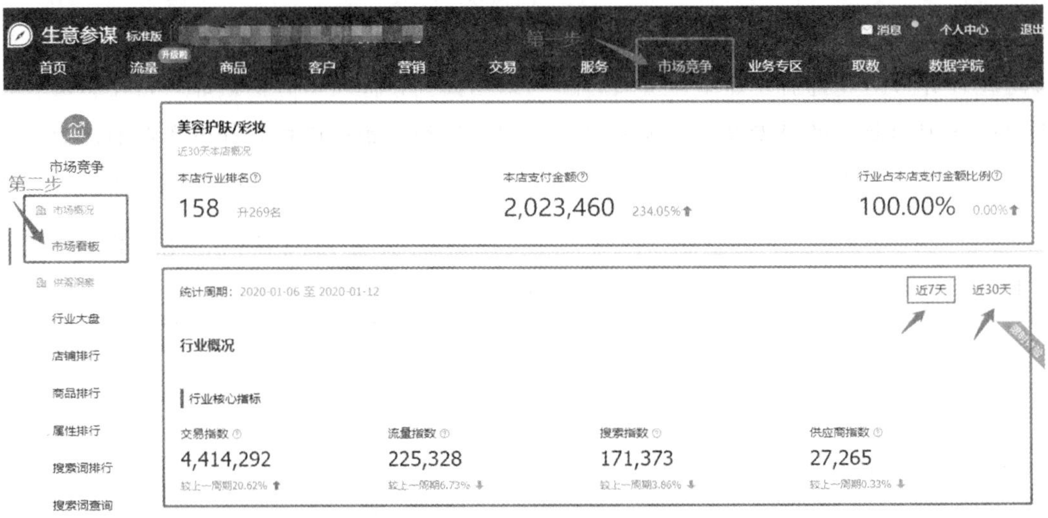

图 7－21　生意参谋的经营概况

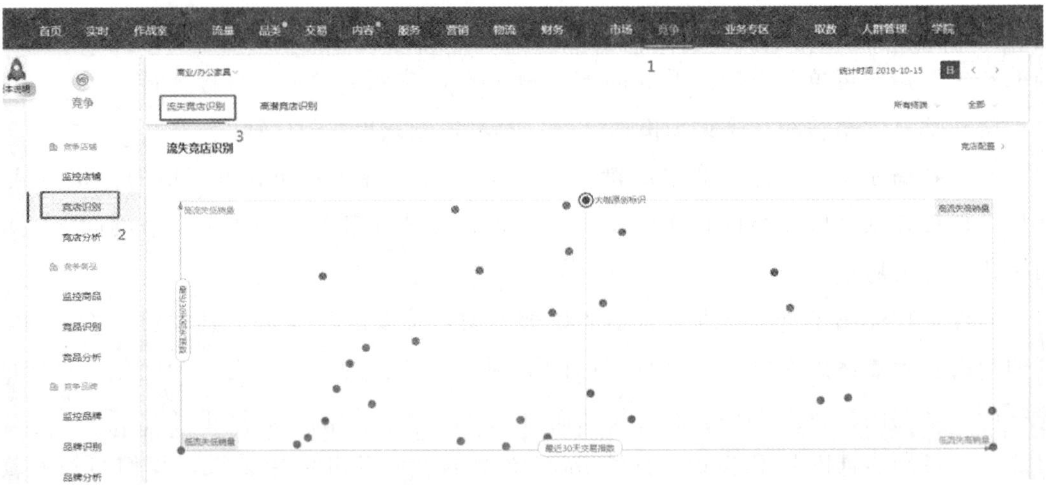

图 7－22　流失竞店识别

的点，可以显示竞店名称，同时坐标轴下方会自动替换为我们选中点代表的店铺，点击店名后边添加监控，即可监控该店。

（2）从数据中我们也可以看到整个行业概况，从交易指数、流量指数、搜索指数、供应商指数这些核心的指标数据，我们可以分析出自己店铺在行业中的提升空间，如图 7－23 所示。

（3）从本店经营类目里，如图 7－24 所示，我们可以分析自己店铺在各个二级类目的排名、支付金额占比、交易指数、行业交易指数、行业流量指数、行业搜索指数、

图 7－23　店铺所在行业概况

行业供应商指数等，而且我们可以打开每个二级类目的趋势进行分析。

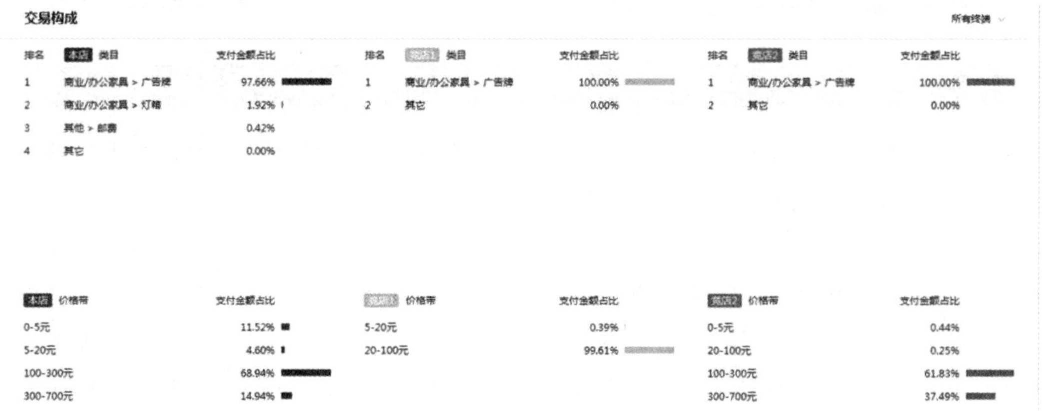

图 7－24　店铺所属行业二级类目交易构成

（4）从竞店分析中，我们可以分析排名上升的竞店、交易突增的竞店、流量突增的竞品、交易突增的竞品等。如图 7－25 所示，对比图中的各个指标，可以发现竞店 2 和自有店铺趋势基本一致，而竞店 1 是在 2018 年 10 月到 2019 年 3 月迅速增长起来的，接下来我们可以详细分析竞店 1 迅速增长背后的细节因素，可以得到我们想要的一些参考，比如交易构成类目占比、主要成交价格带占比、流量构成占比等。

（5）生意参谋市场竞争模块中的行业潮流跟踪栏目展示了 Top20 的 1688 的一级行业热品、Top20 的 1688 一级行业的热店，我们可以去分析这些热品、热店的相关信

图 7－25　竞店分析关键指标

息。行业潮流跟踪页面如图 7－26 所示。

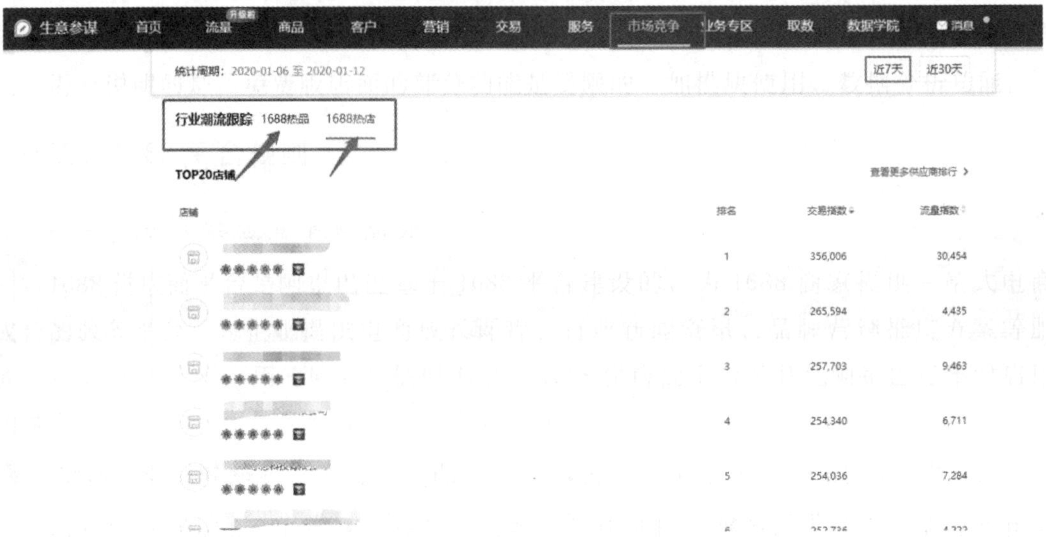

图 7－26　行业潮流跟踪页面

（6）选词参考栏目会展示出店铺所在行业最近的热卖搜索词、飙升搜索词，如图 7－27所示，我们可以把这些词添加到我的收藏词里，便于为产品及时做标题优化及分析。

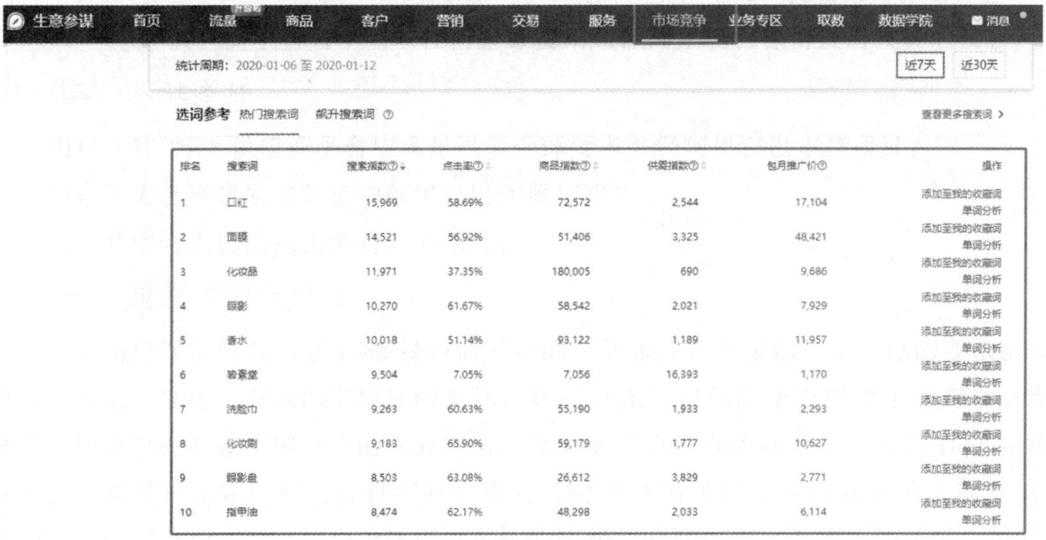

排名	搜索词	搜索指数	点击率	商品指数	供需指数	包月推广价	操作
1	口红	15,969	58.69%	72,572	2,544	17,104	添加至我的收藏词 单词分析
2	面膜	14,521	56.92%	51,406	3,325	48,421	添加至我的收藏词 单词分析
3	化妆品	11,971	37.35%	180,005	690	9,686	添加至我的收藏词 单词分析
4	眼影	10,270	61.67%	58,542	2,021	7,929	添加至我的收藏词 单词分析
5	香水	10,018	51.14%	93,122	1,189	11,957	添加至我的收藏词 单词分析
6	碧素堂	9,504	7.05%	7,056	16,393	1,170	添加至我的收藏词 单词分析
7	洗脸巾	9,263	60.63%	55,190	1,933	2,293	添加至我的收藏词 单词分析
8	化妆刷	9,183	65.90%	59,179	1,777	10,627	添加至我的收藏词 单词分析
9	眼影盘	8,503	63.08%	26,612	3,829	2,771	添加至我的收藏词 单词分析
10	指甲油	8,474	62.17%	48,298	2,033	6,114	添加至我的收藏词 单词分析

图 7－27 选词参考页面

任务三　店铺的服务能力及优化分析

一个店铺在运营过程中会产生很多数据，本节将主要通过对店铺的服务能力、交易状况、店铺流量、店铺转化等核心数据进行分析，从而优化店铺运营。

一、店铺的服务能力分析与优化

（一）买家服务能力概述

店铺的服务能力主要是指店铺为买家提供服务的能力，简称 BSR（买家服务能力）。BSR 是衡量一个店铺服务能力的重要指标，该指标的提升能带来如下权利：同等条件下的搜索优先权；新买家优先推荐权；网站活动/行业频道优先权；线下商家见面会优先权；大客户/名企优先推荐权。如图 7－28 所示，通过查看“买家服务能力指标”，我们可以找出店铺需要优化的项，即后面标有“待提高”的项。

BSR 指标通过货描相符、响应速度、发货速度、回头率四个维度对供应商进行全面考核，让买家清晰识别商家的综合服务能力，提升平台买家的采购体验。供应商得分越高，买家服务能力相对越强，获得供应商权益和商业机会就会越多。对 BSR 指标的详细解读见表 7－3 所列。

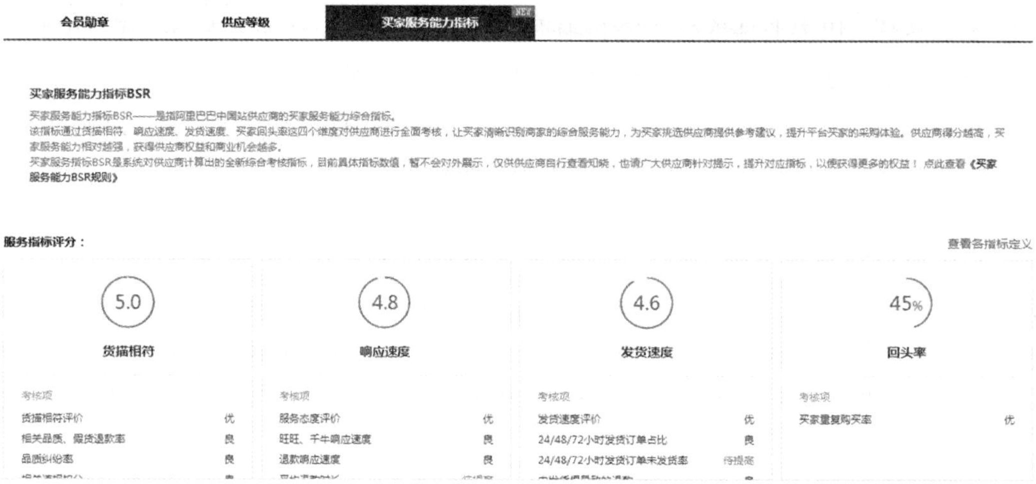

图 7－28　买家服务能力指标

表 7－3　BSR 指标详细解读

BSR 指标	具体指标及其含义
货描相符	1. 货描相符：货描相符评价
	2. 相关品质、假货退款率：商品品质、假货等问题导致的成功退款率
	3. 品质纠纷率：商品品质、假货等问题导致的投诉占比，且被判卖家责任的（含双方责任）
	4. 相关违规扣分：商品品质、假货、知识产权等问题导致的卖家违规扣分
响应速度	1. 服务态度评价：订单交易成功后，买家对服务态度主动评价总得分
	2. 旺旺（千牛）响应速度：旺旺、千牛及时回复买家次数占比（不含群发、自动回复）
	3. 退款响应速度：买家申请退款时，卖家首次响应退款的间隔时长（天）
	4. 平均退款时长：买家申请退款到每笔退款订单完成的平均速度（天）
发货速度	1. 发货速度评价：订单交易成功后，买家发货速度主动评价总得分
	2. 24/48/72 小时发货/交期保障订单占比：卖家 24/48/72 小时发货/交期保障订单占约定发货订单比例
	3. 24/48/72 小时发货/交期保障订单未发货率：卖家 24/48/72 小时发货/交期保障订单未按约定时间发货的订单比例
	4. 发货慢导致的退款：发货速度未达到买家要求导致的退款成功率
	5. 缺货导致的退款：卖家缺货、少货导致的退款成功率
回头率	买家重复购买率：近 90 天店铺两次交易及以上买家占比（不含虚假交易、退款的订单）

BSR在1688平台上的展示位置如图7-29所示。

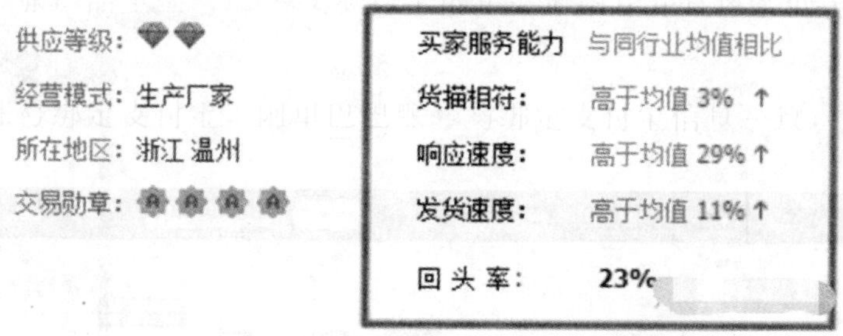

图7-29 买家服务能力在1688上的展示位置

（二）买家服务能力优化技巧

商家通过提取BSR数据，并对BSR有了正确的认知，那究竟应该如何优化BSR呢？下面介绍几个优化技巧。

1. 货描相符

（1）对材质如实描述，保证实物参数与详情描述中的参数一致，重视细节描述，符合行业标准。

（2）关注品质退款率，买家因为假货、质量问题而退款的订单比例越低，得分就越高。

（3）关注网站违规扣分，保证无违规扣分。

2. 响应速度

（1）运用店小蜜工具。

（2）对广告要及时回复（不包括阿里巴巴内部账号所发通知）。

（3）缩短同意或拒绝退款的响应时间，提升同意退款后款项退给客户的速度，使其不超过行业平均值。符合条件的买家可以申请极速退款，如图7-30所示。符合条件的买家通过在线交易，购买带有极速退款标识的商品，在支付宝担保交易订单成功支付后48小时内且卖家发货前申请退款，卖家将在约定时间内同意退款申请，卖家同意退款后货款自动退还，减少退款买家等待时长。买家在9点至18点发起的极速退款流程，卖家需在2小时内响应；买家在18点后至次日9点前发起的极速退款流程，卖家需在次日12点前响应。

3. 发货速度

（1）货源要稳定，以保障发货速度。

（2）在线可跟踪物流占比越高越好。

（3）商品实际发货时间越短越好。

（4）商品加入24/48/72小时发货保障且超时发货率越低越好。

图 7－30　1688 极速退款服务

（5）根据评价做提升，提升发货速度单项和整体评价。

（6）管理好商品库存，无库存的商品及时下架，减少因为缺货导致的退款。

（7）配货流程要合理，做好配货质检，减少少货、发错货导致的退款和退货。

在以上三项指标中，客户评价是非常重要的，我们可以根据客户评价进行相关优化，如图 7－31 所示。在“客户声音”板块中，绿色文字标识的是我们可以有针对性进行提升的项目。

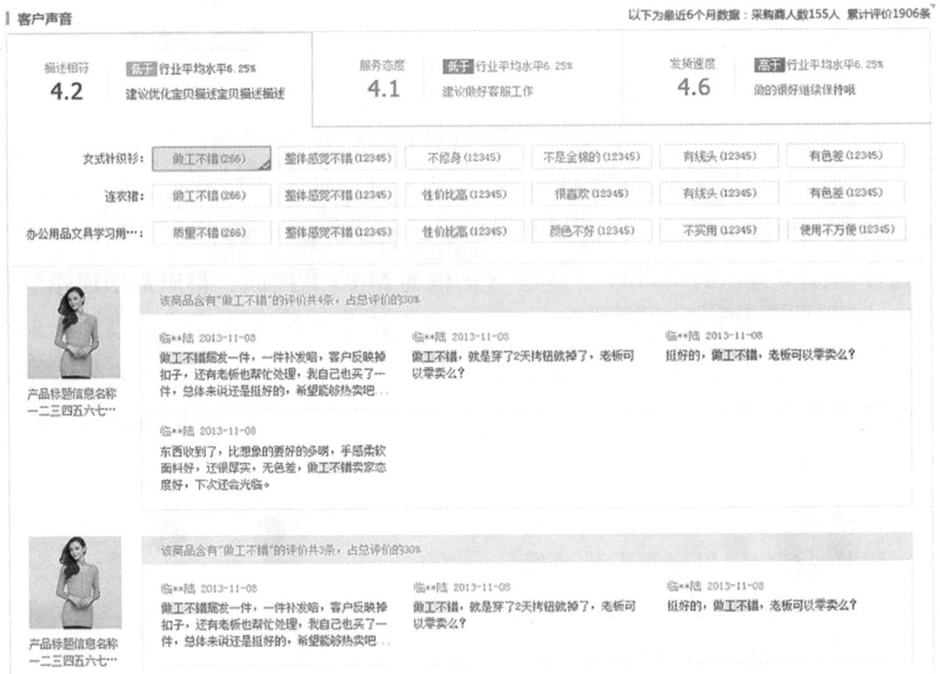

图 7－31　1688 客户评价

二、店铺的优化

除买家服务能力外，我们还需查看店铺的交易数据，对比数据情况进行分析优化，具体的优化内容包括1688产品类基础优化、1688旺铺优化、关键词优化。

（一）1688产品类的基础优化

1. 新品上架

如果商家是快消品类的，产品较多，不建议一次性全部上完，每天上3～5款，逐步的上新，这样有计划的上新可以更多地获得新品场景的加权动作；非快消品类的商家产品有限，一旦上新要认真细致的处理，提高产品的相关性，因为在产品不多的情况下，每个产品对商家来说都是重要的。

2. 优化工作

定期的优化产品信息，建议周期为两周一次，结合店铺产品的关键词的相关性，及时优化信息。当店铺产品的基础信息达到行业均值时，出现访客或者点击转化不达标的情况，应进行主图的优化。当店铺的跳失率、支付转化率较低时，应进行详情页的优化。

3. 商品推荐设置（关联营销区域）

通过商品推荐设置，可将商品做成组合或固定推荐展示在商品详情区域。通过店铺商品推荐，可以将店铺内较为畅销或更受市场欢迎的商品推荐给买家，最多设置10个，通过拖拽可以改变商品推荐顺序；通过关联商品设置，可以将店铺内较为畅销或更受市场欢迎的商品推荐给买家，最多可以设置7张，一共可以设置200组。

4. 质量评分

对于爆款产品或主推产品，应第一时间优化到七星；对于其他常规产品，应至少保证产品处于五星；根据商品力模型，达标金冠产品，设置更多的镇店之宝产品。

（二）1688旺铺优化

1688旺铺优化需要结合基础产品优化来进行，旺铺优化的核心工作较多，我们要参照店铺的具体内容来实施。

（1）产品自定义分类并启用：管理1688产品分类，方便买家在旺铺中浏览信息，这需要店铺运营人员去落实。

（2）开通旺铺小程序：1688店铺已经和支付宝无缝对接上了，所以应开通旺铺小程序，使没有阿里巴巴App的买家可以直接通过支付宝下单，方便快捷。

（3）公司介绍：公司介绍是店铺基础优化过程中最重要的环节，可以较大地提升店铺的转化率，公司介绍一定要填写完整并符合实际。

（4）相册管理：相册管理具有重要意义，应对相册开公与否进行判断和处理，优化相册展示。

（5）推荐公司相册：推荐的相册能展示在1688网站首页导航位置，并显示相册中靠前的5个公开状态的图片，曝光率将大大增加。

（6）旺铺评分工作：保证旺铺评分在95分以上，根据店铺参加活动的情况，设计新海报并上传，同时结合活动结束时间，进行海报下架；根据店铺自营销活动设置、添加优惠券或者营销推广海报；根据店铺限时折扣信息，修改主图或者海报。

（三）关键词优化

无论是1688基础店铺，还是1688旺铺，都需要进行关键词的优化。对1688店铺进行关键词优化，不但能提升搜索流量，还能提高点击量，所以关键词优化对于店铺运营十分重要。关键词优化的技巧主要有以下几个方面。

1. 相关性

所用的关键词一定要和店铺商品相关，如果选择的关键词和商品都不相关，那自然没有流量。那是因为用户想购买产品才会通过关键词搜索，或者通过关键词搜索商品发现商品是他想要的才会点击，所以相关性是最重要的。

2. 搜索热度

要想让产品快速获得曝光和展现，关键词一定要有热度，我们可以通过生意参谋的选词助手进行检查，查询关键词的热度，同时也可以通过首页搜索判断关键词的有效性。

3. 竞争情况

在1688平台做运营一定要知己知彼，了解竞争对手的相关情况。我们可以通过“生意参谋—市场行情”进行分析，了解在线商品数量，同时也可以通过阿里首页进行搜索，查询相关产品数量。

4. 标题优化的细节

学习行业成功标题：看看同行比较成功的标题的写法，分析买家阅读习惯，确定自己店铺商品的标题写法。

（1）检查排名：一定要时刻注意每日的排名，这样可以更好地让我们了解平台运营数据。

（2）选择主推词：选择与产品权重比较符合的长尾精准关键词作为主推词。

任务四　数据分析报告的撰写

一、数据分析报告概述及撰写思路

（一）数据分析报告概述

数据分析报告是评估项目可行性的关键文件。它通过对项目数据的全面科学分析，为项目可行性提供科学、严谨的支撑，从而降低投资风险。数据分析报告主要分为两类：追踪型分析报告和研究型分析报告。

追踪型分析报告主要关注日常业务数据的高频展示，其核心在于发现问题而非直接解决问题。这类报告通常用于解释“发生了什么”，通过对业务现状的描述和问题的揭示，帮助我们了解业务状态。常见的报告形式包括周日报和行业现状分析报告。

研究型分析报告则旨在回答“发生了什么”“为什么发生”及“如何解决”等问题。这类报告专注于解决特定的业务问题，基于数据分析结果提出有效的解决策略。常见的报告类型有问题诊断报告和决策建议报告。

（二）数据分析报告组成要素

数据分析报告的组成要素有标题、目录、摘要、引言、正文、结论、参考文献及附录，如图 7－32 所示。

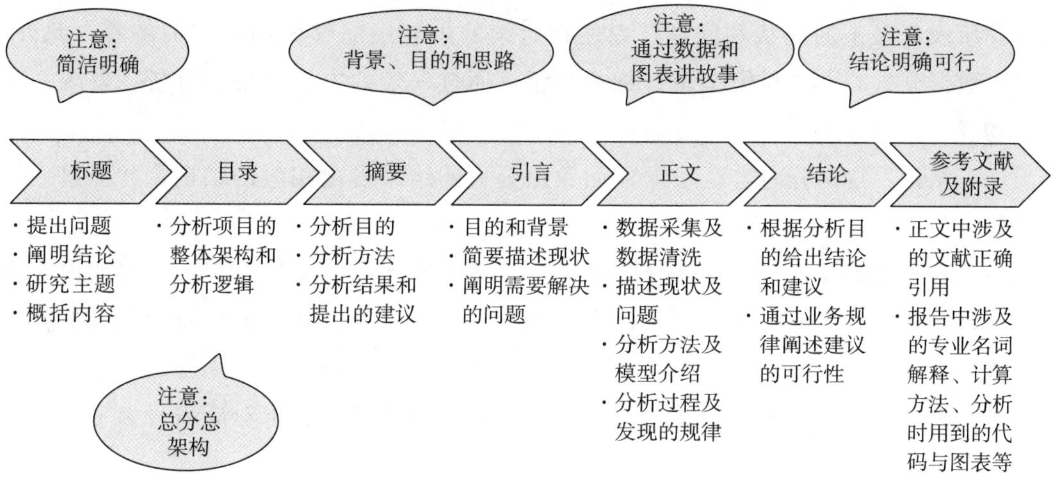

图 7－32 数据分析报告的组成要素

（1）标题：其是对数据分析报告的内容做简要的归纳。需要在报告前提出问题，或阐明研究的主体，或对数据分析报告内容进行简要的概括。标题的撰写要直接、确切、简洁，并且应力求新鲜活泼、独具特色、增强艺术性。好的标题不仅可以激发读者的阅读兴趣，还要体现数据分析的主题。

（2）目录：这部分内容是对即将分析的报告内容进行整体的结构和逻辑的分析。目录也就相当于数据分析大纲，它可以体现报告的分析思路。目录可帮助读者方便快捷地找到所需的内容，因此目录中要列出报告主要章节的名称和对应的页码。对于比较重要的二级目录，也可以将其列出来。

（3）摘要：这部分内容简要概括出分析报告的目的和方法，并对分析结果和提出的建议进行简要的归纳总结。摘要是对报告中内容的概述，也就是对报告内容的重点介绍。摘要是以提供报告内容梗概为目的，不加评论和补充解释，简明、确切地记述报告重要内容的短文。其基本要素包括研究目的、方法、结果和结论，具体地讲就是研究工作的主要对象和范围、采用的手段和方法、得出的结果和重要的结论，有时也包括具有情报价值的其他重要的信息。

（4）引言：这部分内容是对数据分析的目的、背景做详细的介绍，同时阐述需要解决的问题究竟是什么。数据分析报告的引言是以简短的篇幅介绍报告背景和目的，叙述研究要求的现实情况，以及相关领域内前人所做的工作和研究的概况，说明本研究与之前工作的关系、当前的研究热点、存在的问题及作者的工作意义，从而引出本文的主题给读者以引导。三言两语的引言预示本研究的结果、意义和前景，但不必展开讨论。

（5）正文：这部分内容是数据报告最重要的部分，是对之前进行的问卷调查或者店铺的相关数据进行采集、清洗，并根据清洗的数据结果进行总结；同时，要描述出该数据所表现出来的现状和问题，以便在后续的内容中能够做出相应的解答；此外，还要对数据分析的方法和模型做详细的介绍，通过一定的方法和模型分析，发现一定的事物规律。

（6）结论：这部分内容是根据前面数据分析的结果得出相应的结论，并提出一定的可行性建议。

（7）参考文献及附录：这部分内容是对正文中所涉及的文献引用标注出的内容出处进行列举，同时还将报告中涉及的专业名词解释、计算方法、分析时所用到的代码与图表等在附录中列举出来。在报告中引用的文献部分，都需要用尾注进行表明，当读者点击到相应尾注或者查看尾注的数字时，可以快速找到文末对应编号参考文献的地方。

（三）数据分析报告撰写思路

报告正文核心部分包括三个基本的撰写思路，具体如下：

（1）现状分析：现状是什么，存在什么问题。现状分析需要从三个方面着手，分别是分析所依据的业务的背景和逻辑、关键指标的量化结果及评价标准、目前存在的问题。

（2）问题分析：问题出现的原因是什么。问题分析的两个方面包括分析问题的思路和分析结论及支撑数据。明确问题分析的思路第一是为了帮助读者理解分析结论和分析过程；第二是要让读者在理解分析过程以后，能够认为分析过程是严谨的、科学的，分析结论是可信的。在给出问题分析的思路以后，就需要给出分析结论及支撑数据。

（3）解决方案：解决问题的方案是什么。解决方案包含两个方面：从数据中发现能够解决问题的规律及支撑数据；基于规律形成的能够解决问题的业务可行方案。

二、数据分析报告范例

本节列举出1688店铺数据分析报告撰写时可能会涉及的内容范例，具体内容如下：

（一）业绩层面

要分析1688的店铺业绩，可以从行业大盘增长率情况、同比增长情况、环比增长情况等数据来进行分析，这些数据都可以从生意参谋中查看到。

（二）店铺核心数据指标

1688店铺的核心数据指标包括转化率、客单价、销售额、DSR、PV、UV、加购、收藏情况、整体流量分布结构、免费/付费比例、推广费用统计等。数据查看来源主要是生意参谋。

（三）活动分析

在分析1688店铺数据时，不能遗漏对活动数据的分析，如“618活动、双11活动、双12活动”等，通过各种活动大促，店铺可以提高流量，吸引顾客。数据来源为生意参谋与活动展示页数据。活动数据分析的内容如下：

（1）全年活动次数/活动盈亏情况分布（以时间为轴）；

（2）活动折扣力度及活动流量产出贡献值（力度多大，单流量产出最大）；

（3）活动报名失败率及失败原因分析总结。

（四）客服分析

客服工作是1688店铺运营中非常重要的一环，主要负责在线客户的相关产品咨询工作，能够及时、准确、合理地在线解决客户咨询的问题，引导顾客达成交易，还能够通过在线沟通了解客户需求，妥善处理客户投诉，保证客户满意。在进行客服数据分析时，主要包括以下内容：

（1）询盘数、询盘率、询单转化率；

（2）客服催付成功率；

（3）响应速度。

1688旺旺响应率是店铺服务能力的重要指标之一。进入1688的新灯塔诊断页面可查询店铺的3分钟旺旺响应率，还可以查看近30天和近7天的旺旺响应率。

3分钟旺旺响应率计算范围：最近30天的工作时间（9点～21点）的买家有效旺旺询盘消息3分钟内被响应的比例，即该时间内的3分钟内被响应的消息数/发送询盘的消息数，包括首条响应率和平均每条响应率。

（五）库存状况分析

与淘宝店铺相比，1688 的商家大多是企业厂家，根据其店铺特有的批发性质，必须保证重组的库存现货，在无库存的情况下也要能够做到及时补货，因此可以从以下方面对库存数据进行分析：

（1）库存总量、库存金额；

（2）库存分布品类结构；

（3）滞销产品占比；

（4）少量库存的 SKU 数（库存过少需要库存预警提醒）。

（六）其他

除以上内容外，还有一些问题在 1688 店铺的数据分析过程中需要注意，具体如下：

1. 退款率情况及退款问题分析

在实际的店铺运营中，可能会遇到退货或者退款问题，商家需要根据退货退款数据统计情况，深入了解顾客的退货退款原因。如 1688 的品质退款率，就是因为商品质量问题而导致买家申请退款，并且买家在退款时的申请原因就是材质不符、做工瑕疵或者其他质量问题，品质退款率是衡量商品品质的重要指标。

1688 品质退款率计算公式如下：

店铺近 30 天品质退款率＝店铺近 30 天品质退款原因的订单量/店铺近 30 天支付宝订单量

2. 中差评问题分析

店铺的中差评分析应当结合店铺的实际情况来进行。一般来说，店铺的中差评通常分为两种情况：一种是正常中差评，另一种是恶意中差评。正常中差评通常是产品质量问题、描述问题、发货问题、物流问题、客服服务、售后服务等问题引起的，一般有章可循。而恶意中差评一般分为三种情况：专业给中差评，并以中差评为要挟谋取额外钱财或其他不正当利益；同行恶意交易后给中差评；通过第三方合伙诈骗产生差评，并伙同团伙恶意谋取钱财。

课后习题

一、判断题

1. 数字营销是阿里巴巴为诚信通会员提供的增值服务。（　　）

2. 店铺转化率分析只包括支付转化率。（　　）

3. 对店铺的竞争对手进行分析，可以通过生意参谋中的市场竞争模块来开展。 （　　）

4. 在1688旺铺的优化中，不需要优化关键词。 （　　）

5. 在1688店铺的运营中，客服的服务工作分析可以用响应率来分析。 （　　）

二、简答题

1. 适用于1688店铺运营的数据分析工具有哪些?

2. 1688店铺数据监控包括哪些内容?

3. 1688店铺中买家的服务能力应当如何优化?

4. 如何撰写数据分析报告?

项目 8
1688 平台运营

学习目标

➢ 知识目标

1. 了解电子商务及平台。
2. 了解电商就业前景。
3. 掌握淘宝规则及开店技巧。
4. 熟悉店铺后台各模块的功能。
5. 掌握店铺发布产品的方法。

➢ 技能目标

1. 学会淘宝开店及开店前期的市场分析及定位技巧。
2. 熟悉淘宝后台，完成产品的上传、店铺设置及装修。
3. 能够熟练地使用淘宝助理和各种营销工具。
4. 能够熟练进行淘宝客的合作及直通车、钻展等付费推广方式的引流推广。

项目导入

通过任务驱动型的项目活动，使学生掌握电商推广引流的方法和技巧，具备一定的学习能力和课程实践能力，并培养学生诚实守信意识、善于沟通和合作的团队意识，以及环保、节能和安全意识，提高学生各专门化方面的职业能力。通过理论、实训、实习相结合的教学方式，边讲边学，结合不同方式拓展情景教学的作用空间，把学生培育成具有良好职业道德、专业技能水平及可持续发展能力的高素质、高技能型电商运营推广人才，以满足市场对电子商务人才的需求。

任务一　1688 平台介绍

一、1688 平台介绍

（一）平台介绍

1688 平台，又称阿里巴巴 1688，是阿里巴巴集团旗下的 B2B（企业对企业）电子商务平台，于1999年创建。该平台以批发和采购业务为核心，通过互联网连接供应商和买家，为国内外贸易提供了一个便捷的平台。1688平台致力于解决小企业采购批发难问题，并致力于提升小企业的竞争力。它拥有来自240多个国家和地区的大量注册用户，是国内最大的批发及零售平台之一。1688平台提供了丰富的功能模块，包括产品信息发布、搜索、分类浏览、在线交易等，以满足不同用户的需求。此外，它还提供了信用评价系统、物流服务等增值服务，以帮助用户提升交易效率和降低风险。

（二）平台的优势和劣势

1688平台涵盖了从日用品到工业设备等几乎所有行业，为买家提供了广泛的选择。买家可以一站式购齐所需商品，节省了寻找不同供应商的时间和成本。1688平台的优势主要包括以下几个方面。

（1）产品丰富：产品种类丰富，几乎覆盖各个行业的产品，包括工业品、消费品、原材料等，能够满足各种业务需求。

（2）价格优惠：由于省去了中间商环节，买家可以直接与生产厂家或批发商交易，从而获得更低的价格。长期合作的买家还可以通过批量采购享受更多折扣。

（3）货源稳定：多数供应商为生产厂家或批发商，能够保证货源的稳定性和供应的连续性。买家可以依靠1688平台进行长期稳定的采购。

（4）交易安全：担保交易制度确保了买家的资金安全，只有在确认收货满意后，资金才会转给卖家。这种机制降低了交易风险，提高了买家的信任度。

（5）用户基础庞大：1688平台拥有大量的注册用户，包括国内外的商家和个人买家，这为商家提供了广阔的市场空间和潜在的客户群体。

然而，1688平台也存在一些问题，需要商家和买家在使用平台时加以注意和解决。具体的劣势主要体现在以下几点。

（1）采购门槛较高：对于个人买家而言，1688平台的最小起订量和批量采购要求可能不太适用。这限制了小规模买家或个人消费者在平台上的采购能力。

（2）商品质量参差不齐：由于供应商众多，商品质量可能存在差异，买家需要仔细甄别。买家需要通过查看评价、咨询客服等方式来判断商品质量。

（3）售后服务不完善：部分供应商可能在售后服务方面存在不足，导致买家在遇到问题时难以得到及时解决。买家需要在选择供应商时考虑到售后服务的质量和响应速度。

（4）责任难以明确：在交易过程中，如果出现问题，责任归属可能不明确，导致纠纷难以解决。平台需要进一步完善规则，明确各方责任，以减少此类问题的发生。

为了解决这些劣势，买家、商家及平台可以采取以下措施：

（1）买家：提高自身的甄别能力，选择信誉好、评价高的供应商；与供应商进行充分沟通，明确交易细节和售后服务条款。

（2）供应商：提高产品质量，完善售后服务体系，建立良好的客户关系。

（3）平台：加强监管，提高供应商准入门槛，优化售后服务流程，明确责任归属。

通过这些细化的分析和措施，可以更好地利用 1688 平台的优势，同时减少和解决劣势所带来的问题。

二、1688 平台开店政策及流程

（一）阿里巴巴操作流程

1. 登录

方法一：直接打开 www.1688.com，点击登录即可。

方法二：下载企业版阿里旺旺软件，点击安装。安装成功后，直接输入账号和密码登录。此方法方便信息、留言的管理。

2. 注册信息及相关证明文件的变更修改

第一步：登录阿里巴巴，点击“我的阿里”；

第二步：点击“账号管理”，可以进行相关的基本资料的修改；

第三步：若需进行证明文件的修改，如营业执照的修改，需联系阿里巴巴客服更改注册的文件。

（二）产品的发布、推广、询价、报价的管理

1. 产品发布

（1）点击旺旺的左侧工具条的“供应产品”进入网页，然后点击“发布供应产品”，填写要发布的产品的信息，标题尽量多输入关键词，以便被查找到。

（2）在此页面还可以进行其他的操作，可以查看“上架销售的产品”和“未上架的产品”等，也可以更改上架产品的信息。

（3）发布的产品若到期下架，可进入“未上架的产品”中，选择产品，点击“重发”。

2. 产品推广

（1）点击旺旺的左侧工具条的“生意参谋”查看产品的每天点击率，查看产品展现的曲线图，对关键词竞价做出调整，也可查看产品排名。

（2）关键词竞价的修改，可点击“我的阿里”—“销售”—“网销宝”进入推广中心进行修改。

（3）点击“我的阿里”—“销售”进入页面还可以进行产品优化和提升店铺人气等操作。

3. 询价及报价的管理

点击“我的阿里”—“我的应用”—“报价管理”，可以查看询价及报价的信息。

4. 支付宝

（1）账号的绑定与激活

① 阿里巴巴诚信通会员，支付宝账号已自动绑定，只需激活就行。

② 进入“我的阿里”，点击“账号管理”—“交易资料管理”，点击“激活”按钮，会发送激活邮件到支付宝账号的邮箱，进入邮箱打开连接网址激活设置支付宝登录密码和支付密码。

（2）现金的充值和提现

① 若需要往支付宝里充值，只需登录支付宝，点击充值按钮，可通过银行卡往里面充值（充值的银行卡必须开通网上银行）。

② 若将支付宝账号里的钱提现，点击提现按钮，第一次提现，会出现绑定银行账号的提示（支付宝若为公司账号，提现的银行账号名称必须跟公司名相一致）。

三、阿里巴巴开店流程

目前阿里巴巴的注册会员分为普通会员、诚信通会员两种。阿里巴巴开店具体流程包括以下几个方面。

（一）方法步骤

1. 1688免费账号注册流程

第一步：进入1688官网，点击页面上方“立即注册”；

第二步：选择账户类型，包括企业账户注册/个人账户注册，点击页面底部“同意合同”按钮，企业账户用户必须持有合法有效的营业执照；

第三步：以企业账号注册为例，填写账号信息包括用户名、登录密码、联系人姓名、公司名称，选择贸易状态包括销售、采购、两者，输入手机号和验证码，点击同意并注册；

第四步：补充联系方式，主要是补充公司及联系人的详细信息，包括公司主要行业产品等；

第五步：完成以上四步后，进入登录界面，再次登录账号。

2. 1688实力买家账号

部分厂家和店铺有机会申请1688强买家账号。强买家账户的注册标准如下：

（1）源头厂商：具有一定生产加工规模的企业诚信通会员，经营主体的经营范围应当包括生产加工。

（2）官方旗舰店：拥有自有品牌（商标为R或TM状态）或由权利人独家授权的企业诚信通会员。

（3）品牌专营店：持有他人品牌（商标为R或TM状态）授权文件的企业诚信通

会员。

（二）阿里巴巴开店要求

在介绍1688开店费用之前，卖家首先要确认自己是否满足1688开店条件，具体包括：

（1）企业账户需要正式注册的营业执照。

（2）诚信通用户应交纳阿里巴巴诚信通服务费。

（3）个人账户需要经过阿里巴巴委托的第三方认证。

（三）阿里巴巴开店费用

1688不同店面类型的开店费用具体如下：

（1）免费店面：有免费的个人店面和免费的公司店面。用户需要注册相应类型的账户，由阿里巴巴工作人员进行初步审核，审核通过后方可开店。

（2）诚信通会员店：需满足一定条件，如必须是诚信通会员、已绑定实名认证支付宝、无不良行为记录等；同时需要营业执照、1688平台登录名称，并交纳诚信通会员年费及保证金。年费为6688元，这是诚信通会员的基础费用，相当于在线上租用一个店铺的租金，每年支付一次；保证金为3000元，在首次加入诚信保障服务时交纳，退出诚信保障服务时可以退回。

（3）实力商店用户店面：一是技术服务费年费为3.68万元；二是开通实力保障服务要按保障服务的要求收取押金。

需要说明的是，免费版店面的部分功能是受限的，如模块使用、数据分析功能。

四、1688平台规则

（一）1688供应商平台简介

1688供应商平台是阿里巴巴基于1688平台建设的，为1688商家提供一站式电商成长的服务平台，为企业提供电商成长课程、行业新闻资讯、品牌营销推广方案等服务。1688供应商平台用的域名包括但不限于1688供应商平台及其他阿里巴巴不时启用的域名。

（二）入驻须知

（1）1688供应商平台暂未授权任何机构进行代理招商服务，入驻申请流程及相关的收费说明均以官方招商页面为准。

（2）请务必确保申请入驻及后续经营阶段提供的相关资质的真实性，一旦发现虚假资质，用户将被列入非诚信客户名单，1688供应商平台将不再与其进行合作。

（3）1688供应商平台有权根据包括但不仅限于品牌需求、入驻用户经营状况、服务水平等其他因素退回用户申请；有权在申请入驻及后续经营阶段要求用户提供其他资质；

同时结合各行业发展动态、国家相关规定及客户购买需求，不定期更新招商标准。

（4）1688供应商平台暂不收取任何服务费用，但阿里巴巴保留提出收费的权利。

（三）入驻条件

用户入驻1688供应商平台应满足以下全部要求并经阿里巴巴审核通过：

（1）须为已通过实名认证的阿里巴巴注册用户；

（2）其他阿里巴巴认为须符合的条件。

（四）用户声明及保证

（1）用户保证符合入驻1688供应商平台的全部条件，并根据阿里巴巴的要求提交真实、合法、准确、有效的资质证明文件，如用户无法提供阿里巴巴要求的资质证明文件，阿里巴巴有权拒绝用户的入驻申请；保证不以第三方的资料申请入驻1688供应商平台，同时有义务在相关资料实际变更时及时通知阿里巴巴并更新有关入驻资料，如阿里巴巴有合理怀疑且用户无法提供充分的证据证明其未违反上述条件任何一项的，阿里巴巴有权立即中止或终止用户入驻资格。

（2）用户承诺对其发布于1688供应商平台的所有信息的发布拥有合法的权利和资质，保证信息均真实、合法、准确、有效，符合相关法律法规、阿里巴巴中国站规则及1688供应商平台规则的规定。如因其行为或所发布的信息侵犯网站其他用户或任何第三方的合法权益（包括但不限于知识产权等）引起任何投诉、索赔、诉讼，其应承担全部责任并使阿里巴巴及其关联公司免责。

（3）用户不得将其入驻资格进行任何形式的转让。

（4）用户了解并同意其入驻1688供应商平台后的相关推广等权益内容，由阿里巴巴根据其运营规划自行决定，并以阿里巴巴的实际安排为准。

（5）用户承诺遵守1688供应商平台设定的入驻流程及相关规则，并只接受1688供应商平台所支持的互动方式（包括但不限于跟帖留言等）与其他用户进行互动。

（6）用户保证在使用服务过程中遵守诚实信用的原则，不采取不正当竞争行为，不扰乱网上正常秩序，不从事与网上电商经验和知识分享和互动无关的行为。

（7）用户保证在使用服务时实施的所有行为均遵守国家法律法规和阿里巴巴的相关规定以及各种社会公共利益或公共道德，如有违反导致任何法律后果的发生，用户将以自己的名义独立承担所有相应的法律责任，并使阿里巴巴及其关联公司免受一切损失。

（8）用户不得从事任何可能对阿里巴巴和1688供应商平台造成负面影响的欺诈、违法、虚假或不道德的行为，包括但不限于诋毁他人或阿里巴巴，并应切实维护网络用户和其他参与者的合法权益，不应参与、策划任何有损市场公平与交易秩序的活动。

（9）与1688供应商平台相关的页面设计、展示方案、软件著作权等均属阿里巴巴所有，用户不得擅自使用、模仿或许可他人使用、模仿。

（10）用户承诺不对 1688 供应商平台上的任何数据作商业性使用，包括但不限于在未经阿里巴巴事先书面同意的情况下，以复制、传播或向他方披露等方式使用在 1688 供应商平台上的任何资料。

（11）用户承诺遵守阿里巴巴为运营、维护 1688 供应商平台制订的各项规则、规范，以及阿里巴巴中国站其他规则的规定。

（12）用户保证严格遵守前述声明和保证，如有违反，阿里巴巴有权取消其入驻 1688 供应商平台的资格并公开其相关违规行为，同时阿里巴巴有权依照用户接受的阿里巴巴的各类协议、规则对用户进行处理；如对阿里巴巴及其关联公司造成损害，则将足额赔偿阿里巴巴及其他关联公司因此受到的损失（包括但不限于合理律师费等）。

（五）退出规则

（1）如用户违反的任何规定、1688 供应商平台的其他规范或阿里巴巴的其他任何规则，包括但不限于阿里巴巴中国站规则等，阿里巴巴都有权立刻中止或终止相关合作，且有权选择单独或同时适用本规则及其他协议对用户进行处罚。

（2）用户或阿里巴巴均有权提前 15 日书面通知终止合作。用户主动退出 1688 供应商平台的 1 年内，阿里巴巴有权不再接受该用户重新入驻。

（3）无论因何原因终止合作，在用户退出 1688 供应商平台前的行为所导致的任何责任和赔偿，用户必须完全且独立地承担责任。

（六）其他条款

（1）本规则之解释与适用，以及与本规则有关的争议，均应依照中华人民共和国法律予以处理，并以杭州市余杭区人民法院作为争议解决的管辖法院。

（2）阿里巴巴于用户过失或违规时放弃本规则规定的权利的，不得视为其对用户的其他或以后同类之过失、违约行为弃权。

（3）阿里巴巴有权根据业务发展等需要对本规则进行不时地修订与更新并提前通知用户，相关更新后的规则于通知指定之日起生效，如用户不同意本规则任何内容，应主动向阿里巴巴书面通知申请退出 1688 供应商平台，如用户未提出任何异议，则视为接受更新后规则的全部内容。

任务二　1688 产品管理

一、上传产品

商家在 1688 平台上传产品的流程主要包括以下几个方面。

（一）上传前的准备工作

（1）准备 5 张产品主图（750 * 750 以上的正方形图片并且像素低于 5M）、3～8 张详情页图片。

（2）支付账号绑定支付宝，阿里巴巴账号与绑定支付宝信息一致，如图 8-1 所示。

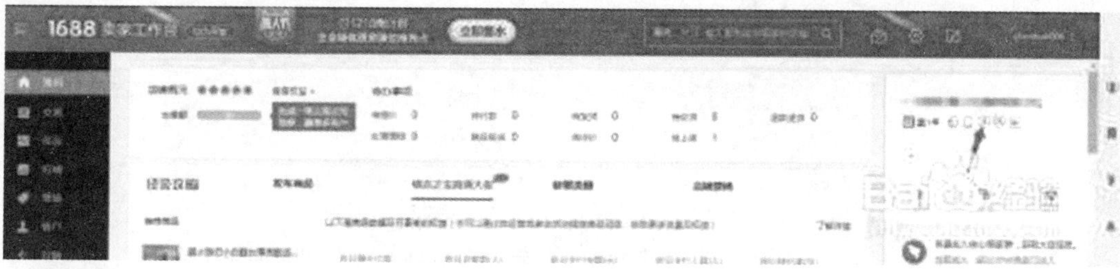

图 8-1　支付账号绑定支付宝

（3）填写发货地址，拿货的商家可填写拿货商的地址，如图 8-2 所示。

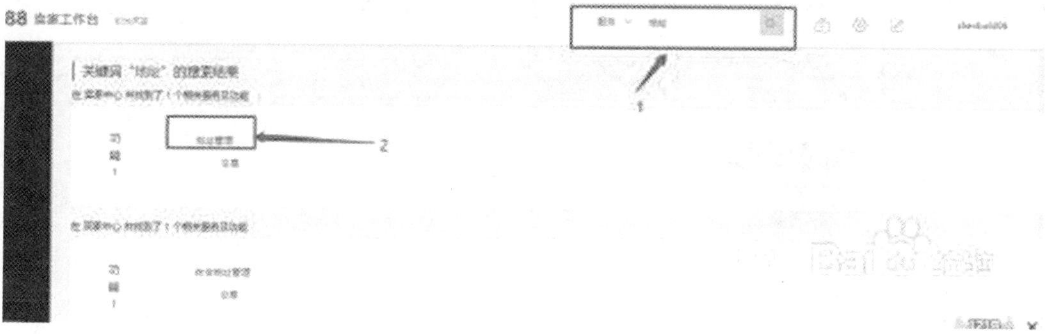

图 8-2　填写发货地址

（4）开始上传产品，如图 8-3 所示。

图 8-3　开始上传产品

（5）填写产品详细信息，如图 8 - 4 所示。

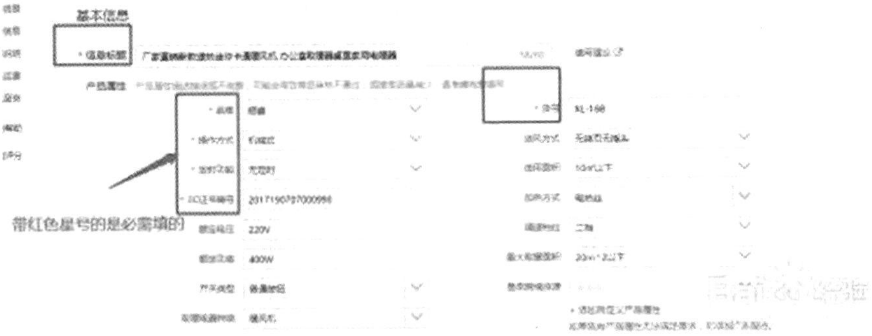

图 8 - 4　填写产品详细信息

（6）上传 5 张产品主图，如图 8 - 5 所示。

图 8 - 5　上传产品主图

（7）添加产品规格，如图 8 - 6 所示。

图 8 - 6　添加产品规格

（8）设置产品报价方式，如图 8－7 所示。

图 8－7　设置产品报价方式

（9）上传详情页，如图 8－8 所示。

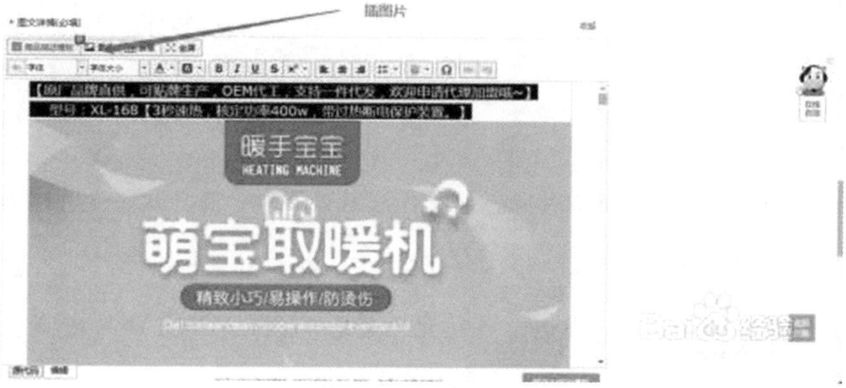

图 8－8　上传详情页

（10）填写运费模板，特殊情况可填写运费说明，如图 8－9 所示。

图 8－9　填写运费模板

（11）发布产品，如图 8 - 10 所示。

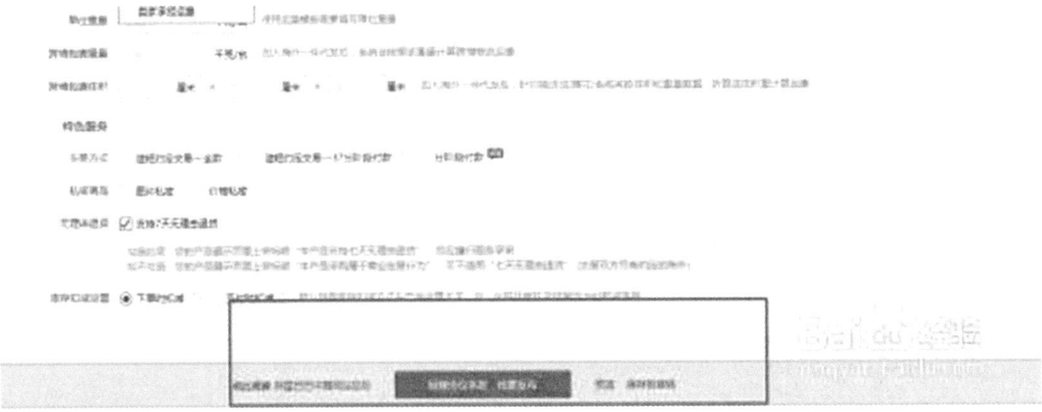

图 8 - 10　发布产品

在操作的过程中，每完成一步应保存至草稿箱。

二、下架产品

（一）下架产品的定义

下架产品指将商品从店铺中移除，使其无法对外展示，商品状态变为库中。

（二）下架产品的原因

（1）违规宣传：如发布或推送含有易导致交易风险的第三方商品或信息，包括社交、导购等第三方网站信息，诱导买家跳转等。

（2）库存告急：当产品库存不足或断货时，商家会选择下架产品，待补货后再重新上架。

（3）商品过时：商家会定期下架过时或不再受欢迎的商品，以保持店铺的更新和吸引力。

（三）下架产品的操作

（1）登陆卖家中心，进入商品页面。

（2）选择出售中的商品，勾选要下架的商品。

（3）点击下架按钮，完成下架操作。

在操作过程中，商家应注意下架的商品可以随时重新上架，但删除操作不可逆，需谨慎处理。同时，商家应定期检查店铺商品，确保无违规内容，以防被平台稽查下架，影响店铺权重和流量。

任务三 1688物流

一、1688平台物流

1688平台物流是1688平台的重要服务之一，为买家和卖家提供了多样化的物流解决方案。平台与多家物流公司合作，包括德邦、顺丰速运、京东物流等，支持快递、物流、自提、货到付款等多种配送方式。买家可以根据自己的需求选择合适的物流公司进行配送，享受快捷、方便、准确的送货上门服务。同时，1688平台还提供了物流跟踪、运单管理等功能，帮助用户及时了解货物的运输情况，提升交易体验。1688平台物流的具体操作主要包括以下几方面：

（1）卖家登录账户：卖家首先需要登录自己的1688账户，进入“我的交易”中心，找到需要发货的订单列表。

（2）选择物流公司：卖家应根据买家的地理位置和商品特性，选择最合适的物流公司。考虑到运输成本、效率和服务质量，选择一个可靠的物流合作伙伴至关重要。

（3）商品包装：卖家需对商品进行妥善包装，确保在运输过程中商品不会受损，还应在包裹上粘贴清晰的订单号、收货人地址等信息，确保物流信息的准确性。

（4）交接物流公司：完成包装后，卖家应将包裹安全地交给选定的物流公司。物流公司会根据包裹的目的地和类型，安排最合适的运输方式。

（5）跟踪物流信息：卖家可以在1688平台的交易管理中心实时查看物流信息，包括物流公司名称、运单号、预计到达时间及当前的运输状态。

（6）买家确认收货：买家在收到商品后，应在1688平台上及时确认收货。这不仅是对卖家服务的确认，也是交易流程的最终完成。

（7）售后服务：如果买家在收货后有任何问题，卖家应提供必要的售后服务，包括退换货等，以维护良好的客户关系和店铺声誉。

（8）物流异常处理：如果在物流过程中出现异常情况，如包裹丢失或延误，卖家应及时与物流公司沟通，并通知买家，共同寻求解决方案。

（9）物流成本管理：卖家应合理管理物流成本，以确保商品的竞争力。这可能包括与物流公司协商优惠的运费，或选择性价比高的物流服务。

（10）物流评价：买家在确认收货后，可以对物流服务进行评价。卖家应关注这些评价，不断优化物流合作伙伴的选择和物流服务的质量。

通过这些操作，卖家可以更专业地管理物流流程，提升买家的购物体验，从而在1688平台上建立良好的商业信誉。

二、1688 平台货态查询及运费结算

（一）货态查询

（1）查询入口：可通过阿里巴巴 App 或网站进行查询。

（2）查询步骤：登录账号，进入订单页面，选择具体订单，点击查看物流，即可获取订单的物流信息。

（二）运费计算依据

（1）质量与体积：运费根据商品的质量和体积，以及运输距离来计算。

（2）运输方式：提供海运、空运、快递等多种运输方式，费用各异。

（3）计算公式：通常采用首重费用＋续重费用×续重重量的模式。

（三）特殊服务与线路

（1）国际物流：包括海运、空运、快递等，流程便捷，费用透明。

（2）特价线路：针对特定城市间的货物运输，提供优惠费率。

（四）账单与异议处理

如对账单有异议，可通过钉钉扫码联系管理员或发货平台投诉解决。

任务四　1688 店铺运营推广

一、1688 站内 SEO 优化

SEO 优化，即搜索引擎优化，放在平台来说，主要是根据平台规则提高产品和店铺的自然排名。1688 站内 SEO 优化主要从以下几个方面着手。

（一）标题

标题是优化的第一步，标题＝营销词＋属性词＋产品词。一定要有营销词，如包邮、促销、一件代发、厂家直销等能促进下单的都可以用上。属性词不能夸大，必须实事求是，突出产品最具竞争力的功能特性。一个标题最多只能有一个产品，不要出现超过 2 个以上的产品词。对于热门产品词，需要用店铺多个连接去覆盖，全店布局，后期挑选表现好的连接继续推广。

（二）视觉布局

SEO 是整个连接甚至整个店铺的优化。SEO 讲究的是契合度，比如标题主推厂家直销，那么设计方面就要突出生产过程、工厂情况；标题主推现货，那么仓储能力、

快速发货等相关优势就要布局到主图、首页、详情页各个板块中。

通过调整详情页布局，让标题、主图、详情连成一体；通过调整店铺布局，让各个板块相互关联，从而让系统更容易抓取到店铺，而不是一个个产品单打独斗。

（三）活动推广

活动推广分店铺自主活动和平台活动两种。自主活动有两个环节是一定要做的，对店铺推广至关重要。一是新客活动，可以设置包邮/无门槛优惠券吸引新客。一个店铺要健康发展，必须有源源不断的新客加入。二是优惠券，该环节主要是为了提高客单价。平台活动报名前一定要将优惠计算清楚，可依据“单品优惠＋店铺优惠（满减优惠＋店铺优惠券＋返利金）＋跨店优惠”去核算。

（四）直播引流

直播是当前的“风口”，估计在未来3～5年都是热门流量入口。1688直播目的不是为了成交，主要和访客建立初步联系。不要担心亏损，应充分运用打折工具、秒杀工具，先与买家建立初步联系，再慢慢引导客户下单。

二、1688店铺运营

首先需要对平台有一个认知，1688只是一个平台、一个工具，想要获得什么样的结果，就要做出相应的阶段性的运营动作。比如，想要店铺的某个产品展现在首页，那么需要进行的运营动作就是提升关键词的权重或者购买数字营销。

1688店铺最核心的始终是企业、产品、客户。要想运营好一家1688店铺，首先需要了解平台规则，其次是把公司产品吃透，把客户吃透，把行业市场吃透。下面简要介绍一下1688店铺运营的思路框架。

（一）定位

主要包括公司定位、产品定位、价格定位、客户群体定位等，只有定位准确，才能的抓住流量和受众。

（二）店铺的基础建设

基础建设要尽可能地完善，其中有一点要注意，“装修”之前要先将产品上传，“装修”后注意查看旺铺的诊断分和店铺评测分。

（三）产品

（1）要先确认产品数量（20款以上）。

（2）选好主推款，应突出厂家优势，选择店内销售前三或者前五的款。

（3）店铺的款式要齐全。

（4）产品信息要完善。产品主图应无水印、无边框、无留白；产品属性应填写完善，包括用途、适用人群、规格、颜色、价格、场景等；产品详情应注意避开违规信息，不可侵权，如极限词、功效词、对比图、非阿里信息等。

（四）SEO 优化

（1）标题、属性、详情、类目：这几点是直接影响系统抓取产品的因素，对其优化可以影响流量精准度。

（2）BSR 得分：包括货描、响应、发货、回头率，对于这几项需要坚持优化，同等评分下，店铺 BSR 分值高的会优先展现。

（3）标签：包括买家标签、卖家标签、产品标签，产品展现根据标签而来，标签越完善，展现越多。系统会根据标签自动推荐相应的客户或产品过来，如果不能带来点击及转化，这部分流量会越来越少。

（五）店铺推广

（1）免费推广：平台活动，包括大促活动、火拼活动、专卖活动等；渠道入驻，包括淘货源、微供、跨境专供等；店铺内软件：如精准营销等。

（2）付费推广：包括营效宝、首位展示、定向推广等。

（3）站外推广：如搜索引擎、直播平台、广告平台等。

（六）数据的观察和维护

（1）观察和维护数据，能够发现店铺存在的问题，找到问题点，进而寻找解决方法，通过实际操作去解决问题；同时也能学会看数据，掌握分析数据的方法。

（2）客户的数据：购买过产品的买家，维护老客户；潜在客户，收集相关信息，进行针对性优化；活动中的数据要重视。

总之，针对 1688 店铺运营推广，首先应确认店铺定位，然后根据定位进行店铺装修、产品视觉设计和关键词等属性的编辑，最后再通过提升产品排名的方式来增加店铺的展现和曝光。同时，应结合其他的推广方式给店铺带来流量和访客，根据店铺数据分析，来探查店铺的问题所在，根据问题来优化店铺。

任务五　1688 数据分析

商家在做每一个决策之前，应先分析相关数据，依据数据分析结果去做出相应决策。数据反映了店铺在过去的一个周期（月、周、日）中的经营状况，它能给店铺未来的发展指明方向。在本节中，我们通过对生意参谋、阿里指数等工具的讲解，帮助商家做店铺各项数据的采集、分析与优化，从而让运营的方向更加明确。

数据分析是指用正确的分析工具和数据采集方法，提取有用的信息并得出结论，从而制定店铺的发展方向和操作理念，然后用数据化呈现的方式来验证操作正确与否，从而调整和优化运营策略。在 1688 店铺经营中，数据分析可以帮助商家做出正确的运营判断，从而运用正确的策略运营店铺。

数据分析的工具和方法有很多。例如，店铺流量比较单一，商家想拓展流量的入口，让店铺的流量提升，这时要用什么分析工具呢？我们可以运用的工具的路径是“生意参谋”—“流量”—“店铺来源”，如图 8－12 所示。

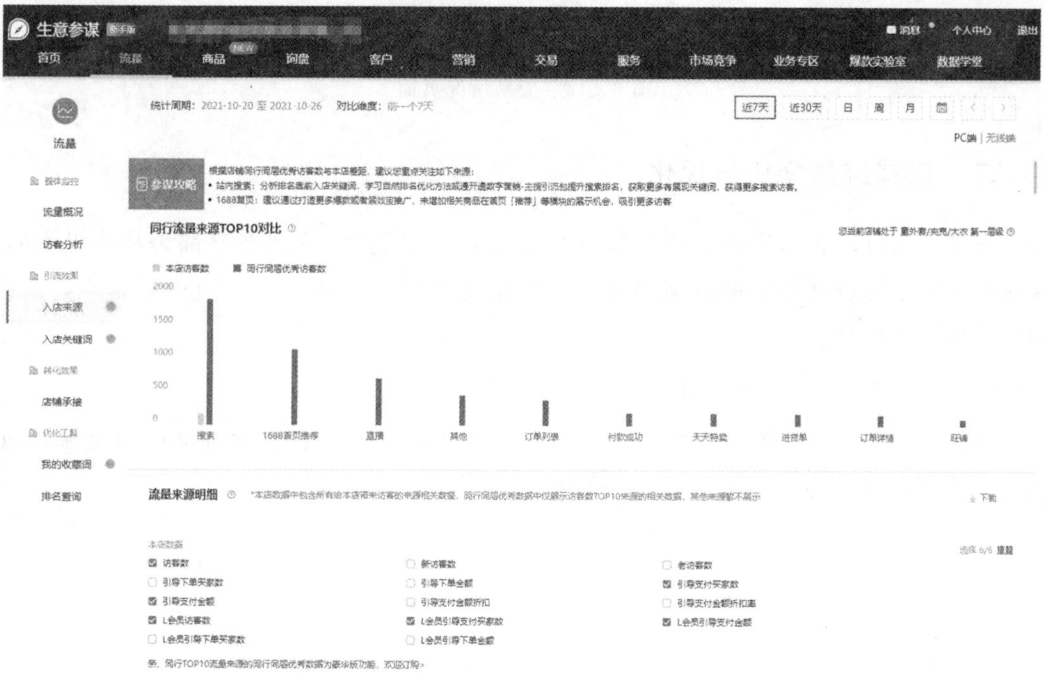

图 8－12　生意参谋

我们通过分析得出结论：当下店铺的流量主要来源是搜索，可加大直播、淘货源的引流力度。

我们将运用生意参谋、阿里指数、数字营销等工具对 1688 店铺自身、产品运营、行业竞争三个维度的数据进行分析，以优化店铺的运营。

一、店铺交易数据分析与优化

如果交易数据低于同行平均值，可以努力向同行看齐。成交数、买家数不足的问题可以通过参加平台活动、直播、分销或老客户交易在线化等方法解决；重复采购率低的问题可以通过自营销、营销工具、客户分层管理等让老客户二次采购的方法或工具解决，交易情况页面如图 8－13 所示。

图 8－13　交易情况页面

二、店铺流量分析与优化

有多少人可以看到你的商品？有多少人采购你的商品？这些客户都是从哪里来的？这些客户的来源也就是店铺的流量来源。店铺的精准流量越多，引流途径越广，最终的交易额就会越高。

（一）生意参谋流量分析

我们可以通过“生意参谋”—“流量”—“店铺来源”查看店铺的流量来源，PC 端和无线端的流量来源分别如图 8－14 所示。

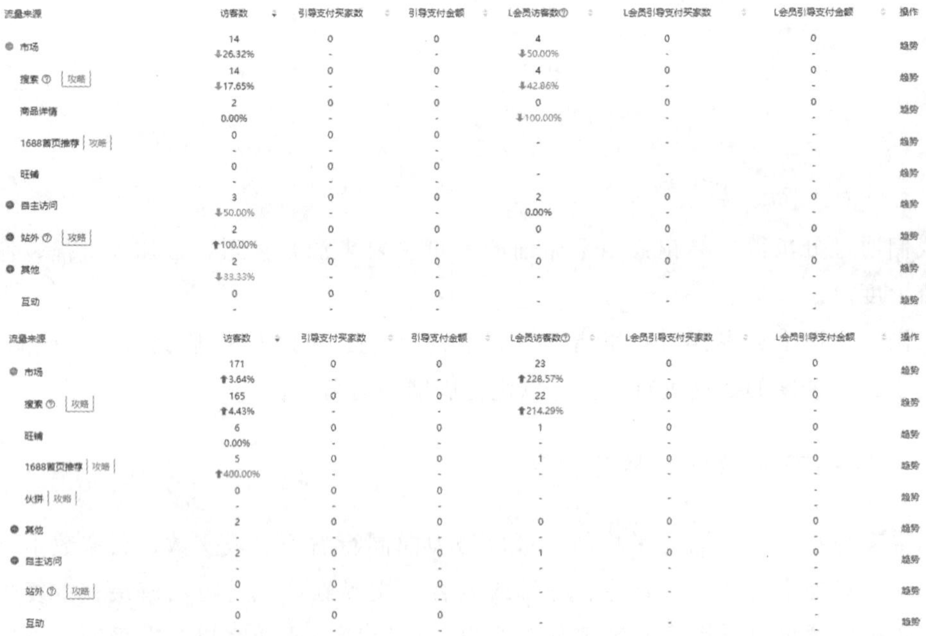

流量来源	访客数	引导支付买家数	引导支付金额	L会员访客数	L会员引导支付买家数	L会员引导支付金额	操作
市场	14 ↓26.32%	0 -	0 -	4 ↓50.00%	0 -	0 -	趋势
搜索 攻略	14 ↓17.65%	0 -	0 -	4 ↓42.86%	0 -	0 -	趋势
商品详情	2 0.00%	0 -	0 -	0 ↓100.00%	0 -	0 -	趋势
1688首页推荐 攻略	0 -	0 -	0 -	-	-	- -	趋势
旺铺	0 -	0 -	0 -	-	-	- -	趋势
自主访问	3 ↓50.00%	0 -	0 -	2 0.00%	0 -	0 -	趋势
站外 攻略	2 ↑100.00%	0 -	0 -	0 -	0 -	0 -	趋势
其他	2 ↓33.33%	0 -	0 -	0 -	0 -	0 -	趋势
互动	0 -	0 -	0 -	-	-	- -	趋势

流量来源	访客数	引导支付买家数	引导支付金额	L会员访客数	L会员引导支付买家数	L会员引导支付金额	操作
市场	171 ↑3.64%	0 -	0 -	23 ↑228.57%	0 -	0 -	趋势
搜索 攻略	165 ↑4.43%	0 -	0 -	22 ↑214.29%	0 -	0 -	趋势
旺铺	6 0.00%	0 -	0 -	1 -	0 -	0 -	趋势
1688首页推荐 攻略	5 ↑400.00%	0 -	0 -	1 -	0 -	0 -	趋势
伙拼 攻略	0 -	0 -	0 -	-	-	- -	趋势
其他	2 -	0 -	0 -	0 -	0 -	0 -	趋势
自主访问	2 -	0 -	0 -	1 -	0 -	0 -	趋势
站外 攻略	0 -	0 -	0 -	-	-	- -	趋势
互动	0 -	0 -	0 -	-	-	- -	趋势

图 8－14　流量来源

通过生意参谋可以清晰地查看店铺来自 PC 端和无线端的流量，以及新老访客的占比。

如图 8－15 所示，如果新访客数占比较高，就说明这些入口吸引新访客的能力较强，我们可以加大主推商品的推广力度，有利于店铺自然排名的提升。

流量来源	访客数	新访客数	老访客数	引导下单买家数	L会员访客数	操作
● 市场	14 ↓26.32%	14 ↓26.32%	0 -	0 -	4 ↓50.00%	趋势
搜索 ⑦ 攻略	14 ↓17.65%	14 ↓17.65%	0 -	0 -	4 ↓42.86%	趋势
商品详情	2 0.00%	2 0.00%	0 -	0 -	0 ↓100.00%	趋势
1688首页推荐 攻略	0 -	0 -	0 -	0 -	-	趋势
旺铺	0 -	0 -	0 -	0 -	-	趋势
● 自主访问	3 ↓50.00%	1 ↓80.00%	2 0.00%	1 0.00%	2 0.00%	趋势
● 站外 ⑦ 攻略	2 ↑100.00%	1 0.00%	1 -	0 -	0 -	趋势
● 其他	2 ↓33.33%	0 -	2 ↓33.33%	0 -	0 -	趋势
互动	0 -	0 -	0 -	0 -	-	趋势

图 8－15　新访客数占比较高

如图 8－16 所示，对于新访客数占比较低的入口，我们可以“放大”这些入口。

流量来源	访客数	新访客数	老访客数	引导下单买家数	L会员访客数	操作
● 市场	171 ↑3.64%	167 ↑1.83%	15 ↑400.00%	0 -	23 ↑228.57%	趋势
搜索 ⑦ 攻略	165 ↑4.43%	161 ↑1.90%	9 ↑350.00%	0 -	22 ↑214.29%	趋势
旺铺	6 0.00%	5 ↓16.67%	1 -	0 -	1 -	趋势
1688首页推荐 攻略	5 ↑400.00%	1 -	5 ↑400.00%	0 -	1 -	趋势
伙拼 攻略	0 -	0 -	0 -	0 -	-	趋势
● 其他	2 -	2 -	0 -	0 -	0 -	趋势
● 自主访问	2 -	1 -	1 -	0 -	1 -	趋势
站外 ⑦ 攻略	0 -	0 -	0 -	0 -	-	趋势
互动	0 -	0 -	0 -	0 -	-	趋势

图 8－16　新访客数占比较低

在实际运营中，“放大”流量入口的方法主要有以下几个：

（1）提高直播和参加平台活动（伙拼、天天特卖）的频率。假如在近 30 天中我们参加过一次活动，那在接下来的 30 天中我们可以参加两次或更多次。

（2）自营销分享可以改为每天分享，让公司全员参与分享。

（3）参加淘货源的营销活动，引入更多流量。

（二）数字营销流量分析

数字营销引流对于一个店铺的成长至关重要，引流选品、选词，以及出价是否正确会直接影响付费引流的效果。

（1）选品数据分析，可以参考推广信息报表，如图 8－17 所示。

营效宝　品牌宝　首位展示PRO　品牌专区　钻石展位　直投　展效宝

基础报表　推广信息报表　关键词报表　地域报表　进入买家管理系统(CRM)

推广信息	所属计划	消耗 ↑	展现次数 ↑	点击次数 ↑	点击率 ↑
总计	/	788.52	26853	289	1.08%
纯羊绒围巾秋冬围巾女山羊绒水波纹围巾男士羊绒围巾加厚内蒙古	试一试	46.97	376	10	2.66%
羊毛格子围巾女士秋冬季彩色披肩两用韩版百搭内蒙古厂家直供	试一试	0	281	0	0.00%
内蒙古现货意威提花围巾保暖羊绒围巾冬季女士小披肩经典老花围巾	试一试	16.9	477	2	0.42%
冬季山羊绒围巾女拼接三色长款百搭毛线针织大围巾披肩两用内蒙古	试一试	8.91	545	2	0.37%
冬季新款气质羊绒针织围巾气质圣诞树拼接长款披肩加厚保暖厂家	试一试	0	111	0	0.00%
羊毛围巾秋冬季女士新款轻缩绒色织格纹厚款格子围巾围脖内蒙古	试一试	8.18	321	2	0.62%
羊毛披肩秋季保暖单色冬季红色流苏现货通用经编扎染方巾围巾	试一试	5.08	202	1	0.50%
夏季办公室空调房披肩护颈护肩女针织三角形羊绒围巾春秋内蒙古批	试一试	0	125	0	0.00%
云朵千鸟格围巾女秋冬季羊毛韩版百搭披肩2021洋气小众披肩内蒙古	试一试	25.44	585	4	0.68%
2021年内蒙古工厂批发秋冬新款男女可用山羊绒渐变保暖披肩围巾	试一试	14.18	111	3	2.70%

图 8－17　推广信息报表

在推广信息报表中，如果推广商品的展现次数较少且点击率较低，则可以考虑更换主推商品。

（2）选词与出价分析，可以参考关键词报表，如图 8－18 所示。

如果在关键词报表中点击率偏低，就可以考虑优化产品主图和定价策略。如果展现次数与生意参谋中的关键词搜索次数差距较大，如图 8－19 所示，可以考虑提高付费关键词的出价，以提升营效宝展现次数。

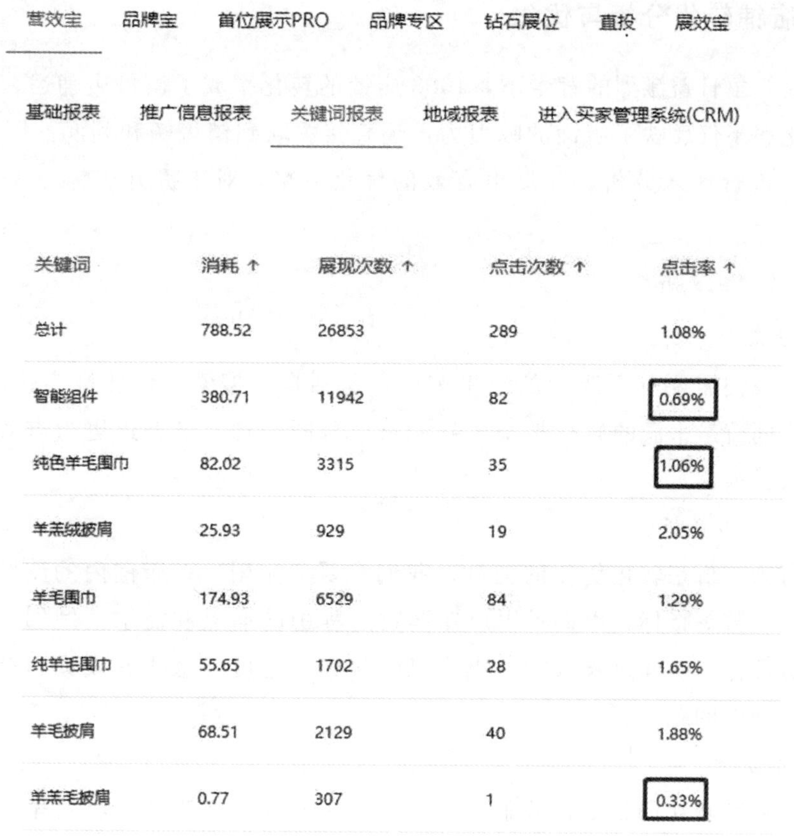

关键词	消耗 ↑	展现次数 ↑	点击次数 ↑	点击率 ↑
总计	788.52	26853	289	1.08%
智能组件	380.71	11942	82	0.69%
纯色羊毛围巾	82.02	3315	35	1.06%
羊羔绒披肩	25.93	929	19	2.05%
羊毛围巾	174.93	6529	84	1.29%
纯羊毛围巾	55.65	1702	28	1.65%
羊毛披肩	68.51	2129	40	1.88%
羊羔毛披肩	0.77	307	1	0.33%

图 8 - 18　关键词报表

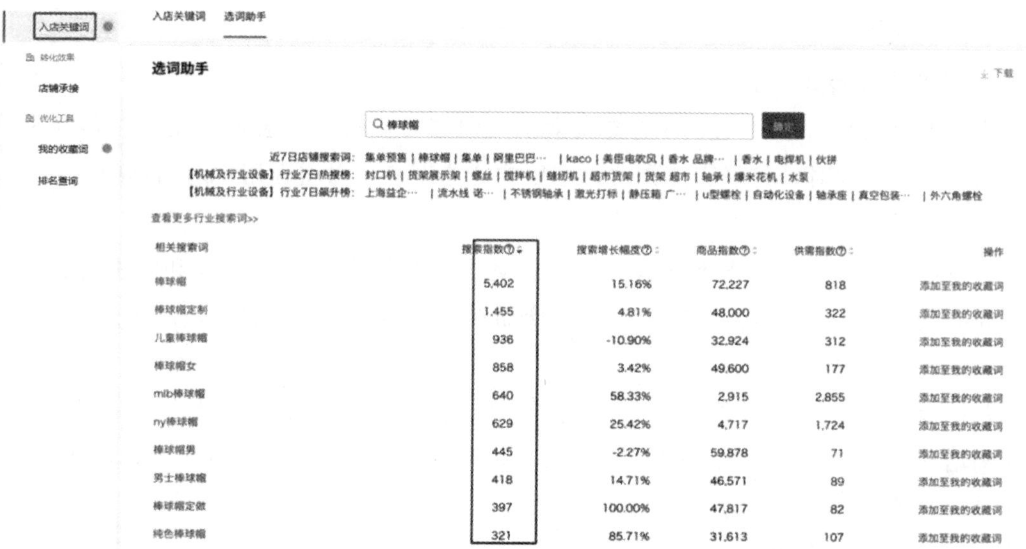

相关搜索词	搜索指数	搜索增长幅度	商品指数	供需指数	操作
棒球帽	5,402	15.16%	72,227	818	添加至我的收藏词
棒球帽定制	1,455	4.81%	48,000	322	添加至我的收藏词
儿童棒球帽	936	-10.90%	32,924	312	添加至我的收藏词
棒球帽女	858	3.42%	49,600	177	添加至我的收藏词
mlb棒球帽	640	58.33%	2,915	2,855	添加至我的收藏词
ny棒球帽	629	25.42%	4,717	1,724	添加至我的收藏词
棒球帽男	445	-2.27%	59,878	71	添加至我的收藏词
男士棒球帽	418	14.71%	46,571	89	添加至我的收藏词
棒球帽定做	397	100.00%	47,817	82	添加至我的收藏词
纯色棒球帽	321	85.71%	31,613	107	添加至我的收藏词

图 8 - 19　关键词搜索次数

三、店铺转化分析与优化

在电商竞争日益激烈的背景下，1688店铺的转化率成了衡量店铺运营效果的重要指标。转化率不仅反映了店铺的吸引力，还直接关联到销售额和利润。因此，对1688店铺的转化进行深入分析，并提出有效的优化策略，对于提升店铺竞争力具有重要意义。

（一）转化分析

1. 流量来源分析

首先，我们需要分析店铺的流量来源，包括自然搜索、付费推广、活动流量等。通过了解不同流量来源的转化情况，我们可以判断哪种流量渠道更为有效，从而有针对性地加大投入。

2. 用户行为分析

用户行为分析是转化优化的关键。我们需要关注用户在店铺内的浏览路径、停留时间、点击次数等指标，以揭示用户在购物过程中的痛点和需求。例如，如果发现用户在某个页面停留时间过长或频繁点击某个按钮，这可能意味着该页面存在信息不清晰或操作不便的问题。

3. 商品分析

商品是店铺转化的核心。我们需要对商品的销量、点击率、转化率等数据进行深入分析，以找出高转化和低转化的商品。对于高转化商品，我们可以加大推广力度；对于低转化商品，则需要优化商品信息或调整价格策略。

（二）优化策略

1. 提升店铺形象

店铺形象是影响用户转化的重要因素。我们需要优化店铺装修，提升整体视觉效果和用户体验。同时，完善店铺介绍、客服响应速度等，以增强用户对店铺的信任感。

2. 优化商品信息

针对商品信息，我们需要确保标题、描述、图片等内容的准确性和吸引力。通过突出商品卖点、优化关键词等方式，提升商品在搜索结果中的排名和点击率。

3. 强化营销活动

营销活动是提升转化的有效手段。我们可以根据店铺和商品的特点，策划吸引人的促销活动，如满减、折扣、赠品等。同时，利用1688平台的营销工具，如优惠券、直通车等，扩大活动影响力。

4. 提升客户服务质量

客户服务质量直接影响用户的购物体验和转化意愿。我们需要加强客服团队的建设，提升客服人员的专业素养和服务态度。同时，建立完善的售后服务体系，解决用户的后顾之忧。

通过对 1688 店铺的转化进行深入分析和优化，我们可以有效提升店铺的竞争力和市场份额。在未来的运营中，我们需要持续关注用户需求和市场变化，不断优化店铺和商品，以实现持续的转化提升和业绩增长。

知识延伸

护肤、化妆行业店铺运营注意事项

一、侵权行为

1. 未经授权使用官方网站的图片，未经权利人允许，私自盗用权利人官方网站图片侵犯了权利人的著作权，不得未经许可使用或模仿官方网站图片。

2. 以 PS、模糊、遮挡等任何形式对商品信息进行特殊处理，侵权行为依然客观存在。

3. 即使品牌标注“其他”，即无自有品牌，然而只要在产品实物、产品包装、产品图片品牌、产品名称或产品属性“品牌”中任何一处直接出现了权利人商标，均涉嫌构成商标侵权。

二、外网导购信息

在商品信息中（包括不限于商品标题、主图、属性、详情）中，存在外网导购信息，包括导购至非阿里网站进行商品交易的非阿里巴巴链接、联系方式等，或是使用其他团购、促销类网站的名称、Logo 等，这都是不符合规范的。

1. 主图中出现 QQ 联系方式，或者采用变异词规避，如扣扣，VX 等；
2. 属性中出现 QQ 联系方式；
3. 产品详细说明中的文字或图片有外网信息；
4. 页面存在外链二维码；
5. 存在外部官网网址，引导至非阿里网站。

三、禁用语

1. 绝对化词意。如特效、全效、强效、奇效、高效、速效、神效、超强、全面、全方位、最、第一、特级、顶级、冠级、极致、超凡等。

2. 虚假性词意。如只添加部分天然产物成分的化妆品，但宣称产品“纯天然”的，属虚假性词意。

3. 夸大性词意。如“专业”可适用于在专业店或经专业培训人员使用的染发类、烫发类、指（趾）甲类等产品，但用于其他产品则属夸大性词意。

4. 医疗术语。如处方、药方、药用、药物、医疗、医治、治疗、妊娠纹、各类皮肤病名称、各种疾病名称等。

5. 明示或暗示医疗作用和效果的词语。如抗菌、抑菌、除菌、灭菌、防菌、消炎、抗炎、活血、解毒、抗敏、防敏、脱敏、斑立净、无斑、祛疤、生发、毛发再生、止脱、减肥、溶脂、吸脂、瘦身、瘦脸、瘦腿等。

6. 医学名人的姓名。如扁鹊、华佗、张仲景、李时珍等。

7. 与产品的特性没有关联，消费者不易理解的词意。如解码、数码、智能、红外线等。

8. 庸俗性词意。如“裸”用于“裸体”时属庸俗性词意，不得使用；用于“裸妆”（如彩妆化妆品）时可以使用。

9. 封建迷信词意。如鬼、妖精、卦、邪、魂。又如“神”用于“神灵”时属封建迷信词意；用于“怡神”（如芳香化妆品）时可以使用。

10. 已经批准的药品名。如肤螨灵等。

11. 超范围宣称产品用途。如特殊用途化妆品宣称不得超出《化妆品监督管理条例》及其实施细则规定的九类特殊用途化妆品含义的解释。又如非特殊用途化妆品不得宣称特殊用途化妆品作用。

四、可宣称用语

凡用语符合化妆品定义的，可在化妆品名称中使用。在化妆品名称中推荐使用的可宣称用语包括：

（一）非特殊用途化妆品

1. 发用化妆品名称中可使用去屑、柔软等词语。

2. 护肤化妆品名称中可使用清爽、控油、滋润、保湿、舒缓、抗皱、白皙、紧致、晒后修复等词语。

3. 彩妆化妆品名称中可使用美化、遮瑕、修饰、美唇、润唇、护唇、睫毛纤密、卷翘等词语。

4. 指（趾）甲化妆品名称中可使用保护、美化、持久等词语。

5. 芳香化妆品名称中可使用香体、怡神等词语。

（二）特殊用途化妆品名称可使用与其含义、用途、特征等相符的词语。

例如，健美类化妆品名称中可使用健美、塑身等词语；祛斑类化妆品名称中可使用祛斑、淡斑等词语。

1688产品规格属性发布规范

1. 商品规格的最低价和最高价相差不可过大，否则有恶意引流的嫌疑。

2. 不同品类的商品应以单独的商品链接进行发布，不得将不同商品以多个图片或文字的形式发布在同一商品的规格区域。

3. 不得在规格属性中发布任何与商品真实信息无关的文字或图片，比如“勿拍”“无货”等，或发布不存在的规格属性（指这个规格属性的商品实际并不存在）。

4. 商家不得实施价格欺诈行为。商家在阿里巴巴中国站（含PC及各无线端）发布商品信息时填写的所有价格，均应严格遵守法律规定、遵循市场规律，确保可以提供所有价格的合法依据或可供比较的出处，商家不得虚构原价，不得虚假促销。

5. 违规行为及处理：会员违规扣分累计达12分以上24分以下的，给予警告的处理；会员违规扣分累计达24分以上36分以下的，给予限权7天的处理；会员违规扣分累计达36分以上48分以下的，给予限权15天的处理；会员违规扣分累计达48分以上60分以下的，给予限权30天的处理；会员违规扣分累计达60分以上的，给予账户关闭的处理。

课后习题

一、单项选择题

1. 1688平台的主要服务对象是什么？（　　）

A. 个人消费者　　B. 企业买家

C. 零售商　　D. 批发商

2. 在1688平台上，以下哪项不是提升店铺曝光率的有效方法？（　　）

A. 优化产品标题关键词　　B. 参与平台促销活动

C. 忽略产品质量　　D. 使用平台广告服务

3. 1688平台的诚信通服务主要提供哪些功能？（　　）

A. 产品批发　　B. 企业认证

C. 物流服务　　D. 支付服务

4. 在1688平台上，以下哪种行为不属于违规操作？（　　）

A. 发布虚假产品信息　　B. 刷单提高销量

C. 提供真实有效的售后服务　　D. 侵犯他人知识产权

5. 1688平台的“淘货源”服务主要面向哪类用户？（　　）

A. 淘宝店主　　B. 微商

C. 跨境电商　　D. 线下零售商

6. 1688 平台的“实力商家”认证对商家有什么好处？（　　）

A. 提高搜索排名　　B. 降低交易费用

C. 增加产品曝光　　D. 所有以上选项

二、操作题

如何在 1688 平台上进行产品上架操作？写明具体的操作步骤。

参考文献

[1] 章安平，于斌，牟群月．跨境电商B2B数据运营［M］．大连：大连理工大学出版社，2022.

[2] 罗兰瑞婧．B2B运营实战［M］．北京：人民邮电出版社，2022.

[3] 张志合．跨境电商B2B运营［M］．北京：电子工业出版社，2022.

[4] 白秀艳．跨境电商B2C运营实战［M］．北京：电子工业出版社，2023

[5] 农家庆．跨境电商［M］．北京．清华大学出版社，2020.

[6] 宁芳儒．跨境电商亚马逊是及如何运营的［M］．北京：人民邮电出版社，2021.

[7] 易传识网络科技．跨境电商多平台运营（第4版）［M］．北京：电子工业出版社，2024.

[8] 邹益民，王丹丹，蹇洁．跨境电商数据分析［M］．杭州：浙江大学出版社，2024.

[9] 韩雪．跨境电商客服［M］．北京：中国人民大学出版社，2017.

[10] 张敏，茹宝．跨境电商客服（双语）［M］．北京：中国人民大学出版社，2023.